SUICÍDIO E OS TESTEMUNHOS DE ADEUS

Blucher

SUICÍDIO E OS TESTEMUNHOS DE ADEUS

2ª edição

Maria Luiza Dias

Suicídio e os testemunhos de adeus

2ª edição – Blucher, 2024
Editora Edgard Blücher Ltda.

Publisher Edgard Blücher
Editor Eduardo Blücher
Coordenador editorial Rafael Fulanetti
Coordenação de produção Andressa Lira
Produção editorial Juliana Morais
Preparação de texto Ariana Corrêa
Diagramação Plinio Ricca
Revisão de texto Regiane da Silva Miyashiro
Capa Laércio Flenic
Imagem de capa iStockphoto

Blucher

Rua Pedroso Alvarenga, 1245, 4º andar
04531-934 – São Paulo – SP – Brasil
Tel.: 55 11 3078-5366
contato@blucher.com.br
www.blucher.com.br

Segundo o Novo Acordo Ortográfico, conforme 6. ed. do *Vocabulário Ortográfico da Língua Portuguesa*, Academia Brasileira de Letras, julho de 2021.

Dados Internacionais de Catalogação na Publicação (CIP)
Angélica Ilacqua CRB-8/7057

Dias, Maria Luiza
Suicídio e os testemunhos de adeus / Maria Luiza Dias. – 2 ed – São Paulo: Blucher, 2024.
304 p.

Bibliografia
ISBN 978-85-212-2380-1

1. Saúde mental 2. Suicídio – Aspectos sociais
I. Título

24-1564 CDD 353.6

Índice para catálogo sistemático:
1. Saúde mental

A vida não é de ninguém, todos somos a vida – pão de sol para os outros, os outros todos que nós somos, – sou outro quando sou, os atos meus são mais meus se são também de todos, para que eu possa ser, hei de ser do outro. Sair de mim, buscar-me entre os outros, os que não são se eu não existo, os outros que me dão plena existência. Não sou, não há eu, sempre nós.

Octavio Paz, *Libertad bajo palavra*, 1960/1968, p. 252

Sumário

Agradecimentos

A Renato Ortiz, orientador da pesquisa, por ter sempre acreditado que haveria um caminho, mesmo nos momentos mais difíceis; à Evelise que, na minha análise, enfrentou comigo os meus fantasmas; ao meu pai e à minha mãe pelo incentivo; a Puppi, Marcos e Raquel, do Instituto Pieron, pelo apoio e amizade; ao Dr. Pedro Tomás, ao Dr. Barth e à equipe de trabalho do Instituto de Criminalística no período de 1986-1988. No Setor de Protocolo, agradecimentos especiais a Wilma, Marta, Noemi, Maria Elisa e Elaine que, incansavelmente, me auxiliaram na procura dos laudos.

(In memoriam) aos suicidas que, por meio de seus depoimentos, contribuíram para o aprofundamento do tema.

Apresentação à 2ª edição

Era meados da década de 1980, quando participei de um evento que discutia o tema do suicídio e o Dr. Roosevelt Cassorla integrava uma das mesas redondas. Na sequência, escrevi-lhe pedindo a referência completa de texto mencionado que abordava a incidência de suicídio em sociedades tribais. Além da graduação em Psicologia, eu havia concluído a de Ciências Sociais, seguia estudando Antropologia no mestrado escolhido e sabia que o material sobre o fenômeno do suicídio era sempre raro. Esse era um tema que me inseria na Antropologia, mas não me retirava da atividade clínica como psicóloga.

Certo dia, já quase de saída para a universidade em que eu lecionava, fui surpreendida pelo interfone do apartamento. Era o Prof. Dr. Cassorla, que vindo de Campinas rumo à Sociedade Brasileira de Psicanálise de São Paulo (SBPSP), trazia-me cópia do texto em mãos.

Tive oportunidade de conversar com o Dr. Cassorla em meu próprio lar, onde eu passava tempos lendo mensagens de suicidas em forma de bilhetes, cartas ou gravações, de modo solitário. Senti-me acompanhada pela presença humana viva e impulsionada a continuar com coragem minha investigação: o que vivia um ser humano ao desejar morrer, o que o movia a desistir da vida neste mundo, tal qual o conhecemos, para lançar-se na desconhecida morte?

Eu era muito jovem e fortaleci-me com a interlocução com alguém que também havia escolhido o tema do que um indivíduo faz de sua existência, com tanta seriedade e profundidade em seus estudos. Era difícil chegar do Instituto de Criminalística de São Paulo, onde fiz a coleta do material, e me haver sozinha com todas as vozes dos indivíduos suicidas que eu trazia para dentro da minha residência. Começamos um diálogo em que eu sentia que podia conversar com os mortos. E eles me pareciam tão vivos!

Lembro-me que ao colher os primeiros bilhetes e cartas, material raro que exigia muita busca em meio aos arquivos no Instituto de Criminalística, apresentei o material colhido ao meu orientador da pesquisa no andar da Pós na Pontifícia Universidade Católica de São Paulo (PUC-SP), instituição em que ingressei no programa de mestrado em Ciências Sociais. Meu orientador, o antropólogo Prof. Dr. Renato Ortiz, impactado ao ler o material, perguntou-me: "O que fará com essas mensagens?". Respondi ao professor: "Ainda também não sei, mas vou descobrir".

Juntando meus conhecimentos de psicologia e psicanálise com meu repertório adquirido na antropologia e na atuação clínica como psicoterapeuta, somados à sabedoria no campo da antropologia do orientador da pesquisa, acrescido de sua ousada posição de ter me aceito para a empreitada da pesquisa nesse tema, seguimos com o trabalho, cujo título foi sugerido por ele, trocando o nome Mensagens para Testemunhos de Adeus. Foi muito oportuno, pois expressava bem o que eu pretendia ao delimitar o foco da pesquisa. Eu realmente acreditava que, ao colher as mensagens e ter acesso a seus dizeres, eu estaria convidada a estar diante dos sujeitos o mais próximo possível do que sentiam e pensavam ao desejarem morrer e realizar o ato autodestrutivo.

Assim, como podem observar, só tive no meu entorno pessoas portadoras de muitas riquezas interiores, corajosas no enfrentamento da vida, tal qual eu me sentia. Todos necessitamos agradecer a Marcelo Labaki Agostinho que impulsionou a segunda edição deste livro, amigo psicanalista, com quem compartilho atividades no Grupo Vincular – um grupo de trabalho e estudo do qual faço parte desde 2008, em Psicanálise de Casal e Família – e com quem convivi em encontros na área de Orientação Profissional, na Universidade de São Paulo (USP). Persistentemente incentivou-me a providenciar nova edição depois de 33 anos: a primeira edição data de 1991, houve a primeira reimpressão em 1997 e não sei se ocorreram outras posteriormente. Marcelo me informava periodicamente todos os preços de exemplares usados à venda pelos sebos brasileiros, com valores exorbitantes. Paralelamente, recebi ligações e e-mails de pesquisadores mestrandos e doutorandos oriundos de diversas universidades, solicitando ajuda para poder ler a obra, porque, esgotada, não conseguiam ter acesso. Graças ao Marcelo poderemos continuar a gerar interlocução em torno de um tema tão relevante para a sociedade atual. Trata-se de um fenômeno que não morre, pois onde há ser humano, há alegrias, mas também há dor no processo de viver.

Dr. Cassorla, compreendendo que já havia pesquisadores brasileiros com produção de pesquisas concluídas no tema, organizou o livro "Do suicídio: estudos brasileiros" e convidou-me a escrever um capítulo. Eu era uma autora jovem. Tinha acabado de assinar contrato com a Editora Brasiliense para a 1ª edição do livro e, a convite do Dr. Caio Prado, lancei-me a escrever na Coleção Primeiros Passos, o número 240: "O que é Psicoterapia de Casal e Família". Esses foram meus primeiros textos que sedimentaram meu desejo de me desenvolver na comunicação escrita. Mais atos de coragem, porém protegida pela possibilidade de interação com pessoas generosas e acolhedoras.

No percurso da pesquisa, percebi que os suicidas das mensagens coletadas morriam para falar, fazendo do ato de morrer um ato de linguagem. Consequentemente, eu também podia gerar diálogos significativos por meio das palavras escritas que de mim brotavam. Uma aventura que povoava meu mundo dando sentido à existência humana. Zelo pela vida de toda ordem. Somos um ser da natureza e penso que temos que respeitá-la, havendo muitas formas de gerar a vida. Penso que um dos grandes desafios contemporâneos se conecta com a necessidade de auxiliarmos as novas gerações.

A pesquisa divulgada por meio deste livro voltou-se ao universo adulto. Mais de três décadas depois, estamos nos debatendo com a crescente incidência de suicídio de jovens. Vivemos um mundo em que adolescentes estão se atirando pelas janelas e sacadas de prédios ou se matando, até mesmo, dentro das instituições escolares, como são os casos que têm ocorrido nas melhores escolas da cidade de São Paulo. Um fenômeno assustador, chocante, desesperador para pais e pessoas sensíveis, que lidam com uma geração sofrida, plena de desesperança. A automutilação, as autoagressões de toda ordem e o suicídio como forma extrema do sofrimento psíquico que empurra ao próprio óbito são expressões em ascendência no mundo contemporâneo.

Estaríamos diante de um sintoma social, muito além de uma patologia individual situada em um sujeito em particular? O advento da internet a que jovens muito precocemente tem acesso, na maioria das vezes sem que os pais tenham como restringir, estaria promovendo padrões da cultura nocivos, gerando imediatismo, desesperança, encapsulamento e ataque à alteridade, baixa tolerância à frustração e busca da imagem perfeita? Sem desconsiderar todas as boas contribuições que a possibilidade de navegação no ambiente da internet trouxe às novas gerações, precisamos lembrar que é nela que encontramos também jogos que promovem atos hétero e autodestrutivos e em que também se ensina o suicídio, como quando uma história em quadrinhos propõe a crianças que se enforquem; o jogo Baleia Azul se encerra com o suicídio do jovem jogador; ou o homicídio, quando a personagem horripilante "Momo" manda crianças matarem seus pais. Que mundo é esse?

Nós somos o mundo e precisamos rever o que temos oferecido às nossas crianças e aos nossos jovens. Na cultura japonesa, à época dos samurais, um menino jovem era ensinado a como praticar o haraquiri para quando necessitasse se matar. Hoje a prática é proibida no Japão. Estaríamos instituindo o suicídio como uma prática a ser ensinada também no Ocidente, em que vivemos um bombardeio por excesso de informações e propagação de práticas destrutivas? Os *tablets* e jogos digitais vêm substituindo os jogos de tabuleiro e o brincar livre. Pais cansados, cada vez mais engolidos por suas jornadas de trabalho, muitas vezes permitem que seus filhos voltem utilizando os aplicativos de mobilidade de trânsito, no lugar de irem buscá-los no retorno de festas e acompanhá-los, por exemplo. Nunca vimos tanta falta da presença humana.

Se nos anos 1980 não contávamos nem com publicações na área e tínhamos que ler livros estrangeiros, nos dias atuais já possuímos vasto conhecimento produzido. É preciso contar com espaços de reflexão e intervenção na área. Karina Okajima Fukumitsu, que nos presenteou com a orelha deste livro, é uma das profissionais brasileiras que mais tem investido no acolhimento de famílias envolvidas com a experiência do suicídio. Em eventos na área, quando tenho a felicidade de ser sua convidada, Karina sempre é impulsionada a contar que fui sua primeira professora em suicidologia, lá nos anos incipientes. Com alegria observo que ela, de longe, superou sua mestra, ofertando no mundo contemporâneo um amplo e rico trabalho no campo, junto às famílias enlutadas, por exemplo. Hoje é ela que possui uma grande obra com diversos livros publicados e com muito amor se dedica ao tema, que eu diria que, na verdade, é sobre a vida. Coordenadora da Pós-graduação em Suicidologia: prevenção e posvenção, processos autodestrutivos e luto da Faculdade Phorte, reúne grande equipe voltada a esse trabalho. Precisamos nos multiplicar, sobretudo romper o tabu e abrir o diálogo, ou ficaremos reféns da desesperança humana e do desamparo social.

Espero que a leitura da nova edição deste livro, que tanto mobilizou o empenho de diversas pessoas para que ele se transformasse em obra viva e circulável, o que devemos ser gratos à Editora Blucher, conduza a novas reflexões e amparo humano.

Maria Luiza Dias

Prefácio

A certeza da morte tem estimulado a humanidade a desenvolver recursos que combatam tudo aquilo que poderia antecipá-la. Busca-se investir em saúde, em cuidados com o corpo e com a mente, evitar e tratar doenças, enquanto se busca proporcionar as melhores condições para que a vida seja criativa.

A perplexidade em relação ao suicídio decorre dele ir em sentido contrário ao que desejamos. Por que alguém deseja morrer, se todos queremos viver e prolongar a vida?

Por outro lado, não nos sentimos perplexos frente às imensas desigualdades sociais e à desumanização de parte dos seres humanos. O mesmo ocorre com homicídios, violência e mesmo guerras. São situações naturalizadas, ainda que nos causem horror. É possível compreender alguns dos fatores envolvidos em sua origem e buscar formas de combatê-las, ainda que saibamos da utopia de seu desaparecimento.

Isso não acontece em relação ao suicídio. Se, nas situações anteriores, identificamos o fracasso dos vínculos amorosos entre os seres humanos, é difícil imaginar que elementos fazem o indivíduo cortar o vínculo consigo mesmo, eliminando o que é mais valioso – a própria vida. O emaranhado de fatores biológicos, psicológicos, sociais e culturais tornam impossível acessar sua complexidade, que será diferente para cada indivíduo.

Por outro lado, sabe-se que o ser humano se defronta com um permanente conflito entre forças que o estimulam a viver criativamente e forças que sabotam essa possibilidade. A percepção da concomitância entre aspectos vitalizantes e destrutivos levou ao desenvolvimento de sistemas e crenças filosóficos e religiosos que visam a descrever, compreender e lidar com esse conflito. Deuses e demônios estão sempre em luta. A psicanálise, um dos referenciais deste livro, propõe o combate permanente entre Eros, a pulsão de vida e Tânatos, a pulsão de morte. Uma não existe sem a outra.

Lembremos que o ser humano se constitui no vínculo com o outro. Inicialmente dentro de sua família e, posteriormente, em sociedade. Utilizando o modelo de Eros e Tânatos, podemos descrever os vínculos positivos, aqueles que promovem desenvolvimento, agregando aspectos internos e conectando-os com a realidade externa, e os vínculos negativos, que atacam os vínculos positivos.

No suicídio, predominam os vínculos destrutivos, mas eles não anulam totalmente os positivos. O suicida não busca a morte, mas fugir de um sofrimento insuportável. Essa dor é vivenciada como uma espécie de tortura, que é sentida como vindo de sua mente, de seu corpo ou do meio social. Comumente, o indivíduo não consegue diferenciar as três instâncias, que se superpõem. Essa tortura pode ser real, mas, na maioria das vezes, ela decorre de transformações deformadas da realidade, fruto de vicissitudes emocionais que dificultam a capacidade de lidar com frustrações.

As fantasias conscientes e inconscientes do indivíduo que se mata podem envolver um outro mundo, um Paraíso, onde não existem sofrimentos, algo similar à vida intrauterina. Uma volta à mãe-Terra. A busca fantasiada desse mundo idealizado nos mostra como Tânatos pode valer-se de Eros, enganando-o, para cumprir sua função. Rompe-se o vínculo com a humanidade e cria-se um vínculo com o outro mundo.

Outra fantasia do suicida é manifestar seu ressentimento com um mundo que não o acolheu ou não o compreendeu. Ainda que a manifestação possa aparentar ser justa em situações extremas, verifica-se que – infelizmente – o indivíduo não teve condições de lidar com as limitações da vida devido a fatores próprios. Entre estes últimos encontramos a dificuldade de simbolizar as experiências emocionais em razão de insuficiências constitucionais ou ambientais do início da vida.

Outras vezes, o suicida tem a fantasia de que deve ser punido. Em geral, trata-se de mau funcionamento de sua mente, que exige uma perfeição desumana. Nessas situações também se encontram a melancolia, o luto patológico e outros transtornos mentais.

Como vimos, os fatores descritos são parciais e limitados. Eles poderão ser ativados ou reduzidos em função de situações ambientais e da capacidade do grupo social acolher e identificar precocemente o sofrimento humano. Sua ausência poderá tornar a pessoa indefesa, assolada por terrores incontroláveis. No entanto, mesmo quando existe um ambiente acolhedor, o sofrimento pode não ser atenuado. Como o ato suicida suscita muita culpa no ambiente, há que se levar em consideração tanto suas limitações como a incapacidade do indivíduo de aproveitar a ajuda.

Como vimos, tanto nas situações em que identificamos, no suicida, uma busca de uma vida idealizada em outro mundo, uma vingança ressentida em relação ao ambiente ou uma autopunição, o ato suicida é uma forma de comunicação, de vínculo, com o outro real ou imaginário. Quando a morte não ocorre, podemos responder a esse pedido desesperado de ajuda. Equipes multiprofissionais devem ser ativadas.

Portanto, o vínculo destrutivo é acompanhado também por um vínculo comunicativo. Essa comunicação pode ser efetuada de forma que o ambiente não a capta. Este, por sua vez, nem sempre se encontra preparado para identificar o sofrimento emocional.

Uma das formas de comunicar sofrimento pode ser por meio de bilhetes, cartas, gravações e vídeos. A internet, onde encontramos tanto grupos de ajuda como grupos destrutivos, tem servido para apoiar a vida e, em alguns casos – infelizmente – ensinar como matar-se.

Em situações extremas, a comunicação se tornará visível após a morte. Maria Luiza Dias, a autora deste livro, debruça-se sobre os testemunhos de adeus. São despedidas em que o indivíduo, de certa forma, se sentirá imortalizado em seus escritos ou gravações. São formas de manter os vínculos fantasiados. Que, infelizmente, cessarão com a morte.

O estudo pormenorizado dessas mensagens, efetuado em forma criativa, faz com que se iluminem facetas do que ocorre na mente do indivíduo que elimina sua vida. Medo, desespero, ressentimento, desejos, fantasias sobre a vida dos sobreviventes, desesperança, dúvidas, aparecem em forma clara ou confusa. O termo Testemunhos, utilizado pela autora, é muito feliz. Ao fazer-nos também testemunhas, permite que nos identifiquemos com o sofrimento. Veremos que ele é humano, tão humano quanto qualquer outro. E nos entristeceremos por defrontar-nos com a força de Tânatos.

A formação privilegiada da autora, em Psicologia e Ciências Sociais – com uma brilhante carreira profissional e universitária –, permite que ela amplie suas ideias para além do estudo dos testemunhos. Maria Luiza nos brinda com um minucioso estudo sobre o tema suicídio, envolvendo considerações sobre a morte no decorrer dos tempos, na contemporaneidade e em várias culturas. Relata também sua experiência no Centro de Valorização da Vida e discute formas de prevenção.

O leitor está diante de um texto que, certamente, o fará pensar sobre as vicissitudes do viver. Boa leitura!

Roosevelt Cassorla

Professor Titular da Faculdade de Ciências Médicas da Unicamp e Membro Didata das Sociedades Brasileiras de Psicanálise de São Paulo e de Campinas. Autor de *Suicídio: fatores inconscientes e aspectos socioculturais* e *Estudos sobre suicídio: psicanálise e saúde mental*, ambos pela Editora Blucher.

Introdução

Sempre que se busca uma abordagem de compreensão do fenômeno do suicídio, seja pela visão médica, psiquiátrica, psicológica ou social, esbarra-se certamente no dilema existencial humano básico: se a vida vale ou não a pena ser vivida, a quem ela pertence e se deve-se acabar com ela por meio do suicídio.

Tentar compreender por que uma pessoa, de maneira impulsiva ou cuidadosamente planejada, escreve dizeres amorosos na sola do sapato para um namorado e se atira do Viaduto do Chá; ou acomoda seu revólver numa morsa de oficina, na garagem de sua residência, coloca a cabeça diante da arma e dispara; ou amarra um cordel de náilon no teto do banheiro e se enforca; ou ingere dezenas de comprimidos de uma só vez; ou por que uma criança se joga da janela de seu apartamento no 10º andar; ou, ainda, por que um padre acende as seis bocas do fogão na cozinha de um colégio, deitando-se sobre elas, carbonizando-se, não é, absolutamente, tarefa fácil.

Foi numa tentativa de elucidar alguns fatores que possam estar em jogo na vivência dessas pessoas, no momento em que decidem se matar, que esta pesquisa sobre as mensagens de adeus se desenvolveu.

Este trabalho é uma tentativa de interpretação do fenômeno do suicídio, analisando a parcela específica da população suicida que deixa notas de despedida, dentro de uma abordagem social, utilizando o mundo conceitual antropológico e psicanalítico.

Como objetivo mais específico, propõe-se a análise do discurso suicida por meio das mensagens de adeus deixadas em forma de bilhetes, cartas ou fitas de áudio, materiais entendidos como documentos que reconstroem o diálogo entre o indivíduo e seu grupo social no período da ocorrência. Tal análise recorrerá, também, a conceitos da Psicanálise – como o de narcisismo, identificação e luto, entre outros –, para o enriquecimento da interpretação do imaginário suicida desses documentos. Embora se possa supor que a população que deixa mensagens antes do ato suicida tenha algumas características particulares, as quais a diferencia da população suicida mais ampla, entendo que muitos traços encontrados nesta análise tenham abrangência suficiente para serem considerados comuns à população suicida em geral.

O meu interesse pelo tema surgiu no curso de pós-graduação, no qual minha preocupação era eleger uma problemática de pesquisa que pudesse se circunscrever dentro da área clínica e, ao mesmo tempo, nas Ciências Sociais. Paralelamente ao trabalho de consultório – onde eu atendia em psicoterapia clientes individuais, casais e famílias, que não tinham necessariamente um histórico suicida, mas que traziam, inúmeras vezes, problemáticas relacionadas à morte, perdas e lutos –, eu lecionava, no terceiro grau, cursos relacionados com a área de Antropologia. Optei, então, por investigar as notas suicidas, chamando-as de "mensagens ou testemunhos de adeus". Assim nasceu este trabalho.

Dessa forma, foi realizada uma pesquisa da literatura existente; depois de feita a compilação das mensagens deixadas pelos suicidas, obtidas durante os anos de 1986-1987 no Instituto de Criminalística de São Paulo, encaminhei a reflexão sobre o material. Caso o leitor se interesse por uma apresentação mais detalhada sobre a população da amostra utilizada na pesquisa, ou em ter acesso a um material um pouco mais extenso sobre esses documentos (mensagens de adeus), deve procurar a íntegra da dissertação de mestrado na biblioteca de pós-graduação da PUC-SP. Nela também se encontra uma análise crítica mais cuidadosa sobre a obra do sociólogo francês Émile Durkheim intitulada *O suicídio.*

No decorrer da pesquisa, permaneci por quatro meses no grupo de trabalho do Centro de Valorização da Vida (CVV) - Samaritanos de São Paulo, entre o curso de formação e atuação como plantonista.

Fica, então, o desejo de que o leitor possa, comigo, realizar este percurso e de que este trabalho contribua para o entendimento do fenômeno do suicídio dentro de uma visão mais dialética da realidade.

I. A interpretação da literatura

Sobre o suicídio – O suicídio na psicologia, na psicanálise e nas ciências sociais

Nesta vida morrer não é difícil, o difícil é a vida e o seu ofício.

Maiakóvski[1] (*apud* Schneiderman e Campos, 2017, p. 187)

A literatura sobre o suicídio é numerosa. Apesar disso, no Brasil, há uma carência de pesquisas na área.

Na maioria desses trabalhos, procura-se definir o que se entende por suicídio, os tipos existentes, as motivações que conduzem alguém a matar-se e como se pode preveni-lo ou tratá-lo. As abordagens e os enfoques de análise são também bastante variados. Existem diferentes trabalhos nas áreas de psiquiatria, psicologia, filosofia ou em

1 Maiakvóski suicidou-se com um tiro de revólver, na primavera de 1930, aos 36 anos.

linha mais social, que se consolidam basicamente com o estudo de Durkheim (1977) sobre o suicídio.

Ainda teríamos os aspectos éticos, psicodinâmicos, epidemiológicos, preventivos, religiosos e assim por diante. É difícil nesse contexto todo determinar o que se chama de "suicidabilidade", porém, aqui, entenderei por suicídio a morte que alguém provoca a si próprio de forma consciente, deliberada e intencional.

A psicologia clínica está preocupada em lidar com a tentativa de suicídio ocorrida e entendê-la para uma atuação na pós-crise, desenvolvendo um acompanhamento terapêutico nesse período difícil.

Alguns hospitais em São Paulo já possuem um setor de atendimento psicológico para os indivíduos que dão entrada no hospital por tentativa de suicídio malsucedida. Essa equipe especializada objetiva prevenir novas tentativas de suicídio por parte dessas pessoas e reintegrá-las ao convívio social, em vez de se preocupar apenas com a alta médica (recuperação física do interno), como ocorria até há pouco tempo.

É possível tentar desenvolver um trabalho junto à família do suicida (suicida em potencial ou já falecido), uma vez que o suicídio se relaciona diretamente com a unidade familiar e o meio próximo ao indivíduo. Além disso, a família com um membro suicida encontra-se frequentemente desamparada e impotente diante de tal situação.

Na área clínica, é também importante a distinção criada por Stengel (1965; 1980) entre suicídio e tentativa de suicídio. No primeiro caso, a morte se consuma; no segundo, ela fracassa e o indivíduo é salvo. O trabalho terapêutico, portanto, com o indivíduo – no caso da tentativa – e com a família do suicida – nas duas situações – terá uma abordagem específica.

Existem, ainda, trabalhos de psicólogos e psiquiatras em linha mais descritiva, com diferentes classificações dos fenômenos suicidas, inclusive, para viabilizar a confecção de estatísticas. Autores, como Enrique Rojas (1978), levantam uma classificação exaustiva, por exemplo, segundo a etiologia, a forma, a intencionalidade, o resultado, o curso evolutivo, a gravidade, o número de pessoas que participaram do ato, a consequência do ato, a atitude do sujeito diante da vida.

A maioria dos autores aponta três grandes causas por detrás dos suicídios: as causas orgânicas, representadas pelas doenças endógenas que colaboram para o agravamento de determinados quadros psíquicos, podendo induzir a pessoa ao suicídio; as causas emocionais e as causas filosóficas, motivadas por razões que o praticante entende por nobres. Outros clínicos acreditam que um quadro suicida se instala em quadros psicóticos, de melancolia, luto e depressão.

Stephen A. Pasternack (1983) aponta que os desejos de suicídio frequentemente se desenvolvem na pessoa que não consegue expressar o sentimento de frustração. Os motivos mais comuns, segundo ele, seriam:

1. fantasias de uma outra vida, de um paraíso, de encontro com Deus, de outro mundo de riquezas e delícias, de reencontro com pessoas queridas que morreram, de retomo ao seio materno;
2. desejo de punição, de castigo, de destruição de impulsos assassinos ou de impulsos sexuais culposos, entre outros.

Mortmer Ostow (1955; 1977) identifica as seguintes fantasias que conduziriam ao suicídio:

1. identificação com os objetos perdidos;
2. renascimento (morte como liberação, como saída de uma situação difícil);
3. reunião com a mãe (busca de estado paradisíaco);
4. fuga (comportamento de evitação, fuga de conflitos);

5. dissociação da autoimagem;
6. autoscopia (poder ver a si próprio depois de morto e a reação dos outros);
7. revanche (vingança contra seus perseguidores ou superego, que acaba enganosamente triunfando).

Leon Grinberg (1976, p. 127) acredita que entre os fatores que desencadeiam ou precipitam a tentativa de suicídio estão as experiências de perda (e consequente luto mal resolvido):

1. perda de uma pessoa amada por morte, divórcio ou separação;
2. perda de um trabalho, dinheiro, prestígio ou *status*;
3. perda de saúde por enfermidade, cirurgia ou acidente;
4. ameaças de perseguição, sentimentos de pânico etc.

Outros autores se preocuparam ainda em estabelecer certa previsibilidade do comportamento suicida. Tem-se o índice de potencialidade de Zung (1965), de 1974, a escala "18-item", usada por Pallis et al. (1982; Pallis, 1984), modificada de uma escala de intenção de suicídio criada por Beck et al., em 1974. Charles Neuringer (1974) também se preocupou com a questão da previsão, pois acreditava poder, desse modo, estabelecer um diagnóstico precoce e promover a busca rápida de tratamento.

Existem, assim, inúmeros trabalhos enfatizando e problematizando o fenômeno do suicídio em seus diferentes aspectos clínicos, em que cada autor acaba oferecendo uma contribuição específica para esse debate.

Seria importante retomar também como a literatura tratou o suicídio na psicanálise e nas ciências sociais (sociologia e antropologia).

Para a psicanálise, o suicídio é uma situação psicótica. Da investigação da vida do suicida emergeriam fantasias inconscientes muito primitivas que teriam funcionado como fatores desencadeantes ao ato suicida.

Entretanto, isso não significa que a pessoa seja psicótica, mas que, no momento do ato, tenham se atualizado nela núcleos e componentes psicóticos da personalidade que permaneciam inativos e neutralizados pelas partes não psicóticas da personalidade e que acabam por se manifestar em dado momento de crise.

O suicídio se configura, assim, como um instante em que o indivíduo "está fora de si" e, graças a isso, pode atacar a si mesmo. É o rebaixamento da capacidade autodefensiva do ego que permite a irrupção da psicose. Com a perda do senso de realidade, os desejos inconscientes tomam conta da personalidade impedindo que o ego atue e, com isso, o indivíduo alucine conteúdos específicos.

Para a psicanálise, portanto, todo ato suicida é uma atuação (*acting-out*). Por uma dificuldade de conter os núcleos conflitivos na vida intrapsíquica, o indivíduo expressa tais conteúdos psíquicos em atos.

Segundo Abadi (1973), o suicídio implicaria os seguintes fatores: "atuação psicótica", em que o suicídio é resultante de mecanismos de defesa do ego, numa "intensa condição masoquista subjacente"; e "um nível profundo de regressão" que dá um "valor mágico" ao ato suicida e mobiliza ansiedades predominantemente "paranoicas e vivências persecutórias" (p. 117).

As obras de Freud não tratam, em primeiro plano, do suicídio. Apesar disso, iniciam significativas contribuições para o entendimento do tema por meio da análise de alguns casos clínicos, quando Freud faz referências a tentativas de suicídio realizadas por pacientes.

No caso de Anna O. (Freud, 1893-1895/1969a), acompanhado por Freud, Breuer aconselha que ela seja transferida para uma casa de campo em Viena, pois estava instalada num terceiro andar e havia surgido "fortes impulsos suicidas" (v. 2, p. 70). Depois, Anna O.

realiza numerosas tentativas de suicídio – no jardim, por exemplo, quebrando janelas.

No caso Dora (Freud, 1901-1905/1969b, v. 7, p. 21), os pais encontram em sua escrivaninha uma carta em que ela se despedia deles, na intenção de cometer suicídio. Tentativa que Dora não chega a realizar, pois intencionava apenas assustar os pais e conseguir que o pai e a Sra. K. se separassem, pois vinham tendo um caso. Dora copia o pai que, ao ser surpreendido com a Sra. K. no bosque, justifica a situação da seguinte maneira: ele ia se matar, então a Sra. K. foi lá para dissuadi-lo e salvá-lo.

No caso do "Homem dos ratos" (1909/1969c), Freud interpreta as fantasias suicidas do paciente, que se masturbava desde antes dos 6 anos de idade, ato que o pai proibiu com a afirmativa: "Você vai morrer se fizer isso" (v. 10, p. 263). Esse material deu conteúdo aos delírios do paciente.

Em "O caso Schreber" (Freud, 1911-1913/1969e), o paciente tinha alucinações tão perturbadoras que o faziam ansiar pela morte. Schreber fez repetidas tentativas de se afogar durante o banho e pediu que lhe fosse dado o "cianureto que lhe estava destinado" (v. 12, p. 29). Aqui a ideia de suicídio se relacionava com o delírio místico e religioso do paciente.

Freud (1920-1923/1969k) analisa, ainda, um caso de homossexualidade feminina, no qual a tentativa de suicídio estava relacionada à culpa e ao castigo. O pai encontra a filha com a mulher com a qual ela vinha se relacionando e, ao passar por elas com o olhar irado, a filha, subitamente, sai correndo e salta um muro em direção à linha do trem. A moça se salva, pois foram "poucos os danos permanentes causados" (p. 186), mas acaba tendo que ficar deitada de costas na cama por bastante tempo. Com a tentativa de suicídio, a "namorada" se torna ainda mais amistosa, pois se dá conta do esforço que a moça fazia para manter o relacionamento; e os pais, reconhecendo que as fortes medidas disciplinares em casa eram impotentes para reprimir o namoro da filha, buscam tratamento para ela com Freud.

No texto "História de uma neurose infantil" (1914-1918/1969g), Freud abre um espaço para falar da irmã do paciente (caso que está relatando). Ela, quando criança, era "intratável" e precoce no seu desenvolvimento, permanecendo sempre na frente do irmão. Depois dos 20 anos começa a ficar deprimida e, bem longe de casa, numa viagem, se mata por envenenamento. Freud explica seu suicídio da seguinte maneira: "Seu distúrbio deve provavelmente ser considerado como o início de uma demência precoce. Ela foi uma das provas da hereditariedade visivelmente neuropática na família, mas de forma alguma a única" (p. 36).

Freud (1920-1955/1969j, p. 268) toca na questão do suicídio ainda em outro momento: ao fazer uma crítica ao tratamento elétrico dado aos neuróticos de guerra no período da guerra. Diz que o procedimento causou muitas mortes e suicídios durante o tratamento, devido à severidade que foram dando à corrente elétrica com o intuito de privar os neuróticos de guerra da vantagem que obtinham com a doença.

Seu único texto sob título específico de suicídio nas obras completas é relacionado à área da educação: "Contribuições para uma discussão acerca do suicídio" (Freud, 1910/1969d). Nele, a acusação de uma pessoa, na época, de que as escolas impeliam seus alunos ao suicídio, Freud responde da seguinte maneira:

> *a escola secundária toma o lugar dos traumas com que outros adolescentes se defrontam em outras condições de vida. Mas uma escola secundária deve conseguir mais do que não impelir seus alunos ao suicídio. Ela deve lhes dar o desejo de viver e devia lhes oferecer apoio e amparo numa época da vida em que as condições de seu desenvolvimento os impelem a afrouxar seus vínculos com a casa dos pais e a família. (Freud, 1910/1969d, v. 11, pp. 217-218)*

Desse modo, Freud acredita que a escola nunca deveria se esquecer de que tem que lidar com indivíduos imaturos, a quem não podia ser negado o direito de se demorarem em certos estágios do desenvolvimento, e deveria preencher as funções de proporcionar um substituto para a família e de despertar o interesse pela vida do mundo exterior. Assim, afirma ele: "A escola não pode adjudicar-se o caráter de vida: ela não deve pretender ser maior do que uma *maneira* de vida" (Freud, 1910/1969d, p. 218, destaque do autor).

É nesse texto, anterior à teoria da pulsão de morte, que Freud parece arriscar sua primeira explicação com respeito ao suicídio:

> *Estávamos ansiosos sobretudo em saber como seria possível subjugar-se o extraordinariamente poderoso instinto de vida: se isto pode apenas acontecer com o auxílio de uma libido desiludida, ou se o ego pode renunciar à sua autopreservação, por seus próprios motivos egoístas. (Freud, 1910/1969d, p. 218)*

Segundo Patrick Dhan (1987), haveria um único escrito teórico de Freud sobre o suicídio num documento, também de 1910, transcrito a partir de reuniões tidas entre Freud e seus discípulos (*Minutas da Sociedade Psicanalítica de Viena,* tomo II). Freud afirma: "Não se pode esquecer que o suicídio não é nada mais que uma saída, uma ação, um término de conflitos psíquicos e que se trata de explicar o caráter do ato e como o suicida leva a termo a resistência contra o ato suicida".

É em *Além do princípio do prazer* (Freud, 1920/1969i) que essas questões serão aprofundadas. Freud procura desenvolver uma concepção da natureza humana, que funcionaria em termos de duas tendências essenciais: EROS (pulsão que conduz à vida) e TÂNATOS (pulsão que conduz à morte). Essas duas tendências corresponderiam a dois polos distintos e antagônicos. A pulsão de vida conduziria ao crescimento, reprodução, ampliação da vida, unindo, estabelecendo conexões. Em contraposição, a pulsão de morte buscaria destruir, desconectar, desagregar, reverter tudo ao nada.

Para Freud, o equilíbrio entre as duas pulsões seria primordial. Elas deveriam sempre atuar num movimento paralelo no qual a pulsão de morte deve permanecer atrelada a serviço da vida. Por exemplo, um indivíduo deprimido pode entregar-se totalmente a esse estado (instinto de morte atuando), ou fazer uso da iniciativa para transformar a agressividade em atos mais construtivos (instinto de vida atuando), como procurar alguém para conversar sobre o seu estado, ou tentando se tranquilizar com a fantasia de esperança de que tal estado possa mudar – a depressão, nesse caso, seria percebida como uma circunstância e não como uma experiência emocional definitiva. O suicídio ocorreria quando isso não acontecesse, sendo ele a expressão máxima da pulsão de morte.

Em "Luto e melancolia", Freud (1915-1917/1969h) procura mostrar como a agressão do indivíduo pode se voltar contra ele próprio. No luto normal, o indivíduo acaba aceitando a perda, podendo depois investir em outros objetos. Já na melancolia, o indivíduo abandonado (real ou imaginariamente) por seu objeto de amor não consegue investir sua libido em outro objeto, mas se identifica com o objeto perdido. Assim, como o indivíduo não consegue expressar sua agressividade, ela se volta contra ele mesmo. Essa atrofia do investimento libidinal em objetos externos causa o retrocesso da libido contra ele próprio. O indivíduo investe, então, seu potencial agressivo contra sua própria pessoa. Vejamos isso graficamente (Giordano,1982, p. 20):

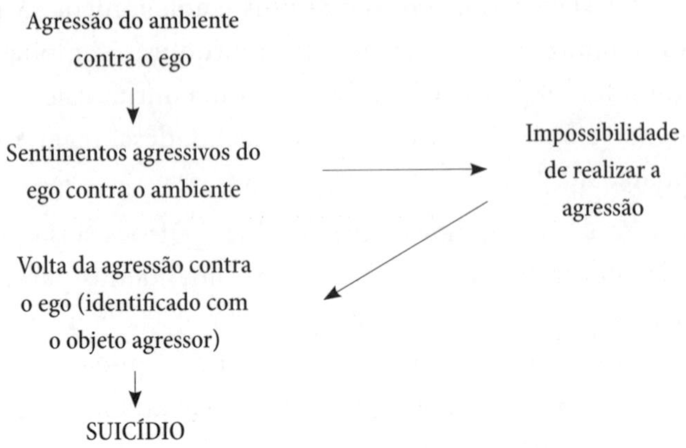

Figura 1.1. Investimento do potencial agressivo contra a própria pessoa.

Desse modo, o melancólico reintrojeta o objeto perdido e identifica-se com ele. Encontra-se, assim, numa situação ambivalente na qual sua tendência à autodestruição seria o resultado da necessidade de destruir o objeto odiado (e amado) que toma parte de seu ego. Com isso, o desejo de suicídio viria também acompanhado do desejo inconsciente de matar outra pessoa ou a coisa que o incomoda. O indivíduo, no impulso de livrar-se do mal que o perturba, acaba destruindo-se por inteiro.

Karl Menninger (1970) aponta que, em lugar de combater seus inimigos, tais pessoas combatem (destroem) a si próprios. Assim, o suicídio é um homicídio, no qual o indivíduo que mata é também a própria vítima.

Nas ciências sociais (sociologia e antropologia), o suicídio também foi tema de investigação e debate. A afirmação de um anônimo espanhol, já no século X d.C., carregava esse sentido: "Eles a morreram e ela se matou".

Numa abordagem social, acredita-se que o suicídio não pode ser explicado pelas motivações individuais, pelo menos exclusivamente, mas que elas estão associadas a fatos sociais. Tais fatos transcenderiam a esfera da vida individual e dependeriam de forças exteriores ao indivíduo presentes na dinâmica dos valores e padrões da cultura de determinada sociedade.

Alguns autores acreditam que esse tipo de abordagem tenha nascido com Enrico Morselli (1903) e Thomas Masaryk (1970), que mais tarde se tornou fundador e primeiro presidente da República Tchecoslováquia. Entretanto, é possível encontrar referências ainda mais antigas como Guerry (1835), Etoc-Demazy (1844), Lisle (1856) citados por Maurice Halbwachs (1930), ou mesmo um texto de Karl Marx.[2]

Nesse texto sobre o suicídio, Marx (1976, pp. 131-150) trabalha sobre trechos da fala de Jacques Peuchet, que havia escrito um livro de memórias contando sobre sua experiência profissional como conservador dos arquivos da polícia em Paris no período de 1814-1927.

Já na época, Peuchet acreditava que sem uma total reforma da ordem social não seria possível frear o fenômeno do suicídio, pois numa sociedade em que as pessoas eram "deixadas na miséria" e os socialmente marginalizados "atingidos por desprezo brutal" (Marx, 1976, p. 130), como se poderia exigir dos indivíduos que cumprissem as leis e os costumes? Na sua visão, a morte passava a parecer um bom negócio:

> *O suicídio é apenas um dos mil e um sintomas dessa luta social, sempre flagrante, da qual todos os melhores*

2 Uma das filhas de Marx, Eleanor Marx, cometeu suicídio. Aveling, seu marido, ficou muito doente e Eleanor permaneceu ao seu lado, em 1898, quando foi operado, cuidando dele até ficar bom. Eleanor bebeu veneno ao receber pela manhã uma carta que continha a notícia de que, em um período em que estivera ausente, Aveling casara-se com uma jovem atriz. Eleanor deixou um bilhete que dizia: "como tem sido triste a vida estes anos todos" (Edmund Wilson, 1987, pp. 325-326).

> *combatentes se retiram, pois estão exaustos de se incluírem entre as vítimas e porque se revoltam contra o pensamento de serem promovidos a carrascos. (Marx, 1976, p. 136, tradução nossa)*[3]

Assim, Peuchet analisa casos de suicídio nos quais a miséria, não só financeira, mas moral, impelia o indivíduo ao suicídio, como o caso de uma mulher grávida que, acreditando que a família não a perdoaria por isso, diz: "Estou no meio de um escândalo que somente minha morte impedirá de explodir" (Marx, 1976, p. 141, tradução nossa).[4]

Marx, com isso, valoriza o trabalho de Peuchet, pois ele mostrava uma realidade que a sociedade não via e apresentava o suicídio como o produto das contradições da sociedade. Marx (1976) afirma:

> *O que é afinal uma sociedade onde encontramos a solidão, a mais profunda no meio de milhões de seres humanos, onde podemos ser tomados por um desejo implacável de morte sem que ninguém o perceba? Esta sociedade não é uma sociedade; é, como o diz Rousseau, um deserto povoado de animais ferozes. (p. 135, tradução nossa)*[5]

Tais autores afirmavam, então, estar o suicídio condicionado por forças extraindividuais. Esses fatores sociais estariam gerando uma certa taxa de suicídio, que sofreria flutuações em épocas de guerra,

---

3 "Le suicide n'est qu'un des mille et un symptômes de cette lutte sociale, toujours flagrante, dont tant des milliers de combattants se retirent parce qu'ils sont las de compter parmi les victimes et parce qu'ils se révoltent contre la pensée de pendre un grade parmi le bourreaux".

4 "Je suis au milieu d'un scandale que ma mort seule empêcherait d'éclater".

5 "Qu'est-ce, en effet, qu'une société où l'on trouve la solitude la plus profonde au sein de plusieurs millions d'humains; où l'on peut-être pris d'un désir implacable de se tuer sans que qui que ce soit ne nous devine? Cette société-là n'est pas une société; c'est, comme le dit Rousseau, un désert peuplé de bêtes féroces".

revolução, crise econômica ou outras modificações sociais. Masaryk (1970) entendia que a taxa de suicídio decorria da configuração da civilização moderna e do declínio da religião.

O suicídio era encarado como uma questão filosófica, sendo apenas no século XIX que ele se constituiu, então, como um problema e, ainda, como um problema social. É Émile Durkheim (1858-1917) que se toma o principal expoente dessa linha de explicação, com sua obra *O suicídio,* de 1897 (1977 – edição brasileira).

Durkheim (1977) acreditava que, na relação indivíduo/sociedade, aconteciam sérias dificuldades e o indivíduo se encontrava à mercê de forças maiores que ele próprio.

O fenômeno do suicídio deveria ser assim também compreendido. Se na superfície ele parecia consistir num fato absolutamente pessoal, na visão durkheimiana, ele seria somente explicável no contexto social a que pertencia. Cada sociedade, portanto, tinha, segundo ele, uma inclinação coletiva ao suicídio que tendia a permanecer constante enquanto a estrutura da sociedade não mudava. Essa inclinação influía sobre o indivíduo podendo conduzi-lo a se matar.

Para explicar as taxas de suicídio, Durkheim apresenta a sua tese de que o suicídio poderia ser compreendido em três categorias sociais: o suicídio *egoísta,* o *altruísta* e o *anômico.* Corresponderiam a três modalidades de suicídio, de acordo com o tipo de perturbação entre indivíduo e sociedade, sendo que cada sociedade produziria em seu interior uma dada corrente de egoísmo, de altruísmo e de anomia. Ainda haveria um quarto tipo de suicídio: o *fatalista.* A este, Durkheim não dá muita atenção.

O *suicídio egoísta* resultaria do individualismo excessivo. Nele ocorre uma falta profunda de interesse do indivíduo pela comunidade e o estabelecimento de um relacionamento inadequado entre ambos, pois o indivíduo encontra-se insuficientemente integrado a ela.

A sociedade não estando suficientemente integrada não é capaz, com isso, de colocar todos os seus membros sob sua dependência. Os indivíduos acabam escapando à sua esfera de ação: "O eu individual se sobrepõe ao eu social" (Durkheim, 1977, p. 234). O egoísmo (termo técnico utilizado, já em 1850, para designar ausência de moral) seria a causa geradora desse tipo de suicídio. Um exemplo de suicídio egoísta seria o suicídio do deprimido.

O *suicídio altruísta* ou *suicídio heroico* é o oposto do controle rígido e minucioso sobre as ações individuais. O indivíduo pode ser levado ao suicídio, então, por um excessivo altruísmo e sentimento de dever. Segundo Durkheim, esse tipo é mais comum nas sociedades "primitivas" e sociedades asiáticas, sendo pouco frequentes nas sociedades ocidentais. Seriam exemplos de suicídio altruísta: o haraquiri,[6] no Japão; o sacrifício de seguidores nos túmulos dos chefes, e o das viúvas na fogueira, junto ao corpo do marido, ambos na Índia.

Assim, se o suicídio egoísta utiliza para com o homem uma linguagem que o desliga da existência e o deixa escapar, pois ele não vê objetivo ao qual se possa ligar, no suicídio altruísta, a sociedade ordena-lhe que deixe de existir ao manter o indivíduo em demasiada dependência. Aqui é a sociedade que fixa as condições e as circunstâncias em que essa obrigação tem de ser cumprida. É com finalidades sociais que a sociedade impõe ao indivíduo tal sacrifício. A personalidade individual é muito pouco tomada em consideração nesse caso. A individuação é rudimentar, pois o indivíduo está quase totalmente absorvido pelo grupo.

O *suicídio anômico* decorre da noção de anomia criada por Durkheim para explicar e definir fenômenos que resultam das rápidas

---

6 Consiste em cortar o ventre, cumprindo ritual específico. Como os ferimentos causam uma agonia prolongada, era comum que outro indivíduo (geralmente pessoa significativa para o praticante) decapitasse o sujeito em seguida com o sabre, para poupá-lo do sofrimento subsequente.

transformações das sociedades industriais, em que o desenvolvimento de certos setores, como o da tecnologia, se dá em ritmo acelerado, enquanto se faz de forma retardada em outros. Em consequência disso, as diferentes partes do organismo social não se coadunam entre si. As regras antigas não têm mais vigência, por se apresentarem inadequadas à situação presente, e os setores novos não estão, ainda, suficientemente organizados para elaborarem novas normas adequadas.

A anomia seria, então, esse espaço intermediário no qual o indivíduo permanece sem regulamentação por parte da sociedade durante certo tempo. A partir disso, Durkheim conclui que a atividade humana não pode ser completamente livre. Na anomia, o indivíduo encontra-se desprovido de proteção e as tendências suicidas da sociedade encontram-se sem mecanismos de controle e preservação.

Desse modo, Durkheim desmistifica também a ideia de que são o desemprego e a miséria econômica que conduzem ao suicídio. Demonstra-o por meio das estatísticas: no período de bonança, ao invés de os índices baixarem, eles se elevam também, uma vez que esse novo estado gera muitas mudanças. Durkheim (1977) afirma:

> *Se, portanto, as crises industriais ou financeiras fazem aumentar os suicídios, não é porque elas façam empobrecer, uma vez que as crises de prosperidade têm o mesmo resultado; é porque se tratam de crises, isto é, perturbação da ordem coletiva. Qualquer ruptura de equilíbrio, ainda mesmo que dela resulte um bem-estar maior e uma vitalidade geral, incita à morte voluntária. Todas as vezes que se produzem no corpo social graves modificações, sejam elas devidas a um súbito movimento de crescimento ou a um cataclismo inesperado, o homem mata-se mais facilmente. (p. 282)*

O suicídio anômico deve-se, portanto, ao fracasso da sociedade em exercer controle sobre a conduta dos indivíduos e na sua regulação. Na visão de Durkheim, exemplos dessa modalidade seriam as ocorrências ocasionadas pelo declínio das crenças religiosas, pelo relaxamento dos padrões de casamento e dos padrões profissionais, que reduziriam a imunidade do indivíduo às tendências suicidas da sociedade.

Durkheim contrapõe a essa modalidade uma quarta, que seria um tipo considerado por ele como muito raro: o *suicídio fatalista*. Esse tipo se deveria ao excesso de regulamentação da sociedade sobre o indivíduo, cujas "paixões" seriam reprimidas violentamente por uma disciplina opressiva, por exemplo, o suicídio de pessoas escravizadas.

Posteriormente, ainda nas ciências sociais, Roger Bastide dedicou-se à tentativa de compreensão do suicídio dos negros. No Brasil, na época da escravidão, o índice de suicídio entre negros era alto em relação aos brancos e, estranhamente, mais alto entre os escravos pertencentes a "senhores bons" do que entre os pertencentes a "senhores cruéis".

Segundo Bastide (1972), o suicídio significava expressão de revolta contra o branco e seu paternalismo afetivo, que retomava contra si próprio. Desse modo, essa tendência individual traduzia uma situação social. O suicídio podia representar um meio de retomar à África, com seus ancestrais, à ordem anterior, ao mundo dos mortos do outro lado do Oceano. Numa época em que a escravidão tinha uma importância capital para o desenvolvimento agrícola, o suicídio representava uma mina ao proprietário. O negro livre apresentava maior imunidade ao suicídio do que o escravo. Com a abolição da escravatura, iniciou-se nova crise. Os negros abandonaram os grandes proprietários, que representavam o regime do passado, mas a industrialização acabou não absorvendo toda essa nova mão de obra. Com isso, houve novamente uma elevação da taxa de suicídio dos negros em comparação aos brancos.

Outra condição na qual o ambiente pode exercer pressões, fazendo com que o mundo se apresente como ameaçador ao indivíduo, é o caso do suicídio de prisioneiros. Para os prisioneiros da SS,[7] descritos por Bruno Bettelheim (1985), matar-se significava a liberação desse estado, a saída de um mundo insuportável. A SS induzia o prisioneiro a cometer o suicídio, fazendo-o atirar-se contra uma cerca de arame farpado eletrificada. A tentativa desautorizada era punida.

No Brasil mesmo, muitos presos políticos do período da ditadura militar viram como única saída o suicídio, como forma de se livrar da tortura e/ou denunciar o que ocorria nos cárceres brasileiros no auge da repressão política. O suicídio funcionava também como um recurso extremo de fidelidade às próprias convicções.

No livro *Brasil: nunca mais* encontram-se alguns depoimentos como o de Étienne Romeu, de 29 anos, mantida num cárcere em Petrópolis, em 1971:

> *Diante de tudo isso, e para não colaborar com a farsa de uma "morte acidental", cortei os pulsos. Perdi muito sangue e, sentindo que já estava perdendo os sentidos, ocorreu-me a certeza de que deveria lutar pela minha vida, porque tinha esperança de poder denunciar tudo o que ocorrera e, ainda, todas as coisas que presenciei no inferno em que estava. Assim, gritei por Pardal, que juntamente com os que se encontravam na casa, providenciou os primeiros socorros. (Arquidiocese de São Paulo, 1985, p. 334)*

Essa tentativa de abordar o suicídio como fenômeno social também se deu na área da psicologia, na qual houve uma tendência a integrar os elementos de análise, como é o caso de Alfred Adler.[8]

---

7 Tropa constituída por homens de elite do estado nazista.

8 Sobre Alfred Adler, consulte Fadiman e Frager (1986).

Adler (1870-1937; ver Fadiman e Frager, 1986), discípulo de Freud por certo período, sustentava que a conduta humana estava motivada mais intensamente por metas e propósitos sociais do que por impulsos biológicos. Com isso, a falta de sentido à vida emanaria da relação entre indivíduo e seu ambiente social. Acreditava que o impulso de infligir dor e pena aos parentes desempenhava papel significativo na motivação do suicídio.

Outros autores ainda, numa linha mais existencialista, acreditam que a vida não tem um sentido em si própria, mas que o ganha por meio das realizações da pessoa no seu decorrer. Desse modo, afirma Jean-Paul Sartre: "O importante não é o que fazem de nós, mas o que nós próprios fazemos daquilo que fazem de nós" (*apud* Maciel, 1970, p. 9). Nessa visão, a solidão, o tédio existencial, o desemprego e outros fatores de ordem social poderiam levar ao desespero do vazio de sentido na vida.

Do ponto de vista filosófico, Albert Camus é o principal personagem, conhecido pela inquieta afirmação:

> *Só há um problema filosófico verdadeiramente sério: é o suicídio. Julgar se a vida merece ou não ser vivida é responder a uma questão fundamental da filosofia. O resto, se o mundo tem três dimensões, se o espírito tem nove ou dez categorias, vem depois. São apenas jogos: primeiro é necessário responder. (Camus, 1952; 1989, p. 7, tradução nossa)*

Camus desenvolve tal dilema humano por meio da analogia com o mito de Sísifo. Sísifo recebe um castigo dos deuses: empurrar sem descanso um rochedo até o cume de uma montanha, de onde a pedra caía de novo, em consequência do seu peso. Os deuses acreditavam que não haveria castigo mais terrível do que o trabalho inútil e sem esperança.

Assim, o mito de Sísifo traz o dilema humano básico: se a vida vale ou não a pena ser vivida. Para Camus (1952), o mundo não tem sentido nem razão, a vida é absurda e vã, pois a enfadonha monotonia do dia a dia carece de um sentido: andamos para a morte no futuro, ao mesmo tempo que a tememos; e a inquietação da vida e a insensatez do sofrimento seriam o caos absurdo de um mundo cheio de irracionalidades. Desse modo, Camus inaugura o tema suicídio como um problema central de reflexão também dos filósofos.

Embora várias abordagens e enfoques sejam possíveis, o fenômeno do suicídio é multideterminado e só poderá ser amplamente compreendido numa abordagem multidisciplinar. Bem nos lembra Freud (Homem dos ratos – Globovídeo)[9] que qualquer folha que toquemos de uma árvore, ela nos levará até a raiz.

Sobre a morte e o direito de morrer – O tabu da morte e do suicídio em sociedades do Ocidente

La mort c'est l'épreuve qui impose aux sociétés de se penser dans l'histoire comme elle impose aux hommes de se penser dans la finitude.

Georges Balandier[10]

El hombre, si conoce mejor la muerte, no se desvelará más por huir de ella o ocultaria. Apreciará mejor la vida; la respetará antes que nada en los otros.

Louis-Vincent Thomas, 1983, p. 15

9 Filme disponível no Youtube: https://www.google.com/search?q=Freud+o+homem+rato+globo+v%C3%ADdeo&oq=Freud+o+homem+rato+globo+v%C3%ADdeo+&gs_lcrp=EgZjaHJvbWUyBggAEEUYOTIHCAEQIRigATIHCAIQIRigATIHCAMQIRigAdIBCjE1OTAxajBqMTWoAgCwAgA&sourceid=chrome&ie=UTF-8#fpstate=ive&vld=cid:5c706e01,vid:FbXHtAyEKNU,st:0 Acesso em 25.02.2024.

10 "A morte é a provação que impõe às sociedades de se pensarem na História, tal como também impõe aos homens de se pensarem na finitude" (tradução nossa, cf. Raphael, s/d, p. 3).

A discussão do suicídio nos coloca automaticamente, também, diante de um debate sobre a morte. Desse modo, as atitudes com respeito ao suicídio estão intimamente ligadas às ideologias acerca da morte. Não é possível, portanto, refletir-se sobre a vida sem esbarrar no pensar sobre a morte.

Em muitas culturas, a morte é encarada como um dado natural da vida, necessário para o próprio equilíbrio e sobrevivência do grupo, afora ser um elemento intrínseco à natureza. Como disse Martin Heidegger (1977, p. 326): "Tão logo o homem entra na vida já é velho o suficiente para morrer" (traduzido diretamente do alemão por Araújo, s/d, p. 326).

No filme *A balada de Narayama* (Imamura, 1983),[11] uma senhora japonesa integrante de uma aldeia, tendo idade já avançada, quebra seus próprios dentes, precipitando, assim, a morte prevista. Seu filho estava casado e um novo bebê estava por vir. Dessa maneira, com mais uma pessoa para comer e não podendo mais contar com a sua produtividade, a senhora se prepara para ser levada à montanha nas costas de seu filho mais velho. Chegando lá e encontrando outros esqueletos, obriga o filho a deixá-la e deita-se para esperar o fim próximo. Assim, sua morte toma lugar dentro de um ritual, dentro das regras e códigos de sua comunidade.

Em algumas outras culturas, o indivíduo doente mata-se por ter perdido laços de produção e convivência. Dado o seu isolamento e o sentimento de pesar dos outros por seu estado, dá fim ao seu sofrimento, para que os outros não tenham que continuar a fazer por ele ou cuidar dele.

Nas sociedades "primitivas" (sociedades tribais), a morte é encarada como parte integrante do viver; para essas sociedades, isso implica lidar com a morte de maneira contínua, sem bani-la das experiências da vida. Para esses povos, os rituais de passagem garantem a

---

11 Roteiro e direção do filme de Shohei Imamura e produção de Jiro Tomoda.

elaboração das vivências de perda e luto, ajudando a família do morto, e a comunidade em geral, a se adaptar às mudanças ocasionadas com a ausência repentina do indivíduo falecido. Tais rituais preenchem o evento da morte orgânica com um conjunto de crenças, emoções e atos que lhe dão características próprias. Assim, nessa linguagem particular, a morte não é só o fim de um ser corporal, mas, como diz Robert Hertz, "também de um ser social inserido na individualidade física, à qual a consciência coletiva atribui uma importância" (1970, p. 69, tradução nossa).

Hertz analisa o ritual de enterro entre os dayak na ilha de Bali, onde o morto é colocado numa sepultura provisória, na floresta perto da casa da família. Nessa pequena casa análoga (agregada), são realizados os preparativos de celebração da festa, anterior à sepultura definitiva (tempo necessário para que o cadáver se torne esqueleto).

Os indonésios dão sentido especial à decomposição do cadáver, após a qual o espírito estará livre de suas impurezas e pode se unir a seus antecessores entrando no país dos mortos. Isso graças a uma cerimônia especial que conduz a alma para o outro mundo. O período do ritual é, então, um período dedicado a exorcizar o cadáver e alertá-lo contra os demônios, cujo final culmina no encontro de um lugar para o indivíduo no mundo dos mortos. A família auxilia participando de práticas como a ingestão do líquido do cadáver colocado no arroz, o que aceleraria a passagem do cadáver a esqueleto.[12]

O ritual descrito por Hertz durou 49 dias. Se o período de transição se prolonga, o defunto vive entre os vivos clandestinamente e entre os mortos, que o veem como intruso, na margem dos dois mundos. A família tem, com isso, que se desprender do morto no prazo correto, ou o morto pode se vingar fazendo com que os outros fiquem doentes.

---

12 Cabe observar que o consumo da came do morto não é mero canibalismo. É uma demonstração positiva no ritual sagrado, pois acreditam ingerir a vitalidade e as qualidades especiais do defunto, que residem em sua carne.

Assim, a família cumpre o ritual para que o indivíduo (a alma do familiar morto) não sofra e, também, para se livrar de sua presença sinistra.

Desse modo, o ritual da morte, nessas sociedades, garante um período intermediário. O ritual do luto já previsto nessas culturas tem função semelhante a outros rituais, por exemplo, quando o homem é extraído da sociedade das mulheres e das crianças e introduzido na dos homens adultos, ou como nos ritos de nascimento ou de casamento, quando é preciso se proteger dos perigos místicos e passar por rituais de purificação. O casamento também implicaria mudanças, como a passagem da mulher de seu clã para o clã da família do marido, ou mesmo, da classe das jovens para a das mulheres casadas.

Se no nascimento o indivíduo rompe com a sociedade invisível e vem para a comunidade dos vivos, na morte se dá o inverso. Nessas sociedades, o indivíduo morto é excluído do grupo, não participando da vida normal como os outros; porém, em contrapartida, o luto implica regras que modificam o comportamento habitual, oferecendo um espaço ao morto e à elaboração das mudanças na família. O luto estabelece prescrições especiais às quais os indivíduos devem se conformar, como a mudança da maneira de se vestir, o uso de determinados ornamentos, a mudança na forma de arrumar o cabelo, o regime alimentar etc. Também o viúvo ou viúva tem que seguir as regras que o tabu impõe, como o fato de não poder se casar novamente nesse período. Em certas tribos da Indonésia, o sacrifício (humano e animal) é uma condição indispensável para o término do luto. Os parentes do morto são os agentes do sacrifício e são liberados do luto a partir dele. No caso do sacrifício humano, o crânio é conservado como um tesouro sagrado. É preciso presentear os deuses, uma vez que os viventes estão curados de suas impurezas e vão voltar à vida regular com "uma provisão fresca de poder vital e social" (Hertz, 1970, p. 55). Assim, o sacrifício possui três funções: dar ao defunto a sepultura definitiva; assegurar à sua alma o repouso e o acesso ao país dos mortos; e retirar os sobreviventes da obrigação do luto.

Tais povos acreditam que a alma permanece no céu e depois desce e se instala num fruto ou *champignon* na proximidade da tribo e, quando ingerida, renascerá num homem ou num animal. Por consequência, a alma é destinada a percorrer sem fim o ciclo de morte e renascimento em encarnações terrestres, humanas ou animais. Cada membro da tribo é, então, a reencarnação temporária de um ancestral particular (do qual, em certos casos, ele porta o nome).

Paradoxalmente a essas sociedades tribais, em sociedades do Ocidente, a morte se constituiu em um grande tabu no decorrer de nossa história. Ela passou a ser vista como uma incapacidade do homem para dominar e controlar a natureza. A morte assim é fracasso seu e não parte integrante do processo de viver.

Ao solicitarem informações acerca do que houve diante de uma perda, as crianças ouvem frases como: "Vovô foi fazer uma grande viagem" ou "Está descansando num bonito jardim". Como ironicamente diz José de Souza Maranhão (1987, p. 10): "As crianças já não nascem em couves, porém, os velhos desaparecem entre as flores". Com isso, fala-se na morte o menos possível e tenta-se poupar as crianças das cerimônias consideradas "traumatizantes".

No passado, teve-se no Ocidente outra relação com a morte. Foi com o avanço da Medicina e da tecnologia, e com os novos valores advindos daí, que se originou o tabu. Philippe Ariès (1977) descreve quatro períodos nos quais se lidou com a morte diferentemente na nossa história.

O primeiro período é por volta dos séculos IX-X, quando os cavaleiros da gesta, ou dos antigos romances medievais, viviam em constante contato com a ideia de sua morte, já que frequentemente eram ameaçados. Saber que se ia morrer ou esperar a morte no leito era comum. A morte era uma cerimônia pública, com muitas pessoas no quarto do agonizante, e organizada pelo moribundo, que a reconhecia por vir. No quarto, ficavam os amigos, os parentes e inclusive as crianças. Nessa fase, chamada por Ariès de morte domada, seus ritos eram aceitos e cumpridos com simplicidade.

Na segunda fase da Idade Média, a partir dos séculos XI e XII, ocorreram algumas modificações. Antes desse período, a familiaridade com a morte era uma forma de aceitação da ordem da natureza, e morrer significava render-se a uma de suas grandes leis da qual não se poderia fugir. Em outra fase da Idade Média, ocorreu uma maior preocupação com a particularidade de cada indivíduo. Na Igreja, por exemplo, o Juízo Final (avaliação das almas tendo Deus como juiz) deslocou-se para o fim de cada vida, no exato momento da morte.

Reapareceram as inscrições funerárias – que haviam desaparecido durante 800 a 900 anos –, e outras representações como a imagem, na arte e na literatura, do cadáver decomposto, e a invasão, por seres sobrenaturais, do quarto do moribundo, que podia contemplar o evento. Todos se resignavam à ideia de serem mortais.

Do fim da Idade Média até o século XVIII, o luto induzia a família do defunto a manifestar, por um período, uma dor que nem sempre vivia. A manifestação de pesar tinha o efeito de defender os sobreviventes da dor. Criava para a família um incremento da vida social com as visitas de parentes, vizinhos e amigos. O luto passou, então, a ser ostentado. Era comum as pessoas chorarem muito, desmaiarem, jejuarem.

Em vez de se confiar os mortos à Igreja, passa a haver uma preocupação com o lugar da sepultura, para proporcionar a visita melancólica e devota ao túmulo do ente querido. Adotou-se o hábito de pôr flores nos túmulos; desenvolveu-se um culto privado à lembrança do morto e novos cemitérios foram planejados prevendo as visitas. A morte retomou um lugar na cidade como a outra polaridade do estar vivo.

A morte ganhou outra vez um sentido diferente a partir do século XVIII para o homem do Ocidente. Apareceu, então, como arrebatadora, impressionante; o homem passou a dramatizá-la e exaltá-la.

Porém, ele passou a ocupar-se menos da sua própria morte. No romantismo, o amante sofria pela morte da mulher amada. A morte passou a ser considerada como uma transgressão que arrebata o homem de sua vida cotidiana, para lançá-lo em um mundo irracional, violento e cruel.

Pela metade do século XIX, a morte torna-se vergonhosa, interdita; os que cercam o moribundo tendem a desejar poupá-lo e ocultar-lhe a gravidade de seu estado. As pessoas não encontram coragem para dizer-lhe a verdade: que irá morrer. Fica comum a ocultação de diagnósticos médicos pela família. A morte passa a amedrontar a ponto de não se poder falar nela.

Entre 1930 e 1950, desloca-se o local da morte. Os indivíduos passam a morrer em hospitais, em vez de poderem morrer no aconchego do lar. Morre-se sozinho e não mais rodeado pela família. Morre-se no hospital porque os médicos não o puderam curar, e não porque se é realmente finito. A morte é agora um fenômeno técnico. Desse modo, a medicina acabou por definir o significado da morte.

A morte deve ser ainda do tipo aceitável, por doença ou velhice, sem ser abrupta, o que significa poder ser tolerável aos parentes e amigos. O choro, antes exaltado, agora deve ser realizado às escondidas, não se pode demonstrar emoções. O importante é se aperceber o mínimo possível de que a morte ocorreu. Abandonam-se certas manifestações de luto, como o uso da roupa preta, pois estar com aparência mórbida passa agora a ser sinal de patologia.

Numa sociedade totalmente voltada ao progresso e à produtividade, a pessoa idosa também passa a sofrer séria marginalização, pois simboliza a finitude, a improdutividade, a senilidade, imposta ao velho, seja ele ou não senil ou improdutivo.

Nessa sociedade agora, gastam-se fortunas para se esconder as rugas, não se revela a idade e muitos velhos são mandados aos asilos. Assim, envelhecer e morrer são considerados experiências indignas.

O suicídio nesse contexto é entendido como um ato de rebeldia, como uma afronta, uma agressão. Se os canais para se falar da morte se fecham, possivelmente também não se torna viável falar sobre angústia ou desejo de morrer.

Sabe-se que entre pacientes terminais, a probabilidade de que o indivíduo tente suicídio é mais alta do que entre pessoas não portadoras de doença orgânica avançada. Nesse contexto, é provável que se desenvolva uma ansiedade muito grande diante da morte, e o indivíduo que se suicida por não aguentar esperar abrevia a sua chegada.

Tudo se dá como se o indivíduo tivesse sido colocado repentinamente diante de sua morte. A família recusa o luto e a morte é temida por todos. No hospital, o indivíduo se vê, ainda, às voltas com o despreparo do corpo médico para lidar com os processos emocionais em jogo.

Na verdade, não se considera que todos morrem a cada dia na medida em que uma experiência vai deixando lugar à outra, e que, embora se tente fugir da morte, todos os dias nos aproximamos mais dela. A vida se torna mais difícil porque ela não é encarada como um morrer constante, em que a morte é uma transformação final e não um processo abrupto e dilacerante. A morte não é vista como mais uma mudança, como é um nascimento, um divórcio ou uma aposentadoria. A mudança é uma ocorrência regular da vida das pessoas e envolve também a vivência de lutos no decorrer do ciclo vital.

Em vista disso, podemos supor que o tabu imposto ao falar da morte repercute sobre o suicida, impedindo-o de se comunicar abertamente sobre seus motivos – o que, de um lado, impossibilita a ajuda social na superação de seus impasses, se for o caso, e, de outro lado, contribui para a constituição de um grande enigma em torno do tema.

Se no caso da morte podemos observar uma evolução histórica desse tabu, no Ocidente, marcadamente a partir do século XIX, já no suicídio, evidencia-se um processo mais antigo de perseguições e tentativas de repressão por parte da coletividade. Na Antiguidade, por exemplo, o suicídio sempre foi punido severamente. Em Tebas e Chipre, o morto era privado de honras fúnebres.

Em Atenas, no século IV, cortava-se a mão direita daquele que cometera o suicídio. Ela era enterrada distante do resto do corpo do indivíduo para evitar uma posterior vingança do morto. O objetivo era desmanchar seu estratagema, destituí-lo de poder, da capacidade de assassinar os vivos.

Em Roma, as pessoas que se enforcassem eram privadas de sepultura. Os suicídios de militares e dos condenados ou indiciados pela Justiça eram reprovados e proibidos, sob pena de ter os bens confiscados pelo Estado. Havia certa tolerância com os outros tipos de suicídio.

Ainda no século IV, Santo Agostinho assinala que o suicídio era uma "perversão detestável" e "demoníaca", e que o "não matarás" da Bíblia estendia-se também a "não matarás a si próprio". A Igreja utilizava todos os recursos disponíveis para a repressão ao suicídio. Considerava o suicida um discípulo de Judas, traidor da humanidade; aí o Diabo saía vitorioso.

Em Zurique, o corpo do suicida era punido no local do ato. Se o suicídio tivesse sido realizado com um punhal, enfiava-se um pedaço de madeira na cabeça do morto; se o indivíduo tivesse se afogado, era enterrado nas proximidades, na areia perto da água; se havia se jogado num poço, era sepultado com uma pedra na cabeça, uma sobre o corpo e outra num pé, fixando-o ao solo.

A partir dos séculos XVI e XVII, com a Revolução Francesa, a sociedade e a Igreja tomam-se mais tolerantes com o suicídio. Em Paris, já no começo do século XX, podia-se adquirir um certificado médico de suicídio "involuntário" para autorizar o enterro religioso.

Outras religiões também condenaram o suicídio, como é o caso da religião judaica com a prática de enterrar o corpo do suicida em sepultura à parte. Algumas justificativas poderiam perdoar o ato, como: ter sofrido tortura, preservação da castidade, manutenção da honra, entre outras.

A ideia é de que se a sociedade não divulgar sua desaprovação, procurando interditar o ato suicida, isso facilitaria a sua ocorrência. Até certo ponto isso pode ser verdade, pois sabemos da força da pressão social sobre os atos individuais. Porém, se a ideia é evitar o suicídio, a desaprovação social acaba reforçando a criação de um tabu sobre o tema, agindo no sentido de impossibilitar a prevenção e de isolar o indivíduo com seus motivos.

Por outro lado, a desaprovação social e a interdição legal, embora possam dificultar, de maneira alguma impedem o ato. Além disso, o mero fato de existirem prescrições legais, não garante em si o seu cumprimento. É o caso de Pierre Rivière, analisado por Michel Foucault, um camponês francês do século XIX que degolou a mãe, a irmã e um irmão, e foi condenado à morte apesar de ter sido considerado louco (o que o absolveria). Pierre Rivière não escapou às sanções do poder, que oscilou entre cair no controle da ordem penal ou médica, numa guerra de discursos (Foucault, 1977).

Sabe-se, ainda, da prisão, em 1986, na França, de um dos autores do livro *Suicídio: modo de usar* (Guillon & Bonniec, 1984), por ter respondido à carta de um suicida inquirindo-lhe o que deveria fazer para dar cabo à própria vida. O indivíduo matou-se da maneira que lhe foi indicada. O ministro da Justiça da França, Robert Badinter, negou-se a proibir o livro por acreditar que o suicídio é uma questão íntima de cada um e que ninguém tem o direito de se indispor contra ela.

Apesar disso, várias instituições tentaram censurar o livro, pedindo aos ministros do Consumo, da Saúde e da Justiça que o proibissem, ou que retirassem dele, ao menos, o Capítulo X, que corresponde a um "Guia do suicídio". Os autores receberam, também, severas críticas de órgãos médicos e indústrias farmacêuticas (tão treinados em salvar vidas), além de revistas e jornais, que se recusaram a discutir o livro, e livrarias que se negaram a vendê-lo.

Em contrapartida, Guillon e Bonniec, os autores do livro, acreditam que os seres humanos devem poder usar livremente, e com conhecimento de causa, o direito de ter uma morte sem violência e em condições que não atentem contra a dignidade humana. Para tanto, organizando o Guia, intencionam instrumentar o verdadeiro suicida para que possa executar um ato definitivo, evitando mutilações e uma recuperação e sobrevivência precária, muitas vezes, necessitando de eterno acompanhamento médico.

O Guia consiste de diferentes receitas de como efetivar o ato suicida sem erros. Por exemplo, vejamos alguns trechos marcantes:

> – *Comprimido antienjôo antes da ingestão do tóxico para evitar vômitos. Comprimidos vencidos podem ter tido seu efeito neutralizado e deixar sequelas...;*
>
> – *Para evitar uma reanimação indesejável, tome o cuidado de destruir as embalagens dos medicamentos utilizados;*
>
> – *Dentro do mesmo espírito, não é inútil deixar uma nota retirando a responsabilidade de eventuais testemunhas ou de próximos. (Guillon & Bonniec, 1982, p. 252 E-book francês/1984 edição brasileira)*

Em Londres, no final de 1980, também seria lançado um "manual do suicida"[13] dando detalhes sobre cinco formas de se pôr fim à vida, com o subtítulo: "Guia da autoliberação". A iniciativa de edição foi do grupo "Exit", conhecido também como Sociedade pelo Direito de Morrer com Dignidade. O manual havia sido impresso antes na Escócia, circulando apenas entre os sócios do grupo "Exit" que, em 1980, possuía cerca de quinhentos inscritos.

13 Cf.: "Lições de suicídio". *O Estado de S. Paulo*, 21 de outubro de 1980.

A informação sobre formas de cometer suicídio também aqui se converte em crime. A questão, para muitos, parece se resumir a uma transgressão da moral e da lei.

No Brasil, o artigo 122 do Código Penal prevê punição para aquele que conduz alguém ao suicídio ou colabora com ele. O suicida não é punido pela lei, mas recebe o estigma de doente. O suicida está fora da lei, o que torna o seu livre-arbítrio relativo.

Assim, a morte, bem como tudo que se relaciona a ela, se transforma num grande tabu, assinalando um rol de experiências que as pessoas devem temer e evitar. Essa ordem de eventos deve permanecer camuflada. Talvez isso explique a razão da surpresa diante da notícia do suicídio, ou da morte repentina por doença ocultada. É como se as pessoas tivessem que ter vivido essas experiências num outro mundo, do qual os outros não puderam compartilhar.

Pode-se observar que, diante do mesmo fenômeno natural que é a morte, sociedades diferentes encontram também diferentes maneiras de tentar dar conta dessa experiência, talvez a única que o homem não consegue vencer, ou seja, onde a produção cultural não pode se sobrepor à natureza. Desse modo, a morte choca, escandaliza, causa desordem, uma vez que o homem não consegue subjugá-la, dominá-la. A maneira com que as sociedades tribais resolvem essa questão está na prática de ritos de passagem, que garantem uma gradual e efetiva adaptação do indivíduo à nova condição pessoal e grupal. A sociedade ocidental do século XX não satisfaz esse objetivo com a negação da morte, que, ao invés de aliviar os indivíduos, acaba por gerar mais ansiedade e maior confusão psíquica. Assim, a discussão sobre a questão do suicídio na sociedade ocidental também deve ser compreendida tendo essa ideologia de fundo.

Sobre o suicídio em outras culturas – O suicídio em sociedades do Oriente e em sociedades "primitivas" em contraponto com sociedades do Ocidente

Matar-se: possibilidade rara sem dúvida, e patética para um povo tão dotado de vitalidade, excesso veemente, mas aceito e respeitado, necessidade severa, de que o Japão decidiu jamais se deixar privar por princípio, como se tivesse compreendido que uma parte essencial de grandeza e de serenidade desaparece quando se risca de uma civilização a liberdade de morrer.

Maurice Pinguet, 1987, pp. 25-26

São conhecidos, no Oriente, meios de autossacrifício ou autopurificação buscados pelos religiosos, e a prática do haraquiri pelos japoneses como um suicídio cerimonial e heroico. A Índia, a China e o Japão são os povos mais destacados quanto ao suicídio coletivo.

Na Índia antiga, e até recentemente, praticava-se o *suttee* (sati). Correspondia ao costume de se enterrarem as viúvas com seus maridos, como se a vida continuasse em outro lugar. Em Java, a mulher preferida era queimada junto ao corpo do marido. Se ela se recusasse a cumprir o ritual, passaria a ser vista como desonesta e má. O suicídio das viúvas javanesas tem seu início no século XVI. Mesmo quando, mais tarde, tal prática foi proibida pelo governo hindu, as pessoas lançavam mão de outros recursos, por exemplo, a greve de fome. Alexandre Boismont (1986) relata o caso de uma mulher que, com grande sangue frio (não deu um grito sequer), ateou-se fogo à beira do rio no intuito de ficar ao lado do marido falecido.

Mais recentemente, na Índia, tem ocorrido uma série de suicídios relacionados à questão do dote: a tradição institui que os pais da noiva devam pagar um dote elevado ao noivo e aos pais dele. Assim, uma mulher ateou-se fogo no banheiro de sua casa, porque os sogros não estavam satisfeitos com o dote que ela e sua família haviam deixado para o casal. Grande número de noivas "queimadas" tem desafiado a polícia indiana e a tradição do dote está, também, provocando um aumento de assassinatos de crianças do sexo feminino, especialmente nas zonas rurais, pois os pais temem o momento futuro em que terão de oferecer o dote para que a filha se case.

Há registro de eventos semelhantes ao *suttee* nas Ilhas Salomão e entre os antigos trácios e os reis da Escandinávia. As esposas disputavam sobre qual delas teria a honra de ser enterrada com seu marido e chefe morto. Nas Novas Hébridas, quando morria uma criança, a mãe ou a tia, ou outra mulher, deveria também morrer para cuidar dela. E entre os gisu em Uganda, as mães suicidavam-se após a morte de seus filhos.

Alguns monges budistas no Vietnã do Sul, em sinal de protesto à discriminação dos budistas na região (embora eles constituíssem maioria perante os católicos: 8 mil para 1.250 mil, em 1963), molhavam-se com petróleo e se incendiavam.

Os budistas do Vietnã, por não gozarem de igual trato que a minoria católica, promoveram uma campanha no governo de Ngo Dinh Diem. Puseram-se em círculos em frente à Igreja onde se celebrava a missa pela alma do pontífice João XXIII. O monge, ajudado por seus companheiros, molhou-se com gasolina e se ateou fogo, convertendo-se em tocha viva. Assim também aconteceu com o norte-americano Norman R. Morrison, que se queimou vivo, em 1965, em frente ao Pentágono, para protestar contra a intervenção dos Estados Unidos no Vietnã.

O haraquiri japonês é considerado suicídio, uma vez que a própria morte é desejada diretamente, com vistas a um determinado fim, embora tenha a ver com o projeto proposto na cultura Samurai, ou seja, é realizado como um protesto a algo. Contudo, na visão de Maurice Pinguet (1987) sobre a morte voluntária no Japão, esse tipo de morte foi sempre um tabu e também incompreendida pelo mundo do Ocidente que, até o fim do século XIX, sempre buscou um culpado (pois o suicida era visto como covarde, ou como infeliz, ou, ainda, como criminoso). No século XX, apesar de acabar-se com o estigma da culpa, o suicídio continua sendo visto como um mal, pois passa a ser identificado como uma doença da sociedade ou do indivíduo, cujo sintoma deve ser entendido e remediado. Segundo o autor, o suicídio no Japão tem que ser compreendido como um último ato ativo do indivíduo em relação à realidade, como uma necessidade de agir sobre ela e responder a um presente real. Isto se diferencia da visão do Ocidente, por comparação, onde o indivíduo é visto de maneira passiva. Assim, afirma Pinguet (1987): "Nem pecado, nem sintoma, a morte voluntária não nos aparecerá mais como o consentimento passivo a tentações, a impulsos, mas como a escolha deliberada de uma solução entre outras, como um gesto ético, referido a princípios, a valores" (p. 44).

O *seppuku* (haraquiri) apareceu pela primeira vez no século XII e se transformou em tradição na classe dos guerreiros do século XIII ao XVIII. Os jovens samurais eram instruídos sobre como praticar o *seppuku* quando fosse chegada a ocasião de cumprir honrosamente com o seu dever. Ele deixou de ser legal a partir de 1868, sendo praticado, após esse período, com caráter não obrigatório. Para eles, o cultivo dos movimentos nesse ritual é muito importante, pois fazem do suicídio a última obra de arte na vida. A morte aqui aparece como arte final.

No Japão, ainda, até o século XVIII, os vassalos suicidavam-se após a morte de seu líder e mestre, para acompanhá-lo. Essa prática era chamada de *junshi.* O general Noji e sua mulher suicidaram-se após a morte do imperador Meiji, porque suas vidas existiam para serem dedicadas lealmente a ele.

Ruth Benedict (1972) descreve o cultivo de crisântemos e o culto na busca da ascendência máxima do guerreiro, como os principais traços da cultura japonesa. Os samurais compunham as famílias nobres e guerreiras, para quem a preocupação com a honra era primordial. Dessa maneira, Benedict tentou caracterizar os padrões centrais dessa cultura em sua viagem ao Japão, em 1944.

Observou que os japoneses se preocupavam muito com o que os outros poderiam pensar de sua conduta, sendo invadidos por sentimento de culpa e/ou vergonha, mesmo que os demais não soubessem de seu deslize. Nesse contexto, há uma impressão sempre presente de que os demais estão dispostos a julgar, dado que a sociedade japonesa incute padrões absolutos de moralidade. A vergonha é, então, uma reação à crítica dos demais, transformando-se em sanção poderosa, uma vez que a honra e a dignidade são condições essenciais.

O indivíduo sacrifica-se em nome da sociedade e de seus valores, como no caso do escritor Yukio Mishima, publicado e tratado no filme, de Paul Schrader (1985), *Mishima, uma vida em quatro capítulos.* Mishima lutava por um ideal purificador da sociedade japonesa, queria preservar suas antigas virtudes. Invade o Quartel General das Forças Armadas de Defesa de Tóquio e sequestra um general para atrair a atenção pública e expor seus ideais. Mishima havia se evadido de uma ação camicase na guerra e a decisão do *seppuku* tinha sido tomada por ele bem antes. Negando-se a viver seu tempo, mata-se optando pela tradição.

Algumas décadas antes, Dazai e Kawabata, também escritores japoneses, já haviam cometido suicídio. Dazai afogou-se e Kawabata se matou em seu apartamento. Akutagawa, também escritor, envenenou-se nos anos 1920.

A série *Xógum,* baseada no livro de Clavell,[14] apresentada na televisão em 1980, enfatizou esse traço da cultura japonesa. Na série, há uma cena na qual uma esposa se vinga do marido, negando-se a ser como ele deseja; ela estava muito zangada porque ele havia lhe

14 Clavell, James. (1975). *Xógum.* Nórdica.

negado "o privilégio e a honra" de praticar o *seppuku*. Desejava fazê-lo por vergonha de seu pai ter sido traidor de seu país, tendo matado um ditador.

A proibição cristã no Japão não foi suficiente para acabar com o *seppuku*, pois dois princípios são visceralmente arraigados na cultura japonesa: o da honra (suicídio após uma derrota) e o do serviço (*seppuku* para acompanhamento do Chefe como último serviço na vida).

Em janeiro de 1989, com a morte do imperador Hiroíto, três ex-oficiais da Segunda Guerra e um japonês de 38 anos, Tadao Tanaka, cozinheiro, entre outros, cometeram haraquiri, como muitos súditos do imperador Meiji (avô de Hiroíto) o fizeram, quando ele morreu, em 1912.[15] Tadao Tanaka deixou ao lado de seu corpo o bilhete: "Já que sua majestade morreu, eu não posso sobreviver".

O *junshi* (suicídio de acompanhamento), portanto, surpreendentemente, sobrevive ainda, no Japão, apesar de passados vários séculos. No período dos samurais, ele era bastante comum, juntamente com os suicídios honrosos após derrota em guerra. No século XIV, numa única noite, um clã inteiro (por volta de mil samurais) praticou o haraquiri. Ocorria também o suicídio de famílias inteiras para evitar situações desfavoráveis; por exemplo, terem suas cabeças decepadas e presenteadas, ou expostas publicamente pelo inimigo. Assim, para não ser morto, matava-se, o que revalorizava o indivíduo, devolvendo-lhe o poder honroso sobre sua própria vida. O suicídio japonês também é ambivalente, pois, se de um lado o indivíduo sucumbe, por outro, matar-se é a prova de que o indivíduo merecia viver, por ser um homem honroso. Com o ato, ele anula o perdedor. Na morte por vingança, por exemplo, há uma inversão de papéis: "de vítima do perseguidor, passa-se a perseguidor da vítima". A desilusão demonstra um apego à vida e o sacrifício se dá para que se evite o pior; só que

---

15 Cf.: *Folha de S. Paulo*, seção Exterior, p. A-8, 12 de janeiro de 1989.

depois o suicida não está mais lá para colher os frutos, viver os benefícios de seu ato. A honra é, sobretudo, o mais importante. Era comum oficiais de guerra matarem-se para não terem que entregar as armas ao inimigo quando este estava por vir. Pinguet (1987) expressa isso bem: "morrer após uma derrota é morrer totalmente, é loucura, mas não é desonroso" (p. 200).

Cabe lembrar, neste momento, que Buda morreu de morte voluntária, acreditando que sua missão já estava cumprida, o que traz uma influência religiosa na cultura japonesa de perspectiva bem diferente do que nas culturas onde predomina a influência cristã. No budismo, na busca da pureza da moral, na busca da verdade, é preciso saber a tudo abandonar. Buda praticou o haraquiri e decidiu sobre sua morte. Seus seguidores, de alguma maneira, procuram preservar tais princípios.

Como visto anteriormente (no subitem 2 do capítulo I), foi Santo Agostinho, no século V, que proibiu o suicídio, sendo seguido por inúmeros Concílios (Aries, Orleans, Braga, Toledo, Auxerre, Troyes, Ninus), pois o Deus católico era o único senhor da vida e da morte. Santo Agostinho só admitia a morte voluntária no caso em que Deus a provocasse por uma ordem direta dirigida à consciência do indivíduo. Foi assim que, para os adeptos da religião cristã, o suicídio se transformou numa maneira de contestação, de denunciar o que torna a vida inviável. Para Pinguet (1987), o suicídio passou a ser "o recurso dos que não têm meio de lutar" (p. 148), pois, no Ocidente, passa-se a chamar de covardia a coragem de morrer e rebaixar a morte diante da coragem de suportar a vida. No Japão, o *seppuku* devolve ao praticante, desse modo, a conduta ativa no mundo, valorizada em sua bravura. Para o japonês, "quem teme a morte morrerá vencido, quem a desafia viverá vencedor" (p. 272).

Havia, ainda, os suicídios amorosos em casos de amor proibido; por exemplo, entre a gueixa e seu amante. Ao se apaixonar, ela gerava transtornos em não querer manter relacionamento com outro homem que não o amado, e para fugir dessa situação constrangedora e das pressões do dono da casa, os amantes uniam-se pelo haraquiri conjunto, o que deixava seu dono em situação embaraçosa. O suicídio por motivos amorosos era também praticado para que se evitassem perturbações familiares, ou quando os pais interditavam o relacionamento do filho apaixonado, devolvendo sua mulher à família de origem.

O *seppuku* foi sempre, então, um ato honroso. Na guerra, também, a fé e a confiança na hierarquia, características da vida japonesa, favoreciam a aceitação de missões camicases. Essas missões incluíam pilotos de avião suicidas, denominados Esquadrilha Camicase, tão eficientes na defesa do Japão na Segunda Guerra Mundial, período em que 5 mil camicases se sacrificaram em alguns meses.

Os japoneses se orientam pelo veredito do outro em seu julgamento, em que a visão que o público tem de seus atos é vital. A criança japonesa não pode falhar, ou sua família se volta contra ela. O jovem que fracassa hoje no vestibular mata-se, com grande frequência, pois não suporta a vergonha, além de que a própria sociedade não lhe oferece um sistema de readaptação à rede de oportunidades.

Nessa linha, o crescente índice de suicídio de jovens tem preocupado educadores. No Japão, estudantes se matam pelo medo de não passarem no vestibular, pois, apesar de não haver vagas para todos, a pressão sobre o estudante é muito grande. A criança e o jovem japoneses têm que estudar muito e, com isso, não sobra muito tempo para o lazer. A maioria das escolas dá deveres de casa e exige que os estudantes frequentem os clubes escolares. Desse modo, segundo pesquisa realizada pelo governo japonês,[16] tirar férias no Japão é até motivo de culpa, mesmo entre os adultos. São inúmeros os casos de

16 Apenas 14% dos trabalhadores assalariados japoneses tiram todas as férias pagas a que têm direito por ano, e aproximadamente 53% dos entrevistados declaram sentir-se culpados quando tiram férias. Cf.: "Tirar férias no Japão é motivo de culpa, diz pesquisa". *Folha de S. Paulo*, p. 2, seção Negócios, 24 de dezembro de 1987.

suicídio registrados pela imprensa nos últimos anos. Em 1986, após a morte da cantora *pop* Yukiko Okada, de 18 anos, que pulou do alto de um edifício de sete andares, no início do ano escolar, houve um súbito aumento na taxa de suicídio no Japão, já elevada.[17] Uma jovem de 14 anos se atirou do 11º andar e deixou o bilhete: "Peço desculpas a todos. Sinto muito ter causado tantos problemas a meus professores". Um jovem, com 14 anos também, ateou fogo à roupa. No mesmo dia havia se queixado das pressões impostas pelo rígido treinamento esportivo que recebia na escola. Segundo a polícia de Tóquio, os bilhetes falavam em solidão, insegurança ou perda de autonomia.

Em 1988, oito estudantes e um professor também se mataram no início do ano letivo (o professor pulou do prédio da escola). Uma jovem de 14 anos pulou do quarto andar de uma loja e deixou o bilhete: "Não aguento mais". Era a terceira colocada das 123 alunas de sua turma e fora avisada pela professora, dois dias antes de se matar, que tinha que estudar muito para entrar na escola que queria. Outra jovem, de 12 anos, pulou da sacada de sua casa (quinto andar): havia se queixado de estar atrasada nos deveres de casa e queria desistir das atividades do clube escolar.

Poder-se-ia inferir que, no século XX, matar-se diante do insucesso ou medo do fracasso escolar talvez tenha o mesmo sentido, para o japonês moderno, que o haraquiri praticado diante da perda de uma guerra. O suicídio do jovem japonês parece ser a adaptação possível do perdedor no mundo competitivo do século XX, pois a ideologia japonesa obedece ao critério da inserção do jovem produtivo num ponto determinado, não tendo o que oferecer ao perdedor. Se o indivíduo perde a oportunidade no momento esperado, fica moralmente diminuído e não tem moratória. Tais minorias ficam marcadas

17 Cf.: "Morte de cantora provoca onda de suicídio no Japão". *Folha de S. Paulo*, p. 24, 25 de abril de 1986; "Medo do vestibular leva adolescentes japoneses ao suicídio". *Folha de S. Paulo*, p. 29, 19 de junho de 1988; "No Japão, rigidez nos exames de admissão provoca oito suicídios". *Folha de S. Paulo*, p. 6, 2 de setembro de 1988.

como seres inferiores. Nesses suicídios, não estaria o jovem japonês recuperando sua honra e virilidade na vida, tal como nos valores do passado? Situação semelhante ocorre com os velhos aposentados, que facilmente sofrem de solidão e caem em depressão pelo sentimento de inutilidade no mundo produtivo, para quem, no Japão de hoje, a única coisa a fazer é ver TV.

Na Coreia do Sul, fenômenos semelhantes ocorrem. Dez estudantes cometeram suicídio em abril de 1987, após mau desempenho no vestibular.[18] Em nota deixada aos pais, escrita antes de tomar uma superdose de drogas, um jovem dizia: "Eu detesto a universidade e os exames". Outro estudante, de 17 anos, lançou-se do alto de uma ponte sobre o rio Han, em Seul, deixando junto ao seu boletim escolar o bilhete: "Desculpem minha falta de responsabilidade".

Também a China partilha com o Japão o respeito pela autoridade. Cada qual devia completa lealdade a toda extensão de seu clã. Lealdade e devotamento foram virtudes chinesas dominantes, incluindo a busca de manter boas relações com as pessoas. Fidelidade ao imperador e a devoção filial são virtudes, e os desejos pessoais não devem nunca infringir o código de obrigações do chinês. Nos Estados Unidos, o espião chinês Larry Wu-Tai Chin, de 63 anos, suicidou-se na cela da prisão, tendo sido condenado por passar informações secretas à China.[19]

Nas *sociedades tribais*, o suicídio se configura, ainda, em torno de outras especificidades. Até fins do século XIX não se acreditava existir suicídio entre os povos "primitivos". Isso se devia, em grande parte, à influência da noção de "selvagem feliz" trazida por Jean-Jacques Rousseau (1712-1778). Em condições paradisíacas, não se poderia pensar em motivações que conduzissem ao suicídio. Entretanto, a

---

18 Cf.: "Jovens reprovados cometem suicídio na Coréia do Sul". *Folha de S. Paulo*, p. 8, 2 de junho de 1988.

19 *Folha de S. Paulo,* 22 de fevereiro de 1986.

antropologia possui registros de suicídios com diferentes configurações em diversas culturas "primitivas".

Diferentemente da nossa sociedade, na qual o suicídio é interditado em absoluto, nas sociedades tribais nem sempre isso ocorre, sendo o suicídio acomodado entre aceitações e rejeições.

Alfred Vierkandt (1896),[20] sociólogo alemão, informou sobre a ocorrência de suicídios em massa em Madagascar e na Nova Zelândia. Trabalhos posteriores apontavam ocorrências em sociedades "primitivas" por todo o globo e, em algumas delas, a taxa de suicídio chegava a ser consideravelmente alta, sobretudo entre as mulheres.

O antropólogo Edward Westermarck (1906) levantou algumas motivações que conduziam "os primitivos" ao suicídio, segundo seus dados de observação: desencontro amoroso ou ciúme; doença ou idade avançada; escravidão ou maus-tratos pelo marido; remorso, vergonha ou orgulho ferido; raiva ou vingança.

Bronislaw Malinowski (1926) descreveu o suicídio entre os trobriandeses, na Melanésia, como um aspecto específico da instituição legal vigente no grupo. Entre eles, havia dois métodos distintos e reconhecidos de se matar: lançar-se do alto de uma palmeira ou tomar veneno. As motivações que induziam o indivíduo ao suicídio eram complexas, incluindo o autocastigo, a vingança e a reabilitação aos olhos da comunidade.

Malinowski relata alguns casos de suicídio. Entre eles, o de uma jovem que havia transgredido proibições sexuais de seu clã. Para praticar o ato, vestiu-se em trajes de festa, usando ornamentos, antes de se jogar da palmeira. Segundo ele, isso fez com que ela escapasse de um impasse intolerável que a sua paixão e as proibições tradicionais lhe criavam.

---

20 Cf.: Bio. Sociopedia. Em que a obra de 1896 é mencionada: Primitive Nations and Civilized Nations. https://www.sociopedia.co/author/vierkandt-alfred Acesso em 09.03.2024.

Um outro caso é de um homem que mantinha maior contato com uma de suas mulheres. Ele costumava discutir com ela e, numa dessas violentas discussões, ele a insultou da pior maneira, reconhecida como intolerável entre marido e mulher. A mulher pulou da palmeira e, no dia seguinte, o marido repetiu sua ação, permanecendo seu corpo ao lado do dela.

Para Malinowski, os casos de suicídio se deviam a duas razões. A primeira era porque sempre havia um crime, um pecado ou uma quebra passional (adultério, um dano injusto, o rompimento das leis exogâmicas ou o desejo de escapar de suas obrigações). Ou, então, o ato realizava-se como um protesto contra aquele que havia delatado a situação insuportável. Geralmente havia uma combinação entre esses dois fatores, embora um deles pudesse predominar.

O suicídio não tinha o significado de administrar a justiça, mas acabava funcionando como uma forma de neutralizar a culpa do acusado, reabilitando-o diante do grupo. Na sociedade tribal, é difícil quebrar regras e padrões de tradição, o que causava impasses delicados aos trobriandeses nessas condições.

Com isso, Malinowski acreditava que o suicídio e a feitiçaria mantinham os nativos sob a estrita observância da lei, prevenindo a adoção de comportamentos inusuais e diferentes do proposto pela cultura Trobriand.

Raymond Firth (1967) estudou os moradores da ilha de Tikopia, pequena ilha no Pacífico Ocidental com uma população, na época, de 2 mil habitantes. Essa população mantinha uma atitude de moderada desaprovação diante do suicídio. Sob a orientação de uma ideologia pagã, o cristianismo difundido na região não obteve muita influência entre os tikopianos. Eles acreditavam que os deuses acolhiam as almas dos mortos, mas não dos que cometiam suicídio. Essas almas iriam vagar sem rumo até que os espíritos ancestrais as descobrissem.

Os tikopianos cristãos acreditavam que a alma de um suicida não ia ao Paraíso, mas a Satanás. Entretanto, se um homem se suicidava lançando-se ao mar em uma canoa, ou se sua mulher o fazia nadando mar adentro, isso não implicava condenação por Deus.

O indivíduo colocava-se em risco saindo no mar embravecido, ou nadando a enfrentar os tubarões, no caso das mulheres. Quando surgia rumor, ou se descobria que alguém havia se lançado ao mar, organizava-se uma equipe de resgate com o intento de recolher o suicida. Saíam em mutirão de canoas e o "viajante suicida", quando resgatado, era acolhido com simpatia. Sair ao mar para matar-se era, então, um destino incerto.

O indivíduo era reintegrado de forma a ser impelido a tentar outra maneira de resolver o problema, que frequentemente se tratava de um conflito com um membro da família. Isso é possível na sociedade tribal, pois, em se tratando de uma sociedade simples, pouco numerosa, um gesto individual não passa despercebido ao grupo. Além disso, para os tikopianos, lançar-se ao mar significava também ir em busca de um ritual no qual, se o indivíduo fosse salvo, seria reintegrado e reconsiderado no grupo, refazendo sua imagem diante de alguma transgressão cometida. O indivíduo retratava-se diante da comunidade.

Paul Bohannan (1960) estudou as atitudes de seis tribos diante do suicídio na Nigéria, Uganda e Quênia, onde o suicídio era considerado maligno. Nessas tribos, o contato físico de um indivíduo com o suicida era temido, podendo ele ocasionar novo suicídio entre os parentes daquela pessoa.

Em uma das tribos, o corpo tinha que ser aleijado por uma pessoa não relacionada com o morto, nem com sua família, que era recompensada com a oferenda de um touro. Em outra, tinha que se sacrificar uma ovelha para apaziguar o espírito do suicida. Havia rituais para a purificação de sua cabana, que, do contrário, deveria ser derrubada.

Em algumas tribos do leste da África, a árvore em que o indivíduo se enforcara deveria ser derrubada e queimada. O suicídio era considerado a expressão da ira dos antepassados, que tinha que ser aplacada com sacrifícios. O corpo era enterrado sem os rituais habituais. Em certas regiões, acreditava-se que o suicídio se devia a bruxarias e o lugar onde ele ocorria era o da aparição dos espíritos diabólicos.

Outros casos foram registrados, como entre os wajagga na África Oriental. O cadáver do enforcado era substituído por uma cabra, sacrificada com o objetivo de tranquilizar seu espírito, o qual poderia convencer outros a seguir seu exemplo.

Em tribos ganesas, se um indivíduo se suicidava e culpava outro por sua morte, este também deveria matar-se. Entre os índios tlinkit (Hertz, 1970) a pessoa ofendida, não podendo vingar-se, matava-se para que parentes e amigos tivessem que vingá-la. Entre os chuvache na Rússia, era comum o indivíduo enforcar-se na porta da casa do inimigo. Acreditavam que, assim, sua alma perseguiria o ofensor.

Pode-se, então, encontrar uma grande variedade de representações em torno do fenômeno do suicídio em diferentes culturas. Segundo Jean La Fontaine (1975), o que a antropologia fez foi voltar-se, nos trabalhos produzidos sobre suicídio, à investigação dos elementos comuns dos atos de autodestruição que ocorrem numa comunidade, e de que forma esses elementos estão relacionados com os papéis, estruturas, desenvolvimento e resolução de conflitos na sociedade.

No Brasil, não há ainda publicações específicas sobre o tema, embora tenhamos notícias de ocorrências de suicídios em povos indígenas. Por exemplo, entre os índios kaiowá, da reserva de Takuapiry, em julho de 1987, que habitam a região da Grande Dourados, no Mato Grosso do Sul.[21]

---

21 Informações recebidas de Marta Maria do Amaral Azevedo, antropóloga que pesquisava nessa reserva indígena, em 1988, com tese em andamento pela PUC-SP, nessa mesma época.

Cada cultura, com isso, apresenta particularidades específicas e, por consequência, uma maneira diferente de adoecer, morrer ou recusar-se à vida. Assim, os modelos de comportamento individuais variam de cultura para cultura. Uma cultura pode, de formas distintas, favorecer ou chegar a incitar o suicídio. Cabe lembrar, aqui, o suicídio coletivo da seita Templo do Povo, de Jim Jones, nos Estados Unidos, em 1978, quando mais de novecentas pessoas se mataram, ingerindo uma mistura de cianureto com suco de frutas. Em novembro de 1985, sessenta membros da tribo Ata, da ilha de Mindanao, no sul das Filipinas, mataram-se, por ordem de um sacerdote, para que pudessem "ver Deus". Na queda da Bolsa de Valores de Nova York, 1929, dois homens que tinham conta bancária conjunta saltaram de mãos dadas do alto do Hotel Ritz. No centro de Nova York, nos hotéis lotados, os porteiros brincavam com humor ácido com os hóspedes: "Querem um quarto para dormir ou para saltar?".[22] Está claro que o suicídio não pode ser compreendido fora do contexto social em que ele ocorre.

Em sociedades do *Oriente* e em *sociedades tribais*, o suicídio tem um valor positivo, é valorizado e, por vezes, encorajado. No Oriente, ele é visto, por muitos, como um ato honroso, como uma demonstração de fidelidade, disciplina e boa índole. Em certas sociedades tribais, ele corresponde a uma tentativa de reabilitação do indivíduo ao grupo, no caso de ele sobreviver, ou da imagem do morto no imaginário coletivo, no caso do suicídio consumado.

Diferentemente de sociedades tribais e de sociedades do Oriente (como visto no subitem 2, do capítulo I), o fenômeno do suicídio na sociedade ocidental constituiu-se em tema interdito, em uma tentativa de completa negação da dor, do sofrer, da morte – somando-se ao crescente tabu que se desenvolveu, posteriormente, em torno da morte, como algo a ser aplacado, evitado.

---

22 Cf.: "O furacão em Wall Street abala o mundo". *Veja*, pp. 52-28 de outubro de 1987.

Desse modo, o suicídio acaba incluído dentro das coisas que não se devem fazer e, ainda que com relativa impunidade pelo menos, sobre a qual não se deve falar (o tabu reside também no discurso). No geral, não deve ser realizado e muito menos pensado na realidade ocidental. Por isso, comumente, as tentativas são acompanhadas de sentimentos de vergonha, embaraço ou culpa, e os laudos policiais são, por vezes, distorcidos, no intuito de abafar as verdadeiras ocorrências de tentativa e suicídio.

A afirmação do direito de morrer em sociedades do Oriente contrapõe-se, portanto, à sua negação total na vida ocidental. O sentido cultural do suicídio se perde e o que se impõem são mecanismos de se evitar a dor.

Talvez o tabu imposto em sociedades do Ocidente sobre o fenômeno do suicídio tenha funcionado, ainda, como uma maneira de obliterar a percepção de uma falha da sociedade em garantir condições de vida razoáveis para o indivíduo: se o suicídio permanece mudo, aplaca-se o possível questionamento que carrega implícito, em si mesmo, sobre os valores que orientam a vida em sociedade.

II. São Paulo e o Centro de Valorização da Vida (CVV) – Samaritanos na cidade

A cidade de São Paulo e o suicídio

> *O BRASÃO DA CIDADE*
>
> *tudo o que nela surgiu de lendas está repleto de nostalgia pelo dia profetizado em que a cidade será destroçada por um punho gigantesco com cinco golpes em rápida sucessão. Por isso a cidade também tem um punho no seu brasão.*
>
> Franz Kafka, 2002, p. 109

A cidade de São Paulo, em 1986, teve uma previsão de crescimento populacional drástica: no ano 2000 sua população alcançaria 13 milhões de habitantes.[1] Dados do IBGE, de julho de 1986, indicavam que

1 Cf.: "São Paulo, 30 milhões de habitantes". *O Estado de S. Paulo*, p. 20, 6 de julho de 1986.

o Estado de São Paulo completou 30 milhões de habitantes (e o total, no Brasil, era 135 milhões).[2] Centro das migrações de pessoas vindas de outras regiões do país, principalmente do Nordeste, a cidade de São Paulo enfrentava sérios problemas. A concentração da terra e da propriedade nas mãos de uma minoria gerou uma proletarização e pauperização cada vez maior de grandes contingentes da população. Além disso, havia problemas como poluição de todos os tipos, dificuldades de transporte, estresse, solidão e condições desumanizadoras de vida, próprias da era moderna nos grandes aglomerados urbanos. Agravavam ainda esse quadro a carência de abastecimento, a insuficiência do lazer, o aumento da criminalidade, sendo que muitos desses problemas aparecem, principalmente, nos bairros periféricos.

Com tudo isso, sabe-se que a vida na cidade é difícil e cheia de problemas. Não é simples estimar quantas pessoas se matam ou tentam se matar anualmente, dados os infindáveis problemas das estatísticas com relação a registros desse tipo. O número é extraído das causas assinaladas nos atestados de óbito que, frequentemente, nesses casos, podem não ser precisas.

Em linhas gerais, alguns autores que procuraram estabelecer um controle estatístico sobre as ocorrências encontraram que: os homens se matam mais, embora as mulheres liderem as tentativas de suicídio; os meios mais utilizados pelos homens são a arma de fogo, o enforcamento e a precipitação, respectivamente, enquanto as mulheres utilizam o envenenamento e a precipitação; a faixa predominante se localiza entre 20 e 40 anos e, com isso, o suicídio ocorre mais entre indivíduos casados.

Alguns autores estimam que os índices obtidos de ocorrência de suicídio, em determinados países, podem ser tranquilamente duplicados ou triplicados, aproximando-se, então, do índice real suposto. Dublin (1963), estatístico do suicídio nos Estados Unidos, acredita

2 Ref. Anuário Estatístico do Brasil/IBGE.

que, com grande probabilidade, o índice em seu país é de 1/4 a 1/3 mais alto do que as taxas registradas.

A camuflagem dos dados decorre de dois grandes problemas: o primeiro seria a confusão que se dá entre suicídio e morte acidental; e o segundo seria a tendência social a atuar deliberadamente no diagnóstico de forma a encobri-lo devido ao tabu.

Fatores religiosos também contribuem para o obscurecimento da *causa mortis*. Na República da Manda e no Egito, por exemplo, suspeita-se que o baixo índice de suicídio registrado deva-se ao culto religioso local, já que a ética islâmica, por exemplo, critica o suicídio. Assim, muitas ocorrências seriam camufladas.

Dos índices de acidentes, poder-se-iam ainda levantar suspeitas sobre se são todos acidentes realmente ocasionais e não intencionais, ou se o indivíduo não teria se lançado premeditadamente em situações de risco, que o levassem à morte. Dirigir em alta velocidade, deliberadamente, por exemplo, pode ser um recurso suicida, sem que se possa ser detectado.

Esse quadro das distorções estatísticas precisaria ser revertido. Karl Menninger (1970) assinala a necessidade de se examinar o lamentável fato de que os homens se matam e por meio de analogia com o que acredita ser o comportamento do avestruz,[3] entende que imitá-lo em nada diminui essa realidade.

Dadas as dificuldades com as estatísticas e sua precária confiabilidade, seria mais interessante refletir sobre o contexto em que tais índices ocorrem.

Nas sociedades atuais, em especial nas grandes capitais, além de o indivíduo ter que corresponder a papéis contrastantes e descontínuos, os valores que orientam o comportamento humano transformam-se rapidamente. O ritmo de mudança é acelerado e o homem

---

3 Diz-se que o avestruz coloca a cabeça na terra, escondendo-a em buracos. Na verdade, a ave encosta a cabeça no chão a fim de escutar se algum predador se aproxima.

contemporâneo, sem se dar conta, enreda-se em mecanismos de despersonalização (perda da identidade) na sua relação com o mundo, caminhando, assim, para o anonimato.

Para Eduardo Kalina e Santiago Kovadloff (1983), a impessoalidade crescente das relações, a coisificação do outro e de si próprio (o homem vale o que tem e o que produz), o esvaziamento do eu com o trabalho alienado, a competição e o consumismo, acrescidos ainda da perda de visão do mundo e do sentido da própria vida, conduzem o indivíduo à solidão de um desenvolvimento atrofiado, cuja expressão máxima seria o suicídio. Logo, quando o indivíduo se suicida, na verdade, ele concluiu um processo que havia há muito se desencadeado.

Aqui se coloca algo premente. A autoestima, tão presente na questão do suicídio, é diretamente ligada aos padrões de êxito na sociedade, o que leva o homem a gostar mais ou menos de si conforme corresponde ou não ao modelo produtivo.

Assim, as identidades são precariamente construídas com a proliferação de comportamentos autodestrutivos, nos quais o motorista que se distrai e se precipita por um barranco, ou o indivíduo alcoólatra que morre de cirrose compõem formas disfarçadas de suicídio.

Nas grandes cidades, difunde-se, desse modo, um intenso individualismo, e a necessidade de comunhão não tem vazão. Existe uma crença de que as pessoas devem buscar o próprio caminho independente, negando a interdependência e a necessidade de contato com os demais.

Phillip Slater (1977), ao refletir sobre esse aspecto na cultura americana, demonstra como, nos Estados Unidos, um dos objetivos da tecnologia está em "liberar" os indivíduos da necessidade de relacionamento, da submissão, da dependência ou do controle em face de outras pessoas. Movimentos do tipo "faça você mesmo", de autosserviço, de livre-empresa etc. desenvolvem-se como se tudo e todos pudessem agir automaticamente e de forma isolada.

José Maria Mayrink (1977) encontrou um índice elevado, em seu trabalho sobre solidão, de pessoas que viviam em pequenos apartamentos de forma muito solitária.

A minha experiência no CVV – Samaritanos também confirma esses dados. Era comum receber ligações de pessoas solitárias em seus pequenos apartamentos, sobretudo de madrugada.

Os órgãos de prevenção do suicídio e o CVV – Samaritanos de São Paulo

As nossas passadas soam solitariamente demais nas ruas.

Frederico Nietzsche, 1950, p. 7; 2002, p. 11

Nesta cidade do Rio,
De dois milhões de habitantes,
Estou sozinho no quarto,
Estou sozinho na América
. . .
De dois milhões de habitantes
E nem precisava tanto...
Precisava de um amigo,
Desses calados, distantes,
Que lêem versos de Horácio,
Mas secretamente influem,
Na vida, no amor, na carne.
Estou só, não tenho amigo,
E a essa hora tardia,
Como procurar amigo?

Carlos Drummond de Andrade, *A bruxa*, 2012, p. 9

A partir do final da década de 1950, pode-se registrar a criação de inúmeros centros de prevenção do suicídio. Compostos por técnicos e leigos, eles nasceram de iniciativas individuais que acabaram por reunir grande número de colaboradores. Por um motivo ou outro, essas pessoas sentiam necessidade de entender e oferecer assistência aos suicidas, que proliferavam cada vez mais, principalmente nas grandes aglomerações urbanas.

Duas grandes instituições desencadearam a formação de novos centros por todo o mundo, que utilizam o telefone como principal recurso. Se, por um lado, o telefone cria certas dificuldades, por outro, prima pelo seu caráter de fácil acessibilidade, pela manutenção do anonimato e por dar uma resposta imediata, transmitindo uma informação ou oferecendo atendimento rapidamente.

As instituições que primeiro utilizaram o telefone para esse fim foram o Centro de Prevenção do Suicídio de Los Angeles e o Centro de Controle de Envenenamento (*Poison Control Center*), este último criado em várias comunidades nos Estados Unidos para atendimento e aconselhamento imediato, de providências a tomar em caso de ingestão de substâncias tóxicas de todo o tipo. Ambos os serviços mantêm plantão de 24 horas, desde a década de 1950.

Centros telefônicos têm sido criados em vários outros países e, para garantir um intercâmbio entre essas iniciativas, existe hoje em funcionamento uma Associação Internacional para a prevenção do suicídio, com sede em Viena (Áustria), responsável pela promoção de encontros e conferências a cada dois anos.

O CVV – Samaritanos no Brasil se desenvolveu a partir do modelo de atuação dos Samaritanos na Inglaterra. Vejamos a seguir algumas informações sobre os dois centros.

Os Samaritanos (Inglaterra)

Associação criada por Chad Varah e oficializada em 1953. Chad Varah era na época reverendo e reitor de St. Stephen, Walbrook, Londres.

Em 1936, Varah, recém-formado pela Igreja Anglicana, fora designado para proceder o ofício fúnebre de uma menina de 14 anos. Ela havia se matado ao achar que tinha contraído uma moléstia venérea, ao perceber os primeiros sinais de menstruação que chegava.

Varah fez encomendação do corpo e, ao chegar em casa, inconformado, escreveu para um pequeno jornal de Londres dizendo-se disponível para "ouvir seriamente pessoas falarem de assuntos sérios" (CVV, 1984, p. 13), em sua própria casa. Elas poderiam ligar para a Mansion House 9000 a qualquer hora do dia ou da noite.

Varah recebeu imediatamente inúmeros telefonemas e a visita de uma pessoa que vinha do Continente (forma pela qual os ingleses chamam os países do continente europeu), atravessando o canal da Mancha para vir encontrá-lo. Desejava abrir-se com o homem que se propunha a ouvir.

Sendo extensivamente procurado, Varah deu início a esse trabalho com uma pequena equipe de sacerdotes e um profissional da área de assistência social e psiquiátrica. Logo atraiu inúmeros colaboradores e clientes e, com o tempo, em muitas outras cidades e no exterior, fundaram-se organizações de cunho semelhante. Esse tipo de organização acredita que a maioria dos suicídios não apresenta problemas médicos, mas sociais e espirituais. Não há direção religiosa no atendimento, apesar do plantonista poder ter sua religião ou ser dedicado ao sacerdócio. O princípio geral que rege esse tipo de atuação é "a proteção amistosa e o oferecimento de amizade". Isso implica disponibilidade para ouvir, onde não se tem conselhos ou receitas a dar. O plantonista não se fixa no problema trazido, mas no "poder estar com o outro naquilo que ele está sentindo". Assim, na década de 1950, Varah deu início ao plantão central de "Os Samaritanos" de Londres, instalado no porão da Igreja de St. Stephen.

Em 1961, os Samaritanos ingleses tiveram cerca de 3 mil pessoas atendidas, das quais se crê que 1% se suicidou mais tarde. E 25 anos depois de oficialmente fundado, "Os Samaritanos" possuíam mais de 120 postos de prevenção do suicídio em toda a Inglaterra e em alguns outros países, reunindo por volta de 120 mil voluntários.

Durante as décadas de 1960 e 1970 houve uma considerável queda na taxa anual de suicídio na Inglaterra e em Gales, e uma queda menor na Escócia, em comparação às outras nações industriais. Acredita-se que isso se devia à atuação efetiva dos Samaritanos.

O CVV – Samaritanos

O CVV nasceu em São Paulo em 1962, seguindo a proposta iniciada por "Os Samaritanos de Londres", permanecendo filiado a ele. Seu coordenador no Brasil é Jacques André Conchon, cujo escritório central, até 1986, localizava-se à Rua Genebra, em São Paulo.

Por 10 anos, o CVV funcionou em caráter experimental e depois iniciou sua expansão para outros locais. Todo o seu corpo de trabalho é composto por voluntários, incluindo os cargos de direção, e todos devem obedecer o mesmo regimento interno vigente nos Postos Samaritanos.

Em 1977, quando o reverendo Varah veio ao Brasil, o CVV contava com cerca de 180 plantonistas, número que quadruplicou com a divulgação gerada por sua visita. O posto Central da Abolição, de quarenta telefonemas diários atingiu quatrocentos.

Daí por diante foram abertos novos postos em outros bairros e, em 1986, a situação era a seguinte: em São Paulo existiam onze postos em funcionamento; na Grande São Paulo, mais sete, e no interior do Estado, mais 24, localizados em cidades maiores. Em outros Estados do Brasil, geralmente nas capitais, existiam catorze outros postos. Há postos no exterior, em países da América Latina.

O CVV é uma entidade reconhecida de Utilidade Pública Federal, pelo Decreto-Lei n. 73.348, de 20 de dezembro de 1973.

Novos postos podem ser abertos desde que sob a cobertura jurídica de uma instituição civil, sem fins lucrativos, sob direção de um Samaritano.

O fato de o CVV ser uma instituição sem fins lucrativos cria sérias dificuldades financeiras para a sua manutenção. Os postos acabam tendo que se estabelecer em locais cedidos em hospitais, como é o caso do posto no Hospital Matarazzo, ou de outras instituições (igrejas, creches etc.). O CVV Pinheiros, no qual fui plantonista, fazia rateios entre seus membros para arrecadar o pagamento do aluguel e demais despesas. Isso gerou alguns problemas internos, sendo considerada uma contribuição opcional a partir de 1986.

O princípio fundamental que permeia o trabalho do Samaritano é o *befriending*, entendido como a capacidade de doar amizade. O *befriending* significa uma atitude que consiste em:

- ouvir (mais ouvir do que falar é um importante princípio, em que ouvir é muito diferente do que meramente escutar);
- respeitar (o indivíduo ou suicida em potencial pela sua condição de ser humano);
- aceitar (como a pessoa é e não como gostaríamos que ela fosse);
- compreender (conceber com a pessoa a problemática que a envolve, dirigindo-lhe respostas de apoio e sustentação);
- não julgar (despir-se totalmente de seus critérios pessoais de valor e juízo, distanciar-se de preconceitos e procurar com o entrevistado a compreensão de sua situação);
- a pessoa antes de tudo (concentrar a atenção no indivíduo, nos seus sentimentos e emoções e não no "problema");
- jamais dar conselhos (voltar-se para o conteúdo emocional da narrativa sem fornecer "o conselho" que a maioria dos atendidos deseja obter. Evitar que um processo de dependência se desencadeie, comunicando-lhe respeito e aceitação autênticos).

Na Reunião Geral de Plantonistas (RGP), de 1985, discutiu-se um modelo de atendimento que procurava dar conta do seguinte trinômio: sentimento-pensamento-ação. Pensava-se que três questões poderiam orientar o atendimento: "O que você está sentindo?", "O que vai fazer?" e "Como?".[4]

O CVV prega sete princípios Samaritanos que são:

1º O objetivo básico dos Samaritanos é estar disponível, a qualquer hora do dia ou da noite, para oferecer o *befriending* àqueles que passam por crises emocionais e estão em perigo iminente de se matar.

2º Os Samaritanos também procuram aliviar a miséria humana, a solidão, o desespero e a depressão, ouvindo e oferecendo o *befriending* àqueles que sentem que não têm ninguém a quem se dirigir, sendo capaz de entendê-los e aceitá-los.

3º Aquele que nos procura não perderá a liberdade de tomar suas próprias decisões, inclusive aquela de se matar, e está livre para romper o contato a qualquer tempo.

4º O fato de uma pessoa ter solicitado socorro aos Samaritanos, assim como tudo que ela tenha dito, é completamente confidencial dentro da organização, a não ser que haja permissão, livremente dada por ela, no sentido dessa informação, total ou parcial, ser comunicada a alguém fora da organização. Um voluntário não poderá aceitar confidências se for imposta, *a priori*, a condição de que nem mesmo o coordenador do Posto Samaritano poderá ser informado dela.

5º Um voluntário oferecendo *befriending* a quem o procura será orientado, e ativamente apoiado, por líderes experientes que, por

---

4 Os itens entre aspas, os princípios e as normas gerais foram retirados do *Manual de treinamento do plantonista* (CVV, 1984).

sua vez, terão orientação, quando solicitada, de consultores profissionais.

6º Em casos específicos, aquele que nos procura será convidado, como adicional ao *befriending*, a refletir sobre a busca de auxílio profissional em campos como: medicina, assistência social e auxílio material oferecido por outras instituições.

7º O voluntário jamais tentará impor suas próprias convicções ou influenciar àqueles que procuram, no que concerne a política, filosofia e/ou religião.

O CVV apresenta também sete normas gerais que devem nortear o comportamento de todo o corpo de trabalho da instituição. São elas:

1º Os voluntários são cuidadosamente selecionados por suas qualidades pessoais e aptidões naturais para o trabalho, e estão preparados para o trabalho, e para a liderança quando for o caso, através da participação em treinamento básico e progressivo.

2º Um número telefônico é anunciado pelo posto, de tal forma que as pessoas que nos procuram podem estabelecer contato facilmente com o serviço e, se desejarem, anonimamente. Todos os postos terão instalações, para que aqueles que nos procuram possam se encontrar com os voluntários e também possam se comunicar por correspondência.

3º O voluntário oferece o *befriending*, seja a longo ou curto prazo, para encontrar as necessidades das pessoas desesperadas ou solitárias. Os coordenadores de cada posto são responsáveis pela utilização ótima dos recursos disponíveis em favor daqueles que nos chamam e, em ocasiões apropriadas, podem impor restrições ou terminar o relacionamento com quem nos procura, se a pessoa demonstrar não existirem mais benefícios na continuidade do *befriending*.

4º Mesmo que os Samaritanos não desejem se intrometer na vida das pessoas que não pediram auxílio diretamente, o voluntário deve ouvir aqueles que estão preocupados com o bem-estar de outra pessoa e, quando o caso do terceiro envolvimento é problema de desespero, depressão ou suicídio, ele pode discretamente oferecer o *befriending* para essa pessoa.

5º Quando alguém que nos chama demonstra se encontrar no perigo de envolver-se no ato suicida, o voluntário que está oferecendo o *befriending* é encorajado a solicitar permissão para manter contato até que a crise seja superada.

6º O voluntário é normalmente conhecido pelo seu primeiro nome, ou o seu nome e número de registro. Os contatos feitos por aqueles que nos procuram são realizados exclusivamente através do posto, de tal forma que o anonimato do voluntário possa ser preservado e o que nos procura possa ser beneficiado com um serviço de 24 horas por dia.

7º Os voluntários se encontram integrados em postos que mantêm serviço em todas as horas do dia e da noite, em todos os dias do ano. Entretanto, em especiais circunstâncias, os Samaritanos internacionais podem autorizar um posto a oferecer um serviço limitado por um período específico.

O CVV possui alguns lemas como "somente aquele que sabe ouvir poderá ajudar" ou, o mais conhecido, "é mais fácil viver quando se tem um amigo".

Todo o corpo de plantonistas é composto por pessoas voluntárias.

Não é preciso qualquer tipo de especialização, mas para ser aceito, é necessário ter sido considerado apto ao trabalho no curso de seleção e treinamento.

Conhecendo o CVV por dentro[5]

Seguem alguns exemplos de atendimentos realizados no período em que fui plantonista:

O telefone toca... O plantonista atende...

Uma pessoa está só, é madrugada e não consegue dormir.

Desejaria estar com alguém, ter companhia, ter alguém à sua cama.

* * *

O telefone toca... O plantonista atende...

Uma pessoa deseja morrer. Ingeriu comprimidos, deseja morrer conversando com alguém e espera que o plantonista possa ser essa pessoa, possa representar este outro para que não esteja só nessa passagem.

O plantonista arrisca perguntar se está certo de que é isso que realmente quer, se não gostaria que lhe fosse enviado socorro.

A pessoa recusa, não quer voltar atrás e pede ao plantonista que fale com ela.

A voz atenua-se... o telefone cai.

* * *

O telefone toca... O plantonista atende...

Uma pessoa com voz quase indistinguível pede para conversar. Em acidente automobilístico, morrera sua filha.

Ela estava no volante, com a filha ao lado, parada no farol, quando um outro carro colidiu com o seu.

5 CVV – Samaritanos de São Paulo, Unidade de Pinheiros.

Agora no hospital, pós-cirurgia, sentindo-se muito só, deseja conversar com alguém que lhe dissesse coisas diferentes de: "Por que não pulou do carro?".

A enfermeira lhe fornecera o telefone.

Sente-se muito angustiada, amortecida pelas drogas, mas consciente.

O corpo não responde, mas a dor permanece.

* * *

A campainha toca... O plantonista atende...

A jovem entra, começa a contar sua história.

Diz que irá morrer e arranha o pulso com uma ponta de clipe de papel. A conversa se prolonga... Vagarosamente a jovem põe o clipe de lado.

* * *

O telefone toca... O plantonista atende...

Uma mulher diz: "pode me ouvir?"

"Tanta coisa acontecendo!"

O marido a abandonara com três crianças pequenas e com pouco dinheiro. Forçou-a a assinar o desquite e agora a insulta.

* * *

O telefone toca... O plantonista atende...

É véspera de Ano-Novo.

Uma senhora não sabe que vestido usar, pois uma cor poderia lhe propiciar a sorte, outra o dinheiro...

Na verdade, precisa saber o que deseja para 1986.

* * *

O telefone toca... O plantonista atende...

Uma voz bem jovem diz: "Eu não preciso ter vergonha, mas eu acho que estou atrapalhando.

Eu já queria ter ligado aí antes.

Não o fiz porque a minha mãe não ia entender.

Em vez de estar ligando eu poderia falar com ela, mas ela é muito ocupada...

Eu acho que a senhora não tem nada a ver com o que eu sinto! Talvez a senhora fosse perguntar, mas por que é que você não fala com sua mãe?"...

Candidatando-me a plantonista, pude abrir um ouvido à cidade. Ao iniciar, deparei-me com algo muito diferente do anteriormente imaginado. Pensava que iria atender pessoas à beira de uma tentativa de suicídio, e não foi bem assim. Fui rodeada por uma avalanche de temáticas, que não necessariamente, ou, por mera regra, tinham a ver com o desistir de viver; mas, muitas vezes, o telefonema significava, paradoxalmente, uma tentativa de sobreviver, de estabelecer um contato, de partilhar, de poder fazer um desabafo.

Após o treinamento, permaneci pelo período de três meses como plantonista, primordialmente em atendimento telefônico em diversos horários.

As problemáticas trazidas nas falas das pessoas são muito variadas, porém, alguns conteúdos tendem a se repetir. Temas como sexualidade, separação, perdas, solidão aparecem com razoável constância.

Serventes ou guardas que ligam de seus empregos à noite. Pessoas sem dormir por insônia. Jovens com problemas com namorados, com a família ou que sofreram perda por morte ou separação. Problemas com marido, esposa, situações de abandono ou pelo menos assim sentidas pelas pessoas. A mãe que está só em casa esperando acordada o filho voltar, ou o marido ou a esposa que está só porque o outro viajou.

Há pessoas que ligam num grau de angústia, depressão ou ansiedade tão intenso, que chegam a permanecer no telefone com o plantonista por mais de uma hora. Existem ligações nas quais a pessoa apenas chora.

Quanto ao perfil dos plantonistas, geralmente são pessoas leigas na área de psicologia ou psiquiatria, provenientes de áreas diferentes de trabalho (professores, arquitetos, enfermeiros, assistentes sociais, aposentados, auxiliares de escritório, donas de casa, estudantes universitários, entre outros), com curso superior ou não e de diferentes faixas socioeconômicas.

Um dado interessante é que, de alguma forma, o CVV parece dar conta também do lado solitário do plantonista, uma vez que no CVV se estabelece toda uma rede de relações de amizade e de contato humano entre os membros da equipe de trabalho, afora o contato telefônico. São comuns as festinhas de amigos de subgrupo, encontros na casa de um ou de outro, organização de churrascos, festas de aniversário e o intercâmbio de bilhetes pelo escaninho dos plantonistas.

Isso tudo acaba criando um círculo de amizades dentro do próprio CVV onde facilmente se fica com a agenda cheia, suprindo o próprio plantonista em sua carência de contatos. Acontece também de plantonistas irem ao posto para conversar com os colegas ou auxiliar no trabalho de atendimento, fora de seu horário obrigatório de plantão.

Nos três meses de plantão (após o treinamento – seis encontros), atendi poucas pessoas que fizeram referência a tentativas de suicídio passadas ou desejadas. Isso não quer dizer que o CVV não esteja direcionado ao atendimento do suicida. Ele está partindo do pressuposto de que a pessoa só, a pessoa desamparada, a angustiada etc. é uma pessoa potencialmente suicida, encontrando-se num tipo de situação que se poderia chamar de "enfermidade carencial", uma vez que, se essa pessoa tivesse outra a quem recorrer, não estaria telefonando ao Samaritano.

Pode acontecer de o indivíduo que telefona ser uma pessoa rodeada por outras, muitas vezes com outras pessoas no próprio local de chamada ao plantonista, e mesmo assim estar se sentindo só. É frequente ouvir: "Não tenho outra pessoa para conversar, para contar isso!", "Ninguém me entenderia!", "Você sabe, minha cidade é pequena, todos falariam...".

Ocorrem chamadas interurbanas, em certos casos, geralmente porque na cidade onde o indivíduo mora, o CVV está sem plantonista noturno, ou mesmo porque a pessoa receia ser reconhecida. Nesse período atendi a um chamado de Brasília, um do Rio de Janeiro e outros do interior de São Paulo.

Os trotes acontecem no CVV, recebi dois deles feitos por crianças, e são respeitados e tratados seriamente, pois, frequentemente, transformam-se em efetivos atendimentos.

As crianças também se sentem angustiadas e se matam, embora ainda hoje se cultive um pouco a ideia de "infância feliz" e essas situações não sejam muito consideradas.

Nesse período, atendi a uma criança muito angustiada com a separação recente dos pais, e soube de dois casos de suicídio de crianças de 10 anos, no bairro de Perdizes, em São Paulo. Uma criança atirou-se do décimo andar do prédio onde morava, aos olhos do zelador, deixando carta endereçada aos pais, culpando-os, o que gerou processo legal. Outra, da mesma idade, estudando, na época, na mesma escola da criança citada acima, atirou-se do terceiro andar de sua casa, ficando hospitalizada. Quando se encontrava melhor, a mãe começou a recriminar o seu ato e ela lhe respondeu: "Então não adiantou nada eu ter tentado me matar!?".

Concluí que o mérito e a eficácia do CVV estão no seu caráter de continência aos sentimentos do outro e em sua prontidão no plantão de 24 horas, podendo responder a situações realmente emergenciais. Muitas vezes, acaba funcionando como a última mão que o indivíduo tenta alcançar.

O telefone toca direto, a partir do final da tarde, principalmente. É devolvê-lo ao gancho para ele tornar a tocar. Em Pinheiros, onde trabalhei, o telefone possuía quatro linhas que ficavam abertas ou fechadas conforme o número de plantonistas disponíveis para cada período.

O CVV entende que, quando o plantonista é chamado por um suicida potencial, tentar dissuadi-lo ou impingir obstáculos à sua intenção autodestrutiva consiste em séria violação da privacidade do indivíduo e de seu livre-arbítrio – compreendendo, aqui, o livre-arbítrio como o direito do indivíduo de dispor de sua vida como quiser.

A visão, de senso comum, de que o plantonista se interpõe, de alguma maneira, evitando o ato por intervenção sem autorização do sujeito não é verdadeira, e muitas vezes é resultado de manipulação da imprensa, como em reportagem que gerou polêmica, em 1985, quando o jornalista simulou uma ligação ao CVV sem ter se identificado.

Na visão do senso comum, o trabalho do CVV parece mesmo ser reconhecido; como na "tirinha" de Maurício de Sousa, na qual o personagem Cebolinha aparece num "orelhão" ligando para o CVV, enquanto a Mônica, brava, ameaça-o com seu coelho.[6]

Os alcances do trabalho realizado pelo CVV parecem estar claros. Em termos de limites, teríamos o fato de que muitos dos atendidos necessitariam de assistência psicológica mais cuidadosa e permanente, por apresentarem um quadro que exigiria um acompanhamento profissional especializado de forma mais contínua e duradoura. O

6 Cf.: *Folha de S. Paulo*, 1º de agosto de 1985, p. 23.

atendimento do CVV é emergencial e, muitas vezes, a pessoa nem torna a ligar.

De qualquer maneira, é um trabalho primordial, pois se trata do único veículo efetivo e permanente de atendimento a esse tipo de população. Além do esforço para treinar os plantonistas e garantir uma boa qualidade no atendimento, a instituição se mantém aberta a ouvir qualquer pessoa em qualquer circunstância. Está aí o seu valor específico.

III. As mensagens de adeus como objeto de análise

As mensagens de adeus

Não existia no Brasil qualquer trabalho de que se tivesse conhecimento referente ao material deixado por suicidas em forma de cartas, bilhetes ou fitas de áudio, até o momento da realização dessa pesquisa. Mesmo no exterior, o controle e a análise desse material são raros, mantendo-se mais dentro de um registro estatístico.

Em Gales, Capstick (1960) concluiu que 15% da população suicida deixava cartas. O índice obtido em Los Angeles é de que 35% dos homens e 39% das mulheres deixavam notas suicidas. Capstick concluiu ainda que essa prática era também mais comum entre pessoas com idade acima de 70 anos que entre os mais jovens. O conteúdo das cartas centrava-se, frequentemente, na preocupação com as coisas do mundo e com a relação entre as pessoas.

M. J. Sedeyen (1984), grafólogo e perito em textos de apelação de Paris, realizou um trabalho com cartas de suicidas, interessando-se pelos dossiês que reuniam cartas conservadas no Instituto de Medicina Legal de Zurique.

O objetivo de seu trabalho era verificar se existiam ou não constantes gráficas nesse material. Encontrou três características que se mantinham: a pressão firme e vigorosa, a estabilidade na escrita (forma da letra, sequência etc.) e a morfologia convencional (formas próximas dos modelos caligráficos). Pensava, com isso, poder realizar a previsão diagnóstica e a prevenção do suicídio.

Émile Durkheim (1977, p. 334) cita, muito rapidamente, o trabalho de Brierre de Boismont (1856), no século XIX, que precede o seu de 1897. Ele analisou os escritos deixados por 1.507 suicidas constatando que um grande número deles exprimia, antes de tudo, "um estado de irritação e de lassidão exasperada": ora eram "blasfêmias, recriminações violentas contra a vida em geral", ora eram "ameaças e queixas contra uma pessoa em particular a quem o indivíduo imputa a responsabilidade das suas infelicidades".

Brierre de Boismont escreveu seu livro em 1856, procurando abordar o suicídio considerando sua relação com a estatística, a medicina e a filosofia. Trabalhou por 12 anos nesse livro e, na época, como doutor em medicina da Faculdade de Paris e diretor de um estabelecimento de alienados, interessava-se por estabelecer uma diferença entre o suicídio de pessoas comuns e o de indivíduos alienados (loucos), pois, para cada uma das situações, segundo ele, haveria um procedimento e tratamento diferentes a ser adotado.

O livro se compõe de nove capítulos. No Capítulo I, Boismont fala sobre o suicídio na Antiguidade, na Idade Média e nos Tempos Modernos (da época), do ponto de vista histórico e filosófico. Na Antiguidade, Boismont atribuía os suicídios à influência de doutrinas filosóficas e religiosas, sobretudo o panteísmo (crença em vários deuses). Na Idade Média, ao contrário, com o desenvolvimento do sentimento religioso cristão da filosofia espiritualista, houve uma obstrução no processo do suicídio. É nos Tempos Modernos (para ele, o século XIX), que o suicídio ganhava novo impulso, com a "propagação da dúvida", a "exaltação do orgulho e do amor próprio" e com o "desenvolvimento do ceticismo e da indiferença" (Boismont, 1856, p. 46).[1]

No Capítulo II, Boismont investiga a causa dos suicídios separando-os nos dois grupos que compõem o título de seu livro. Dentre os 4.595 casos-exemplos de "morte violenta" (por suicídio) analisados pelo autor, 672 casos deviam-se ao desgosto pela vida, que, para ele, não era necessariamente sintoma de loucura ("*la vie lui divient insuportable, il se réfugie dans la mort*").[2] Esses casos sobrepunham-se às "causas orgânicas".[3]

Às pessoas com consciência, Boismont recomendava o ensinamento da religião, da moral, de deveres. Ao suicida alienado, "o isolamento" nos casos de repetidas tentativas, recomendava "banhos prolongados", mas, sobretudo, a vida em família, quando a situação permitisse. Acreditava também que a Igreja deveria ser reservada quanto à aplicação de penas disciplinares. Aconselhava, ainda, que a pessoa não se deixasse amar a tristeza, que tivesse uma família para não viver só e que exercesse uma profissão. Acreditava que, com essas sugestões, poderia contribuir para o tratamento do suicídio e que, para se entender profundamente suas causas, dever-se-iam considerar muitos fatores, como: a origem do homem em questão, sua raça, o papel da hereditariedade, a atitude intelectual, sua organização (temperamento, sensibilidade, características, noções de sua educação religiosa e moral, ideias de sua época, o meio onde ele vive).

Boismont conclui que:

---

1 "*Enfin, les temps modernes, en propageant le doute, en exaltant l'orgueil, en faisant de l'amour de soi, du acepticism et de l'indifférence, une sorte de code à l'usage da grand nombre, ont donné une nouvelle impulsion au suicide*".

2 "A vida torna-se-lhe insuportável, ele refugia-se na morte" (Boismont, 1856).

3 Boismont trabalha com estatísticas de Paris do período de 1834 a 1843.

> *– a influência da hereditariedade era incontestável, mas limitada aos suicídios de estado de razão e mais ausente entre os alienados;*
>
> *– as influências climáticas e meteorológicas devem ser incluídas entre as condições que causam o suicídio;*
>
> *– uma mulher a cada três homens se matava, diferença esta que aumentava entre prisioneiros;*
>
> *– os suicidas tinham predominantemente entre 20 e 50 anos, sendo o índice mais elevado entre 40 e 50;*
>
> *– ricos e pobres se matavam e independentemente de serem pobres ou ricos; os indivíduos se matavam mais nos departamentos mais industrializados;*
>
> *– a instrução quando não era "sólida" e a imoralidade favoreciam o suicídio;*
>
> *– certas profissões pareciam predispor mais ao suicídio, por exemplo, a de artesão. (Boismont, 1856)*

Nesse capítulo ainda, Boismont relaciona as causas mais frequentes de suicídio e, a partir daí, o autor começa a utilizar as mensagens de adeus para fundamentar e exemplificar suas afirmativas. As causas, em ordem da maior para a menor frequência, seriam: loucura, embriaguez, doenças, desgostos domésticos,[4] desgostos com contrariedades, problemas com dinheiro, fortuna e cobiça, caráter fraco, exaltado, triste ou hipocondria, remorso, temor à desonra ou perseguições judiciais, má conduta, preguiça (desgosto pelo trabalho), delírio agudo, ciúme, falta de trabalho, orgulho ou vaidade, motivos diversos, motivos desconhecidos.

---

4 Causados por reprovações, brigas de família, doenças ou morte de parentes, brigas de casal, incompatibilidade de gênios, adultério, separação, abandono.

Para cada uma dessas causas identificadas, Boismont recheia seu texto com citações de trechos ou mesmo depoimentos inteiros de suicidas.

No Capítulo III, Boismont analisa os últimos sentimentos expressos pelos suicidas em seus escritos. Novamente, o autor exemplifica com ricos depoimentos extraídos das mensagens pesquisadas. O tema é dividido em três seções:

- os bons sentimentos: despedidas, promessas, gratidão, pesar pelas faltas cometidas (seu reconhecimento e demonstração de dor por não ter podido corrigi-las, punir seus excessos e não desonrar os familiares), sentimento exagerado de honra, pedidos de desculpas, solicitações às crianças e parentes, pedidos de perdão pelas injúrias realizadas, desespero com uma separação, desejo de ser lastimado, distribuição dos objetos, sentimentos religiosos (pedidos de misericódia e crença na vida após a morte), expressão de sentimentos de pessoas vítimas de "sedução" (nascimento ilegítimo, aborto, adultério etc.);
- os maus sentimentos: reprovações, injúrias, ameaças, irreligiosidade, brincadeiras, desejo de morte, depravação, hipocrisia, mentira, atribuição da culpa pelos sentimentos ruins ao mau tratamento recebido dos outros (filhos e parentes);
- sentimentos mistos: estado de razão (lucidez de ideias), sangue-frio, declarações de morte, escrita firme, desordens de escrita, escrita tremida, ilegível, apreciações diversas do ato, hesitação, temor, medo da morte, cuidados com o funeral (exemplo: desejo de ser enterrado com pessoas amadas ou com algum objeto pessoal), pesar por acabar com a vida, temor de ser inútil, desilusão, fatalismo (estar obedecendo ao destino), descuido de opinião, vaidade.

Desse modo, Boismont verifica que a preocupação de muitas dessas pessoas era deixar algo que as lembrasse na Terra (desejo de perpetuação, de não morrer inteiro) e de se liberar dos sentimentos ruins.

A partir do Capítulo IV, outros temas, não necessariamente relacionados às mensagens de adeus, são selecionados. Nesse capítulo, o autor fala sobre a influência da civilização no desenvolvimento do suicídio, indicando uma predominância do elemento urbano sobre o elemento rural nos índices estatísticos, ou seja, a taxa de suicídio aumentava na medida em que os índices iam se aproximando das capitais. O Capítulo V mostra a distribuição dos suicídios na França por regiões, modos (meio utilizado) e épocas (distribuição por dia, mês e estação do ano), enquanto o Capítulo VI trata de sua fisiologia e sintomatologia; o Capítulo VII trata de sua natureza, o Capítulo VIII, da Medicina Legal, e o Capítulo IX discute seu tratamento.

É nesse último capítulo que Boismont recomenda, como tratamento do suicídio na loucura, o isolamento, os meios coercitivos, a hidroterapia, o emprego de morfina, a alimentação forçada por meio de sonda, no caso do indivíduo que recusa comer. Para o período de convalescença, aconselha o campo, as viagens, as distrações e o trabalho intelectual e manual.

Essas são as únicas e poucas referências que pude encontrar em toda a bibliografia consultada sobre o tema, que se preocupam com as mensagens deixadas por suicidas. Além disso, Boismont é o único autor a enfocar propriamente o conteúdo das mensagens de adeus como objeto de análise. E essa é uma obra de 1856. Passemos, então, à discussão do material de adeus.

Neste livro, considero como bilhete a mensagem de caráter breve e informativo; como carta, a mensagem de adeus que implica um texto, não necessariamente tão mais longo, mas que contenha um discurso que segue uma progressão com começo, meio e fim; como a fita, com mensagem gravada em fita de áudio, cuja principal característica é ser uma mensagem de impacto, que traz a voz viva e emocionada do sujeito suicida, como se ele tivesse sobrevivido para ele próprio dizer sua mensagem aos outros.

Naturalmente que o uso de gravador, ou mesmo o uso da boa escrita implica boa condição social, que permita a utilização desses recursos. Porém, dada a dificuldade de obter dados sobre os sujeitos dos laudos (informações pessoais precárias), não foi possível obter diretamente uma relação entre a utilização do recurso e o nível socioeconômico do sujeito.

Ainda no século XX, não contamos com outros recursos de mensagens de que se tenha notícia, apesar de já sermos capazes de assistir a um suicídio ao vivo na TV, ou de existir a possibilidade do suicida deixar sua mensagem em vídeo ou filme. Assim foi com Budd Dwyer, Secretário da Fazenda do Estado da Pensilvânia, nos Estados Unidos, em janeiro de 1986. Acusado de corrupção (suborno de US$ 300 mil), convocou a imprensa e, numa sala repleta de jornalistas, com uma Magnum 357, protestou sua inocência, enfiando o cano da arma na boca e disparando perante os olhos perplexos dos espectadores. O suicídio de Dwyer foi filmado, fotografado e mostrado ao resto do mundo. Na revista *Veja* de 30 de dezembro de 1987 (p. 95), qualquer pessoa tem acesso à sequência de seis fotos que documentam o ato suicida e sua mensagem ao vivo.

A interpretação do material de adeus

Num momento em que se tende a uma compreensão sociocultural de fenômenos complexos que eclodem na realidade urbana, torna-se urgente uma análise atualizada do fenômeno do suicídio.

O objetivo central seria investigar que intencionalidade carrega o discurso suicida (apreendido nas mensagens de adeus) e como ele pode ser compreendido no universo relacional do sujeito.

O fio teórico que conduzirá a análise do material levantado neste estudo tem como centro a tentativa de uma análise social do suicídio, reconstruído a partir desse diálogo que o suicida estabelece com as outras pessoas da sua vida no momento em que decide morrer.

Para um maior enriquecimento da interpretação do material farei ainda uso de conceitos da psicanálise, como o de identificação, narcisismo e luto, entre outros.

A busca de um campo de compreensão do homem que pudesse atender a uma abordagem do indivíduo no seu mundo social vem de longa data, estabelecendo um rico intercâmbio entre as ciências sociais e a psicanálise.

Géza Róheim já polemizava com Malinowski, nas décadas de 1920-1930, sobre a existência do Complexo de Édipo, inclusive em sociedades matrilineares. Para Róheim (1967), a introjeção da realidade e a sua representação simbólica se dariam pela introjeção da figura materna e, então, seria no interior da dinâmica psíquica que toda cultura se formaria.

Na década de 1950, surgem novos trabalhos buscando um intercâmbio entre a Psicanálise e as ciências sociais e enfatizando a importância dessa interdisciplinaridade.

Roger Bastide (1950), em *Sociologia e psicanálise,* propõe uma sociologia freudiana, afirmando que a psicanálise daria às ciências sociais uma contribuição de primeiro plano. Acreditava também que a psicanálise já se havia desenvolvido com as críticas recebidas dos sociólogos. Comparando a abordagem sociológica e antropológica da sociedade à interpretação psicanalítica, o autor discute alguns temas como os sonhos, a sexualidade, a neurose, a criança, o "primitivo" e a sociedade.

Pela mesma época, Adorno, juntamente com outros autores, publica o livro *The Authoritarian Personality.* Definia a obra como uma pesquisa sociopsicológica, que investigava uma personalidade típica de sociedades altamente industrializadas, a qual chamou de "homem de tipo autoritário" (Adorno et al., 1950).

Conjugando técnicas sociológicas, psicológicas e psicanalíticas (método do questionário, entrevista, aplicação de testes projetivos, discurso livre sobre temas como política, religião, grupos minoritários, entre outros, associação livre), os autores identificaram uma estrutura de caráter conflitiva nos grupos estudados, que possuíam as seguintes características: o indivíduo instruído e esclarecido era, ao mesmo tempo, supersticioso, orgulhoso de ser individualista e também vivia em constante medo de não ser como todos os outros. Era ciumento de sua independência e inclinado a se submeter cegamente ao poder e à autoridade.

Assim, o conceito de "personalidade autoritária" é colocado pelos autores como uma ligação entre as disposições psicológicas e as inclinações políticas.

Maurice Merleau-Ponty (1975, pp. 383-393) salienta como é possível, por meio da antropologia, com a obra de Marcel Mauss (1974) (fenômenos sociais vistos em sua totalidade, num sistema de ideias) ou de Lévi-Strauss (fenômenos sociais vistos como estruturas) e de outros autores, dar profundidade a certos achados da psicologia e da psicanálise. Desse modo, é indispensável uma interpretação da esfera individual dentro do processo cultural mais amplo. Como ele mesmo diz: "Não há mais que escolher entre o indivíduo e o coletivo" (Merleau-Ponty *apud* Daolio, Rigoni & Roble, 2012, p. 5).

Contudo, parece ser com Horkheimer (1937/1975), representante da Escola de Frankfurt, que essa tendência se oficializou. No primeiro número da revista *Zeitschrift*, Max Horkheimer anuncia o início de um empreendimento psicológico cujo objetivo seria investigar os "elos psíquicos de ligação" entre a base econômica e a expressão superestrutural da ideologia.

Para dar início a uma teoria crítica da sociedade que preenchesse essas necessidades, a *Zeitschrift* passou a empreender, então, uma revisão dos escritos de Freud, Jung, Reich e outros, numa tentativa de pesquisar a possibilidade de integração da psicologia profunda ao materialismo histórico.

Nessa mesma linha, Erich Fromm (1971) amplia a psicanálise, da dimensão individual do paciente ao homem também tomado como unidade orgânica social. Complementa Freud ao desdobrar a psicanálise em seu aspecto sociológico. Em *O Dogma de Cristo*, Fromm (1974) discute as implicações materialistas quanto às distorções "a-históricas" do pensamento de Freud e mais tarde une-se à equipe de Horkheimer na discussão desse tema.

No seu primeiro ensaio expositivo na *Zeitschrift*, Fromm salienta a importância da psicologia profunda de Freud para a compreensão da ideologia, que correspondia essencialmente à teoria do superego.

Também na visão reichiana da psicanálise, ela teria como objeto real de estudo a vida psíquica do homem visto dentro de sua estrutura social correspondente.

Cada sociedade forma certas identidades pessoais cujas características dependem da maneira como os padrões da cultura propõem o lidar com os eventos psíquicos.

É partindo, então, do pressuposto de que toda sociedade reproduz sua cultura no interior do indivíduo, suas normas, seus modos de organizar as experiências e de manipular e recriar um imaginário, que a proposta deste livro sobre o suicídio se fundamenta.

Desse modo, a análise do material das mensagens de adeus irá requerer tanto o mundo conceitual antropológico como o psicanalítico, para a compreensão mais abrangente do discurso nesses documentos.

Assim, os Capítulos 4 e 5 abordam os temas numa perspectiva de integração de fatores sociais e psicológicos.

O Capítulo 4 trabalhará, no discurso de adeus, a questão da negação da morte (do desaparecimento real e fatídico); o suicídio como morte interdita; o suicídio e a religião; a ilusão de controle sobre o fenômeno da morte por meio do suicídio; o desejo de um mundo paradisíaco ou o esquema de vida "ou 8 ou 80"; a gratidão; a busca, na verdade, da vida via morte; o suicídio como um ato de rebelião de um indivíduo que em vida era passivo e espectador; o suicídio como sacrifício; a atitude acusativa e a manipulação de culpa no suicídio; o desejo de, com a autoagressão, agredir, na verdade, o outro ou a sociedade (se esta é a entidade persecutória).

O Capítulo 5 focalizará o fenômeno do narcisismo; a atitude onipotente no suicídio; o modelo competitivo na personalidade suicida; a confecção de um inventário emocional (além do inventário material); a constante presença de ambivalências e contradições no discurso suicida; o uso da linguagem enfática; o suicídio amoroso; a visão que o suicida tem de si e dos outros; o suicídio como reabilitação perante os outros; o mecanismo de "coisificação"; o suicídio e o paciente orgânico; uma comparação entre as mensagens de adeus obtidas no Instituto de Criminalística e as analisadas por Brierre de Boismont, no século XIX.

Vejamos a seguir.

IV. O tabu da morte na sociedade ocidental e o imaginário suicida representado no material de adeus

O suicídio representado no imaginário simbólico do suicida não tem a ver com a ideia de morte como um fim, como extinção da vida, como término da existência. O processo de elaboração do luto e da morte envolve o reconhecimento da perda, o desaparecimento da vida e as relações *intervivos.* Paradoxalmente, para o indivíduo suicida, a morte representa uma passagem, uma entrada para outro estado também vivo, certamente mais prazeroso que esse aqui. Então, também a imagem que os outros têm sobre a experiência do indivíduo suicida não corresponde à imagem fornecida por ele sobre sua morte. Esses fatores, entre outros, tornam-se evidentes na análise do conteúdo do discurso das mensagens de adeus. Vejamos como isso se dá.

De imediato, é perceptível a maneira como o tabu da morte na sociedade ocidental (já definido e discutido no Capítulo I, 2º subitem, p. 45) interfere nessa apreensão que o indivíduo suicida faz de sua própria morte. Ela é simplesmente negada no nível de seu desaparecimento real e fatídico, não significando para o sujeito seu ponto final. Vejamos algumas afirmações:

> (B5)[1] . . . Ao seu lado estou certo que *caminharei paralela à vida*, à alegria que transbordaram tanto em você.
>
> (B19) . . . Vou e (?) pensando em você . . . *Se você for me ligue no final da vida.*
>
> (B16) . . . *Eu vou me embora*, porque eu não posso passar vergonha…
>
> (C1) . . . Talvez um dia a gente se veja de novo . . . Até algum dia. Me perdoem. Z.R.
>
> (CB3) . . . e se eu puder de *onde estiver ajudo vocês* . . . Tchau um dia *nós nos encontraremos lá em cima.*
>
> (F2) . . . Estou "bodeado"! Tenho que ir agora! Vou parar, você entendeu? *Mas pode crer que eu fico com você.* Um beijão para você, te curto, te gostei muito e te gosto.
>
> (F4) . . . Olha! Se querem realmente que eu me sinta feliz, seja onde eu estiver, *eu sei que estarei bem*, tá?
>
> (F6) . . . Eu vou me embora com muita saudade de você. Mas não vou pra te agredir, *eu vou descansar, eu vou como eu fui descansar na Granja Julieta*, de tão perturbada que eu fiquei mentalmente, né, tão fraca . . . *De onde eu estiver, F.*, se é que existe outra vida, se é que existe outros poderes, outras coisas, *eu vou cuidar de você*, com o maior amor possível. Com o mesmo amor que eu tive por você . . . *E pode me chamar que eu venho, venho te ajudar* . . . eu *estou partindo, estou levando os nossos filhos*. . . *Eu parto, as crianças vão junto, nós vamos descansar* e você, seja o que Deus quiser,

---

1 Todos os destaques em letra itálica nas citações das mensagens suicidas são nossos. As siglas B, C, CB e F indicam o tipo de mensagem deixada pelo suicida, respectivamente: Bilhete, Carta, Carta e bilhete ou Fita de áudio. O número em seguida é para facilitar, ao leitor, a localização do documento na íntegra, nos Anexos ao final do livro.

certo? ... [À sobrinha] pra M. (fem.), a minha bênção de tia, *a minha bênção do outro mundo*, a minha proteção, meu muito obrigado. Se *depender de mim* lá em cima, lá embaixo, lá no meio, eu *vou te proteger.*

(F2) . . . *Quando eu for*, tudo bem, *deixo aqui o convite pra você*, hein? Reze por mim [risos].

Para onde vão essas pessoas? Observa-se o tempo todo, nessas falas, um desejo intenso de perpetuação, de seguir para algo que é vivido mais como uma etapa da vida, ou uma etapa que se adiciona à vida, do que como a sua extinção. Isso não quer dizer que o indivíduo deseje viver: ele realmente aspira desligar-se desta vida aqui; porém, de outro lado, nitidamente aspira partir para outro tipo de existência. A finitude humana é substituída por uma noção de entrada para a eternidade desejada na vida, e a vivência do sujeito suicida parece coincidir com a transposição de uma porta para outro estado também vivo, cuja situação em nada se diferencia da de Getúlio Vargas, ao se matar: "Saio da vida para entrar na História". Em sua fantasia, ele continua vivo, tanto quanto os suicidas a seguir:

(CB1) . . . *Talvez o tempo destrua esta carta mas não destruirá o que sinto.* Eu te amo mãe. [Em carta ao amigo D.:] Só você conhece toda a história sobre eu e o M., mas nem é toda. *Uma história que não teve fim.* [Em carta à M. (masc.):] Como eu o amo! *Ainda estarei te amando*! *Por toda a eternidade.*

(CB2) . . . Estarei esperando por você eternamente, e tenho certeza que seremos felizes . . . *Do seu sempre eterno* (ass.).

(C2) . . . Sempre tive um velho amor pelo mar e *estou certo que nos daremos bem para sempre.* [Ao fazer o pedido de ser cremado].

(F6) . . . Eu tenho pena dos que ficam. Porque eu acho que *as pessoas que partem, elas vão pro descanso eterno.* E descansar vai ser muito bom. Bom, necessário e sábio.

(F5) ... E talvez nessa separação a gente consiga entender muita coisa, que não entendia quando estava aí ao lado, sabe? E..., aí ... *uma caminhada longa*, cheia de amor e repleta de felicidade, *que nós procuramos juntos*, que juntos encontramos *mas que, que separadamente nós desfrutamos dela, tá?* ... Só espero amor, que depois dessa, você seja feliz, *que você encontre realmente aquela pessoa que te ajudou*, que te procurou, mostrar todas as coisas boas da vida, belas, *que tentou te mostrar o que é a vida, que tentou te mostrar como se vive, que tentou te mostrar como no acampamento a gente conversa com uma pessoa*, que tentou te mostrar amor ... etc., etc., você já sabe o que é que é, né? Então pois bem, guarde só isso pra você, tá? É o último pedido que eu tenho pra te fazer, tchau, amor! Eu te amo muito, muito, muito... Se eu conseguir reagir a tudo que vem acontecer esta noite, *eu queria te dar o meu honrado amor, queria ter a meu lado*, pra poder falar de passarinhos, do canto dos sabiás da terra vermelha, então tem essa relva, da terra vermelha de onde o horizonte desponta.

Nesta última fala (F5), o sujeito espera que a amada encontre a pessoa com quem realizou tais coisas, entretanto fica implícito todo o tempo que esta pessoa não seria ninguém além do próprio sujeito da fala. Quando tudo isso se viabilizará então? Após sua morte física?

Se a vida é apresentada pelo sujeito transformada no estado morto, inerte, a ideia de morte aparece como regeneradora da vida, como recusa a uma situação desqualificadora.

Como visto no Capítulo I, 2º subitem, diferentemente das sociedades tribais que aceitam e integram o fenômeno da morte no interior das representações simbólicas de sua cultura (com a prática de ritos de passagem que garantem a elaboração coletiva dos eventos da vida e da morte), na sociedade ocidental do século XX, a morte ficou sem lugar, sendo identificada como algo negativo, mau, que deve ser eliminado. Os suicidas desses discursos, por rebeldia, garantem uma inversão. É a vida que é vista só como má e a morte com os atributos só bons. Após a sua morte, por meio da mensagem, tal sujeito fala já do lado dos mortos, mas com a fantasia de estar vivo, interferindo e atuando nos relacionamentos que tinha em vida, porém com os poderes do mundo dos mortos.

Desse modo, na sociedade ocidental, não são os vivos que querem a vida, mas o morto, que deseja a vida vivida em sua plenitude, em profundidade. O suicídio, com isso, é ambíguo. Ele deixa um enigma. Ele é uma recusa a uma situação dada, mas também é um julgamento total sobre o valor da vida. Ele aqui é um sintoma, mas também um ato. Mesmo que confuso, ele envolve uma intencionalidade. Observe-se:

> (F4) . . . *Estou aqui para dizer-lhe que nada mais importa para mim. Para mim tudo se acabou.* Eu sinto muito, mas tudo o que eu queria era ser feliz, nada mais. Por favor, eu quero que todos me compreendam, eu lutei muito nessa vida, mas nada adiantou, *porque a felicidade é uma só, eu não consegui encontrá-la, mas tudo bem, eu estou partindo,* e *creio que encontrarei.* Isso é importante para mim demais, compreendam-me por favor! . . . *mas tudo que eu queria, era ser feliz, pois não consegui* e *agora eu tenho que partir. . . . Eu sinto partir, mas é o único jeito,* compreenda [chora] . . . eu *não posso continuar assim . . . Aonde eu estiver, eu encontrarei a felicidade, pois isso é tudo o que eu quero. . . .* Eu preciso partir! Não se importem, eu estou chorando [choro], mas é porque [choro] eu não queria [choro] *tudo o que eu queria* [choro] era *viver feliz . . .*
>
> (B1) A. (fem.), mãe, pai, Da. M. e *todos que quiserem me ajudar.*
>
> (CB1) [R. (fem.) ao pai:] . . . Gostaria muito de tê-lo conhecido melhor antes mas não faz mal, o amigo que tenho é ótimo. *É incrível acreditar como eu vejo de outra forma agora,* mas é a vida, o tempo vai fazendo com que vejamos as coisas cada vez mais claras. [Em carta à mãe:] Uma *frase curta* com três palavras mas *que tem* o *poder da vida . . . Eu te amo mãe . . .* [À irmã:] . . . Fiquei pensando, porque não me deixaram

morrer. Seria um problema a menos, seria por questão de consciência ou *porque realmente gosta de mim.* Se for isso, *obrigada e é do que eu mais preciso. Preciso que tenha paciência e esteja comigo.* [Ao amigo D.:] . . . *Tudo o que eu queria era um pouco de carinho. Só* um pouquinho. Você me deu e eu agradeço por isso . . . D. (masc.). . . *eu fugia de você com medo de gostar de você. Mas mesmo assim eu o amo*, porque você era capaz de ficar comigo, demonstrar carinho, e me tratar como um ser humano (embora não fosse) e nunca em busca de sexo. Não queria ser tratada como mulher, mas como gente.

R. (fem.) traz em seu discurso, todo o tempo, um desejo implícito pela vida e não pela morte. Por contradição, quando se vê vinculada à vida, aí é preciso morrer. Deixa carta à mãe lhe dizendo que a amava e que queria lhe dar algo mais profundo ("Quis dar algo mais profundo"), mas para isso, de novo, é preciso morrer. Necessita demais do contato com os outros, sentir-se amada, mas para estabelecer um contato mais intenso foi preciso se recusar à vida.

Com o suicídio, ocorre uma inversão: o indivíduo ao morrer "passa a viver". Ele aí, então, expressa muito de seu estado emocional e de sua interioridade que não foi possível comunicar em vida. A morte aparece de forma dinâmica, viva, repleta de emoções.

A fantasia do reencontro é bastante comum, sobretudo nos indivíduos que expressam maior religiosidade no conteúdo de suas mensagens. Muitas vezes de maneira bem direta como é o caso de N. (fem.):

(F6) . . . *Um dia* eu vou *encontrar com o seu E.* lá em cima, com a Mamama. *Eu vou encontrar com o* meu *pai.* Sabe, o meu pai verdadeiro, papai lindo, né, *eu vou aproveitá-los, se é que existe vida lá em cima*, né?

Entre as fantasias comuns assinaladas por Ostow (veja Capítulo I, 1º subitem, p. 29), encontra-se presente, aqui, a fantasia de renascimento e de liberação de uma situação difícil. Isso pode até assumir uma feição absolutamente concreta e material, como é o caso do sujeito que deseja obter redução na sua prestação de compra, provavelmente de imóvel:

(C1)... *Com meu atestado de óbito* vou *levar redução na prestação.*

Ele quer receber uma redução em sua prestação. Ele vai recebê-la? Ou seus familiares irão? Por certo, que ele não estará aqui para desfrutar disto. Ele quer morrer, mas também deseja viver para assistir a esse desenlace.

Como ele, outros também procuram um alívio financeiro:

(B6)... *Tenho um seguro do Bradesco... pague o que devo.*

Contudo, não parece significar ao sujeito ser essa uma opção tranquila, embora ele se esforce por impetrar, em seu discurso consciente, tal aparência. São muito frequentes os pedidos de desculpa aos que ficam nesta vida, como se o suicida conhecesse que pratica algo inadequado, interdito, ou pelo menos afrontante aos outros (ao se recusar à convivência social):

(B10)... *Desculpem-me.* Beijos. M.

(B14)... *Perdão...* Mil Vezes... *Perdão...*

(CB1)... Meu querido, *perdoe-me* por isso! [Carta ao amigo D.]

(C1)... Mãe, pai e mano. *Desculpem ... Me perdoem.*

(F5)... No jeito que me encontro, eu não tenho forças para resistir, e eu *peço a todos que me desculpem, que me perdoem ... Eu quero pedir perdão de todos aqueles que eu feri*, pedir pra Deus que me perdoe...

(F6)... *Pede desculpas*, viu, pra ele. E eu *peço desculpas* a você por esse transtorno que eu estou fazendo da vida de vocês.

Isso chama atenção, pois parece que ninguém pede ou precisa pedir desculpas quando está moribundo, por exemplo, de câncer. Ocorre, com isso, a sensação de infringir regras, de romper com um pacto social. Quando N. (fem.) diz:

> (F6) . . . Eu também sou egoísta, porque *se eu não fosse egoísta* eu não ia fazer... *não faria o que eu estou fazendo.*

Por que censura o implícito? Poder-se-ia traduzir tal pausa como: "não mataria meus filhos e me mataria para obter minha vingança, recusando e abandonando a todos".

Numa sociedade onde não se pode falar da morte, do desejo de morte, do desejo de homicídio, do desejo de suicídio ou mesmo de um pequeno estado de depressão e angústia, a fala do indivíduo necessita passar por uma pré-censura, na qual ele próprio se torna muito hábil para a tarefa. Restam-lhe, assim, recursos imensamente pobres de partilha emocional com os outros. Vejamos:

> (C4) . . . *Aproveitando o endereço que colocaram na revista* resolvi escrever, muito embora esteja um tanto apreensiva. *Peço que não divulgue meu nome de forma nenhuma. Tenho vontade de escrever e falar um pouco de mim, enfim desabafar*, na esperança de ser entendida, por imaginar que escrevo para pessoas capazes de tal, no entanto prefiro me limitar . . . Na ânsia de não me tornar um real, digo real suicida procurei pessoas que julguei poderiam me ajudar a encontrar o fio da meada, o canal de saída deste túnel confuso em que estou. *O que encontrei foram curiosos da minha vida falsamente bem intencionados, espalhadores de boatos, sensacionalistas* etc. que só ajudaram, ou melhor só levaram a piorar as coisas. Tenho consciência de meus problemas, tento resolvê-los, todavia se entrelaçam, tudo fica confuso e tem sido um caos. [Tentativa de suicídio].

> (C3)... *É um alívio* até mesmo uma alegria, *saber que algumas pessoas que tentarem acabar com a vida, ainda terão uma chance de serem aceitas e respeitadas* . . . Ah! *o estigma...* Ele tem me acompanhado sempre, dentro e fora de mim. Mesmo sabendo que ele nada tem a ver com "fraqueza", o *estigma é uma realidade.* Não só "ex-quase suicida", mas também "ex-habitante" de um hospital psiquiátrico. Hoje, pés no chão, ainda que retalhada; não mais um pássaro voando, perdido em meio a nuvens escuras e tempestades... Você me trouxe uma alegria grande. Vai ser dificil imaginar o quanto é importante saber que *outras C. (fem.) serão olhadas com respeito e amor, como eu gostaria que tivesse acontecido comigo em momentos tão cheios de dor.* [C. (fem.) termina com a citação:] "Vocês que vão emergir das ondas em que agora nos afogamos, pensem, quando lembrarem de nossas fraquezas, dos tempos de sol que tiveram a sorte de escapar. (B.B.)". [Seis tentativas de suicídio].

C. (fem.) fala em um estigma, como se fizesse parte de uma classe de pessoas bem demarcada. É um depoimento emocionado que traz o fato de ser identificada e confundida com um aspecto único de sua globalidade, pois com certeza C. (fem.) é e viveu muito mais que seis tentativas de suicídio. Essa parece ser a ponte pela qual as pessoas a veem, como em casos mais concretos nos quais, por exemplo, um indivíduo que, tendo ingerido conteúdos tóxicos, necessite passar o resto de sua vida se submetendo a sucessivas lavagens internas em hospital.

A negação da morte, a interdição da morte por suicídio, as fantasias de renascimento e libertação, inevitavelmente, conduzem a uma ligação com o fenômeno religioso. Observem o depoimento abaixo:

> (F5)... pois eu te amo, eu te amo muito e te amarei mesmo quando não estiver aqui... Eu estarei vibrando com ele, e com todos vocês e essencialmente você meu amor, talvez seja a hora de eu parar tudo isso, não sei, *a vida está começando a tocar*, os pensamentos estão começando a se

variar, e *tudo se está se confundindo em minha mente*, e até mesmo tudo aquilo que planejei, *um futuro tão lindo* e tão límpido para nós. *Talvez ele venha a se realizar, por ordem de motivos maiores*... eu. Eu quero que realmente, *essa passagem terrena*, mais de muitas outras, eu possa ter dado tudo aquilo que você merece . . . um beijo enorme daquele que sempre te quis, daquele que sempre foi seu, e sempre será...

Referências a Deus, a pecados, a castigos ou prêmios dados por Ele, a espírito e reza, são bastante frequentes:

(F4) . . . *Eu tenho fé em Deus*, eu sei que estarei bem. Aonde eu estiver, *eu encontrarei a felicidade*, pois isso é tudo o que eu quero.

(F5) . . . Eu só *peço a Deus*, que ele continue dando a todos vocês a força que Ele deu, porque vocês são merecedores disto tudo, e *peço também a Nosso Senhor Jesus Cristo*, que talvez seja um pedido tão falso, mas de todo coração, que ele continue olhando os nossos caminhos, e não se preocupando comigo . . . Agora no entanto *eu* quero *pedir o perdão* de todos aqueles que eu feri, *pedir pra Deus que me perdoe, pedir a Deus* que dê ânimo a todos que eu deixei nesta *passagem terrena*, pra que eles possam, como eu, aceitar a realidade das coisas, talvez não em matéria, mas em espírito, esse é meu desejo sincero . . . Eu espero essas minhas palavras não venha [sic] te chocar, mas que traga muito ânimo, *para que você possa continuar nessa jornada terrena* . . .

(B14) . . . Ajudem a A. (fem.) *PELO AMOR DE DEUS*.

(B15) . . . *Na graça de Deus* eu entrego o meu corpo e *meu espírito* e não serei aquele *pecador* que todos esperam eu sou pelegrino que batalho pela minha vida ganhando o meu pão de cada dia e agradeço o senhor J.

(B9) . . . Também *Deus* [trecho ininteligível].

(F2) . . . Não sou egoísta, ou melhor, eu não sou convencido, eu sou realista . . . Porque você realmente é uma pessoa batalhadora e se depender de mim, olha, eu te juro que, *se for pra mim* [sic] *ficar, ou melhor, o meu*

> *espírito ficar, por que a carne vai*, né? *Se meu espírito ficar* pode crer que, ele será o teu *anjo da guarda*, quer dizer, *darei uma força para você* ... eu não quero restaurar tudo isso porque, realmente, *eu gostaria de descobrir o que tem do outro lado*, né?
>
> (F6) ... Mas um dia, *eu que sou uma pessoa muito agarrada* a *Deus*, né, *tenho muita fé*, encontrei você em P. (nome de cidade), lembra? ... se apaixonou, que eu entendo e não acho que você tenha *pecado* por isso ... *Porque eu acho que as pessoas que partem, elas vão pro descanso eterno* ... Tanto é que *quando o mundo foi feito*, ele *foi feito em sete dias* e o domingo foi dedicado ao descanso, e posteriormente o sábado e o domingo ... Então meu amor, *fica com Deus* ... *Pequei*, eu não aguentei, sabe? (trecho ininteligível) Todo mundo pensa que eu sou forte, mas eu não sou ... Mas como nessa altura é cada um pra si e *Deus por todos*, eu sou pra mim, eu vou buscar a paz interna ... Parto triste, muito triste (trecho ininteligível) crianças, mas *existe na Bíblia alguma coisa que diz: "descansa em paz"*. Eu vou procurar esse descanso pra mim e para os meus filhos.
>
> (CB3) ... Que *peço a Deus* para ninguém fazer o que eu fiz, mas não se esqueça eu fiz porque tinha que fazer e não tinha outro jeito eu não ia conseguir aguentar a barra sozinho e não me chinguem [sic] de covarde porque eu nunca fui e de onde eu estiver podem ficar tranquilos, *se Deus deixar eu venho para ajudar vocês em tudo que Deus permitir* se é que existe ... *Rezem por mim.*

Como visto no Capítulo I, 2º subitem, p. 45, a morte implica a elaboração de mecanismos de exclusão e suas fronteiras, em diferentes culturas, são demarcadas pelo limite entre o sagrado (mundo dos mortos) e o profano (mundo dos vivos). Esse dualismo rege o imaginário coletivo e cria um mundo paralelo (o invisível) à ordem dos eventos da vida. Tal diálogo se constrói somente com os dois mundos por meio da identidade e da alteridade entre os vivos e os mortos. A sociedade dos mortos nega a sociedade dos vivos e, por vezes, hostiliza-a roubando-lhe os seus membros. Como enfatiza Manuela

Carneiro da Cunha (1978), "os mortos são outros" e "a oposição dos vivos e dos mortos é posta em tal realce que as relações entre eles só possam ser de antagonismo" (p. 142).

A religião, por essa perspectiva de mundo, difunde um estilo de pensamento dualista, por oposições binárias (céu *x* inferno, bom *x* mau, indivíduo puro *x* indivíduo pecador etc.). Assim, o suicida, nesse contexto social, valoriza os limites entre o sagrado e o profano e prefere a vida sagrada, ao lado dos mortos, onde ganha a força que tanto almejava pelos poderes desse outro mundo fantasiado. Contudo, o outro mundo paralelo a este é percebido de maneira bem subjetiva, distanciando-se do sentido coletivo. O relacionamento entre o sagrado e o profano é preenchido pela subjetividade do indivíduo, por desejos pessoais aspirados do microcosmo de relações imediatas do sujeito. O simbolismo coletivo é retrabalhado pelo sujeito que, ou retira Deus como o deliberador central do que ocorre aos vivos transformando o suicida no responsável por seus semelhantes próximos, ou, pelo menos, transforma-o em seu aliado particular, que lhe emprestará forças para "pôr seu mundo pessoal em ordem".

Ao lado de Deus e dos mortos, portanto, muitos suicidas ganham força e esperam também se imbuir de poderes sobre os vivos, que, após a morte do sujeito, não têm mais condições de se defenderem das acusações deixadas. Tornando-se também deuses auxiliares, julgam, protegem e punem os pecadores no mundo dos vivos:

> (CB2) . . . Quero a sua felicidade, sinceramente, mas insisto em dizer que *você é covarde*, pois *não cumpriu o provérbio que dizia "o que Deus une, nada separa"*, judiou muito de uma pessoa que viveu 22 anos do seu lado. Cuidado, *muito cuidado*, pois a sua tentativa de enganar o mundo não durará eternamente! (Carta ao pai).

> (F2) . . . eu acho que *eles devam rezar* pelo menos uma missazinha em minha homenagem, tudo bem. Pensa que eu estou com você lá? ...

porque eu estarei realmente, *estarei a teu lado e ajudar-te-ei, te darei uma força*, entendeu, quando você cair, você pode crer que eu estarei sempre para te ajudar. Sei lá, se, se eles dizem que quando a gente, quando a carne morre, né, fica o espírito e o *meu espírito eu não quero que ele vá, eu quero que ele fique aqui*, porque eu, *aqui tem pessoas que eu gosto, aqui tem as pessoas que eu quero* ajudar e, se depender de mim eu ficarei aqui e ajudarei mesmo e você será a primeira, porque você foi, realmente a primeira na minha vida.

(F6) . . . de onde eu estiver, se *houver outra vida, não se incomode que você vai pagar isso, você vai pagar muito caro.*

Deus é mesmo referência aos mais rebeldes, que se aproveitam da morte para desafiar o grande Pai:

(B17) . . . E *que eu não seja enterrado em solo sagrado*, e que nenhum sacristão faça tocar o sino . . . *Não quero missa* e que só avisem meus irmãos.

(CB1) . . . *Meu Deus ou devo chamar pelo Diabo?* Quem me ajudaria? [Em carta ao amigo D.:] Por *Deus*, estar viva me desespera, não queria continuar, todos sabiam que eu odiava estar aqui entre os vivos, *malditos sejam todos!*

Observa-se uma necessidade bem grande nessas pessoas de acreditar numa vida pós-morte, para que se possa fugir do incompreensível do nada. Nossa sociedade vem de uma história na qual a Igreja – a Católica, predominantemente – exerceu grande influência sobre o imaginário simbólico popular, fornecendo explicações para os processos desconhecidos como o que se sucede após a morte.

Na sociedade ocidental (como foi visto no Capítulo I, 2º subitem, p. 45) é vedada ao homem a vivência da morte e o conhecimento de sua aproximação, no caso de ser portador de doença grave, e a morte natural é vivida por todos como uma grande catástrofe. No suicídio, o indivíduo parece conseguir parcialmente recuperar o conhecimento de sua aproximação e uma volição ativa no ato de morrer, que era comum até o século XVIII como descrito por Ariès, para as pessoas que faleciam de morte natural.

Nas mensagens de adeus, encontra-se toda uma tentativa de recuperação do acompanhar e planejar a própria morte, o que devolve ao indivíduo a experiência de algum controle sobre o inesperado, o incontrolável, o imponderável que é morrer. Assim, o indivíduo planeja seu enterro, marca o dia e a hora etc.:

(B17) . . . *Determinação após minha morte. Quero* que meu corpo seja cremado e minhas cinzas espalhadas no jardim que circundam o crematório de V. Alpina. *Não quero velório e que ninguém vá* ao meu enterro (só um representante da família – irmão ou cunhado, não irmãs e pais) . . . E *que a ninguém se permita* ver meu cadáver, e, *que ninguém me acompanhe* em funeral, e que não se plantem nada sobre minhas cinzas . . . Corpo Cremado – e cinzas jogadas em volta do crematório Vila Alpina *não compre* caixão. *Alugue – não faça* autopsia. *Não quero* ser enterrado.

(B9) . . . *Quero* ser cremado. . .

(F2) . . . Um beijão pra você e *aqui eu me despeço*, entendeu, com tristeza e porque eu nunca gostaria de me despedir de você, estar sempre com você, mas a *gente é obrigado a se despedir* das pessoas algum dia e esse dia chegou e *eu estou me despedindo de você*, tá?

(F4) . . . Há três dias. . . Olha! Desde sábado, hoje é segunda, mas desde sábado então, *eu procuro uma maneira de partir*, de ir embora. Só hoje então, consegui. *E vou de livre e de espontânea vontade*, porque realmente preciso fazer isso.

(F6) . . . *Eu quero ser enterrada no Cemitério da Paz*, no meio daquelas árvores lindas, maravilhosas. E se for possível *que botem junto os ossos da minha avó I. e de meu pai N.*, junto comigo. *Tenta desbotar aquela sepultura e botar os ossos do sr. E., da Mamama, do papai, da minha avó*, dos nossos corpos, tudo juntinho. Quem sabe, aquilo é de algum valor, né, ninguém sabe. Mas por via das dúvidas tente fazer isso por mim.

O medo do desconhecido, do escuro, do não saber, do não controle aterroriza R. (fem.) a ponto de ela precisar antecipar a morte temida, realizá-la numa tentativa de eliminar a apreensão da espera. Também, como nos trechos acima, os extratos seguintes mostram como a necessidade de controlar a realidade é grande:

> (CB1) . . . *Eu odiava e temia a noite*, foi numa noite em que tudo começou, fui violentada, não só de corpo, mas de alma. Monstros nojentos acabaram comigo. Só melhorei um pouco com a ajuda do M. . . . O grande ditado: "o suicida é um covarde". Não é por covardia de enfrentar o sistema, mas veja sob o lado de que *quem não* se *mata é porque teme* o *desconhecido. Será que acabou mesmo?* Será que chegamos ao eu? *Será que iremos a outro mundo*? Será? O que será? *Só quem morre pode ter a resposta. Eu terei.* [Em texto escrito anteriormente:] Estou farta de ouvir que sou jovem e que tenho a vida toda pela frente. *A vida toda é muito tempo . . . Peço meu direito de morrer no momento em que desejar*, de forma simples, sem dor ou sofrimento . . . Num gesto de desespero eu me jogaria de um edifício ou daria um tiro no céu da boca. Tenho uma arma no meu nome, munição e oportunidade. Mas *desejo uma morte tranquila.* Sei que infelizmente não existe a pílula milagre que resolve tudo em um segundo. Um suicídio estético no qual tenho o capricho de querer meu corpo sem mutilações, meu rosto deformado. *Desejo a morte como decisão e não situação. É meu último desafio à sociedade, um desafio maior: minha liberdade para morrer quando desejar.* Peço enviar-me um exemplar do "How to die with dignity" do Dr. George Mair. Quanto me custará um exemplar? Agradeço por colaborarem com minha última consolação de *saber que posso morrer no momento*

que desejar. [Em carta a M. (masc.), em texto escrito anteriormente:] *Tenho medo que tudo possa me fugir do controle.* Nem sei se existe algum controle, nessa história toda. *Que droga ficar nessa incerteza! Sem saber o que vai acontecer ou onde é que a gente vai parar.*[2]

R. (fem.) briga com o poder do pai que determina, sai da impotência diante da realidade do que é ser humano, rumo à onipotência do divino e, trocando de lugar com Deus, transforma-se na pessoa que detém e controla os poderes da vida e da morte, mesmo que somente em sua fantasia. Assim também o faz A. (fem.):

(B16) . . . eu *vou cuidar do meu destino.*

No universo cristão, o fenômeno da morte foi impingido ao homem como que por punição, tal qual a necessidade de trabalhar para ganhar a sobrevivência. É quando Adão desobedece, e come com Eva a maçã (fruto que lhes tinha sido proibido), e é então expulso do Paraíso, que ele se transforma num homem mortal. Teoricamente: se criado à semelhança de Deus, até então, era tal como o pai. Assim, a morte, tal qual o trabalho, são resultados de um castigo desferido pelo criador do homem. Em contraposição, o prêmio e o lazer permanecem identificados com o paraíso vivido originalmente. Talvez seja por essa visão que até hoje, no velório, o padre, no momento em que encomenda o corpo do morto, diz: "Fulano, que sai deste mundo para um mundo melhor...".

Essas oposições binárias, céu *x* inferno, homem bom *x* homem mau/ruim, contidas na ideologia religiosa cristã, não difundem um

---

2 No caso CB1, foram coletados alguns textos da R. (fem.), escritos anteriormente. Como não se trata de mensagens de adeus, não foram anexados ao livro. Para exame desses documentos, o leitor deve remeter-se à dissertação de mestrado, defendida na PUC-SP, em 03 out. 1989, sob o mesmo título, disponível para consulta na biblioteca de pós-graduação da Universidade. Outras referências a esses textos serão feitas a seguir.

pensamento globalizante, integrado, mas propiciam um pensamento cindido, esquizado, que oscila entre um extremo e outro como na frase popular: "ou oito ou oitenta". Ocorre que entre o "oito ou oitenta" poderia, por exemplo, haver o "36", ponto no qual o suicida não consegue se fixar.

Em relação ao desenvolvimento individual da personalidade, tal pessoa estaria sem recursos para promover uma integração entre esses aspectos polarizantes, uma vez que as experiências emocionais não são exclusivamente boas ou más.

A percepção cindida da realidade do suicídio demonstra atualizar fantasias muito primitivas, das primeiras etapas de seu desenvolvimento, a que Melanie Klein (1975; 1996) chamou de "seio bom" (objetos vividos como extremamente bons) e "seio mau" (objetos vividos como extremamente assustadores e persecutórios). Assim, Melanie Klein descreveu que as crianças em suas fantasias em idades precoces, por meio de um processo de dissociação, podiam separar um aspecto totalmente bom, de um exclusivamente mau, projetando uma das partes em outra pessoa. Esperar-se-ia que, mais ou menos aos 3 meses de idade, o bebê começasse a ser capaz de perceber que a mãe boa (que atende e nutre) é também a má (que faz esperar e frustra).

Dado que o bebê não é inicialmente capaz de se distinguir da realidade (não tenha ainda aprendido os limites entre o eu/mundo), tais vivências internas são projetadas para fora dele e o processo de cisão cria um mundo polarizado de objetos só ideais ou só persecutórios. Isso é muito parecido com o discurso suicida, que foge para o objeto interno ideal como medida defensiva, ou para o objeto mau (aspectos indesejáveis das experiências). Se ele ocupa um dos polos, o resto (realidade externa) deve estar no outro. Essa fuga para o objeto interno idealizado, que seria o narcisismo (tema que será mais desenvolvido no Capítulo V, a seguir), torna indistinguíveis os limites entre o sujeito e a realidade.

Por esses fatores é que a vida é descrita alternando momentos de completa infelicidade ou de completa felicidade, nos quais o bom e o mau, o prazer e o desprazer se apresentam excludentes, dando um tom de simplicidade à complexidade das experiências emocionais. Para o suicida, é ele próprio que se encontra no "inferno" e os outros estariam com toda a felicidade do mundo (felicidade que ele teria acesso se a vida lhe fosse mais generosa). Vejamos alguns exemplos:

> (B8) . . . eu os amo e *lhes desejo toda felicidade do mundo* chega eu que *estou super desiludida.*
>
> (B18) . . . dos momentos inesquecíveis que passei com amigos e amigos conhecidos enfim pela [trecho ininteligível] que esses momentos de felicidade nos proporcionam (Y) porque *não podemos ser felizes* como é o projeto de vida do professor mais a [palavra ininteligível] dos povos mais evoluídos . . . agora estou sentindo o efeito da droga em meu corpo *como é difícil viver neste mundo descontente.*
>
> (CB1) . . . Não posso mais continuar! Chega! É o fim da trilha! Acreditem, por favor. *Tenho sofrido mais que o suportável. Tudo deu errado em minha vida.* Talvez eu tivesse nascido em hora errada, tempo errado. Merda! [Em carta à irmã:] Imagine uma garota tão segura de si como eu sou, *hoje se sentindo menos que um monte de lixo.* É difícil dizer o que está errado, talvez tudo, talvez apenas eu. Um feio contraste com a natureza. *Deveria não existir.* [Em carta ao amigo D.:] *Cheguei ao limite* da loucura, do sofrimento, da dor, do ódio, *não pude suportar mais.* Meu querido, eu passei a me odiar na *condição sub-humana* em que eu estava vivendo. *Eu podia sentir ódio e pena de mim e de todos ao mesmo tempo.*
>
> (F4) . . . mas a felicidade, é claro, em primeiro lugar, e eu *não alcancei a minha felicidade.* Eu sempre quis ser feliz...
>
> (F2) . . . Ai, estou cansado! Sei que não vou durar muito, sei que a gente tem que ir, mas eu não gostaria realmente de ir agora, mas tudo bem. *Todo dia era dia de índio.* É, felizes eram eles, né, não tinham preocupação, é

como dizem: "*feliz foi Adão* que não tinha sogra, nem preocupação, *vivia no paraíso*". *Realmente eu gostaria de viver no paraíso*, mas você seria a minha Eva. [risos] Pode crer que aquela folhinha de palmeira você não ia usar, viu? [risos] Se usasse seria por pouco tempo . . . Você vai fazer uma coisa maravilhosa na sua vida, porque *eu não gostaria que você tivesse pensamentos tristes*, entendeu, eu não gostaria que você se entristecesse por minha causa, porque você, realmente, fosse feliz.

Qual a noção de felicidade para essas pessoas? O Nirvana? Seria possível passar pela vida sem algum sofrimento, sem descontentamento, como Adão no paraíso, que nada sofria e só desfrutava? Na Fita 4, o sujeito valoriza o sócio, a filha, o irmão, os amigos com quem tudo vai bem. E com a esposa (fica subentendido – veja texto completo na Seção Anexos) que não está bem. Ele, então, joga tudo para o ar e se vê totalmente infeliz como se tudo estivesse destruído, como se aquele desgosto contaminasse todo o resto.

Na Fita 6, N. (fem.), referindo-se ao ex-marido, diz: "Você é um cara *sem feridas profundas*. Eu sou *com feridas imensas*, né? . . . Primeiro as dificuldades já com as minhas feridas, com as minhas chagas . . .".

Nesse contexto, só se fazem possíveis duas posições na vida: ou permanecer no paraíso ou no inferno intolerável das dificuldades. Nessa linha, se se está no inferno parece urgente procurar o paraíso:

(CB1) . . . *Sofrimentos* intelectuais, financeiros, morais, físicos *me enojam*. É mesmo preciso tudo isso para se manter vivo? *Não quero assim . . .* Sei que infelizmente não existe *pílula milagre que resolve tudo isso em um segundo*. (R. [fem.] em texto escrito anteriormente).

Não seria possível passar pela vida sem tais intempéries. Dizer não a isso significou dizer não à vida. Mas apesar de o indivíduo achar que está tudo destruído e que ele precisa se retirar, existe ainda o reconhecimento de um bom, que é manifestado pelo sentimento de gratidão. A gratidão testemunha que, na vida, houve um alimento:

> (F4) . . . Olha meu amigo, *sabia que você significou muito pra mim*, e eu o tenho como um irmão? . . . Eu *agradeço a todos.*
>
> (F2) . . . Oitenta e um foi *muita coisa boa que aconteceu.* Abri o meu escritório, *conheci um pessoal maravilhoso* . . .
>
> (CB3) . . . Adeus E. [masc.] *obrigado* pelas forças que o senhor me deu nos negócios.
>
> (F6) [Após citar inúmeros nomes e agradecer a todos:] *Vocês me ajudaram muito, tá?* . . . Eu vou ficar falando nomes, até a fita acabar. *É muita gente amiga...*

Como visto, o indivíduo suicida busca, desse modo, na verdade, a vida. Contudo, a vida imaginada e narcisicamente desejada.

A questão do aspecto narcisista presente no discurso de adeus será melhor desenvolvida no capítulo subsequente.

Porém, por que não obter o desejado em vida? O que impede tal objetivo em vida? O suicídio se apresenta aqui como um ato de atividade ou de rebelião de um indivíduo que, em vida, parece ter sido passivo e espectador. A coragem e a agressividade para consumar o ato suicida contrapõem-se à sensação de fracasso, derrota e inutilidade na vida. Diante da sensação generalizada de impotência, o suicida se utiliza da morte como um ato de triunfo:

> (B13) . . . Fas [sic] aquilo que tudo aquilo que eu não deixei você fazer que você sempre quis fazer. *Mas quero que você saiba que deixei de fazer alguma coisa.* Alguma coisa.
>
> (CB1) . . . Parece covardia, mas só eu sei o quanto *é preciso coragem para fazer o que fiz e admitir que não passo de um fracasso*, uma derrotada.
>
> [Carta à irmã].

(F2) . . . Eu também, sei lá, por, por, por fascínio da morte, você entendeu, *eu não quero restaurar tudo isso* porque, *realmente, eu gostaria de descobrir o que tem do outro lado*, né?

(F2) . . . gostaria de, de, de me desculpar porque eu *não falei com você*, depois daquilo...

(F5) . . . No jeito que me encontro, eu não tenho forças para resistir . . . *a gente* vê todo mundo progredindo e *não tem forças para progredir*. . . . *me deixem tomar aquela atitude de que eu sempre tive vontade de tomar*, que está dentro do meu *livre-arbítrio...*

(F6) . . . porque o *suicida ele é um covarde da vida, um corajoso da morte*, certo? Eu fui uma covarde da vida, quando você me abandonou . . . *eu não vou passar o resto dos meus dias deitada numa cama*, esperando as horas passarem.

Fica nítido que o suicida carrega em si um potencial grandioso para a vida, porém não consegue administrá-lo a seu favor. Observe-se:

(F1) . . . Você me falta tanto, *tanta coisa eu tenho feito, tanta coisa eu tenho sonhado*, para quê? Você não chega.

A morte aparece, então, como o término da espera, como a liberação final para a vida. Assim, a vida se transformou na dor, a morte no alívio. Talvez pensem como Ernest Coeurderoy: "Antes de mais nada, diria que ao homem, livre-se do mal. E quando todas as horas de sua vida forem presas do mal, então, livre-se da vida".[3]

A morte é "uma saída" ou "a única saída"; transforma-se aí numa perspectiva de entendimento da vida, numa visão de mundo:

(CB1) . . . *Que ódio passei a ter de tudo isto! Da vida!* . . . *Não tentem me salvar*, pois outras oportunidades surgirão. . . . Descobri que não

3 Frase encontrada à época de fonte desconhecida.

adiantaria sair de casa, da cidade, do país, era *preciso sair da vida. Era necessário dar um basta em toda esta merda!*. . .O J. (masc.) sabe em que estado eu estava, foi uma surpresa, ele se mostrou solidário, quis ajudar. *Explique a ele que eu não precisava de ajuda, precisava da morte. Me parecia tão carinhosa, meiga.* [Em texto a M. (masc.) escrito anteriormente:] e quem quer ser um criador no bem, ou no mal deve, antes, ser um destruidor e romper valores. *Desta forma, o supremo mal participa do bem: mas este último é o CRIADOR.*

(B9) . . . Favor tentar explicar a K. [fem.] a *impossibilidade para mim de continuar vivendo . . . Sinto muito, mas eu não tenho outra solução.*

(F2) [Referindo-se à tia que chantageava:] Mas como eu sei que não vou durar muito, então eu fico contente por ela, por *ela viver, porque ela vai sofrer bastante ainda*, ainda tem muito que sofrer e olha, se depender de desejos, de pragas, olha ela vai se "ferrar", viu? Até aí eu estou, estava um pouco enfuriado hoje, entendeu? . . . A partir daquele momento, "puta" deu uma vontade de dar um murro na orelha daquela "filha da puta", porque ela me enfureceu, ela conseguiu, ela conseguiu me deixar irritado quando ela falava de você, entendeu? . . . E eu não desejaria a ninguém passar, nem meu inimigo, porque o que eu passei, realmente, não foi brincadeira. *Foi uma "barra" aguentar todo aquele sufoco, mas até que enfim eu estou me libertando*, você entendeu, *eu estou numa boa...*

Nessa Fita 2, a vida é descrita contendo somente o ruim de que ele se libertará ao morrer. Morrer aí ganha significação de vida, prazer, tranquilidade. No dia de sua morte diz que está se libertando e que agora está "numa boa". Isso opõe-se ao estado da tia que, permanecendo viva, ficará somente com o pior e ele será vingado. Essa ótica implica uma visão dividida, esquizada de mundo. É possível ficar "numa boa" somente ao morrer. E ele, na Fita 2, continua:

> . . . Você poderia não aceitar, poderia fazer qualquer coisa que, que pra me ajudar entendeu, pra me prender aqui, mas eu não quero ser preso, *eu sou um cara livre, eu gosto de liberdade* . . . Bom, sei lá, *estou me sentindo leve, estou me sentindo de cabeça feita, estou me sentindo um cara "paca", estou me sentindo gente, porque eu, tudo aquilo que eu queria falar pra você, dizer pra você que eu consegui, eu estou te dizendo agora, estou te deixando agora, entendeu?* . . . *porque a gente deve chorar pras coisas boas que aconteça e nunca pras coisas ruins...*

A morte é apresentada nesses excertos como um "passaporte para o bem-estar". Vejamos outro exemplo:

> (F6) . . . E *eu acho que essa vida é um negócio muito ruim já com as coisas tudo no lugar* . . . *Não dá, não dá pra ser livre. Ninguém é livre totalmente,* embora a liberdade seja a coisa mais importante da vida da gente, né? . . . E, principalmente porque antes de eu tomar a decisão que eu tomei agora, e você sabe que quando eu tomo realmente uma decisão, eu pago o preço da decisão, seja ele o preço que for, né . . . eu sempre quando resolvi tomar uma atitude, eu tomei e ganhei. Dessa forma, você vai me perguntar, e eu tomar a decisão que eu tomar, que eu vou tomar, *o que eu vou ganhar? Eu vou ganhar paz, eu vou perder a rejeição que você está dando pra gente. Eu vou perder, fora a rejeição, eu vou perder esta dor terrível que* eu *estou sentindo, eu vou perder a chance de ver meus filhos definhando de saudades de você. Eu vou perder a responsabilidade de tomar conta de uma coisa que eu não consigo mais. Eu vou perder a saudade de você. Eu vou perder o amor que eu sinto por você. Eu vou perder a solidão, eu vou perder a angústia, eu vou perder as coisas ruins*, porque de bom pra mim F. [masc.] não sobrou mais nada . . . *Eu vou perder* a tua mãe definhando, emagrecendo, chorando. *Eu vou perder* ver o sofrimento da minha luta. *Eu vou descansar. Porque, quando a gente parte, a gente descansa.* E eu tenho uma coisa que eu sempre falava pra você. *Toda vez que eu vou a um enterro, eu nunca tenho dó do morto, eu tenho dos que ficam.*

> Eu tenho pena dos que ficam. *Porque eu acho que as pessoas partem, elas vão pro descanso eterno . . . Eu não tenho mais por que viver . . . Viver pra quê*, F. [no diminutivo]? Pra quê? Me responda . . . *Mas quando você só encontra dificuldades, não encontra prazeres*, aí a coisa fica bem mais séria, né? *É muito sensato, muito mais sadio você descansar em paz . . .* Eu parto da mesma forma que eu fiquei aqui, lembrando dos momentos bons com as tuas fotografias nas paredes...

O que é, então, a morte para o suicida? O suicida, como todos os vivos, não sabe exatamente o que é morrer. Ele busca viver outra dimensão de vida mais próxima ao seu desejo. Nesse outro mundo imaginado, dar-se-á a realização de suas necessidades e prazeres, que no mundo dos vivos não foi possível.

E o indivíduo religioso (a referência à crença religiosa é frequente) imaginará que é Deus que lhe impingiu o sofrimento e que é com ele que isso poderá ser reparado. Assim, a passagem pela vida é vista por tais pessoas como um martírio do qual o indivíduo se libertará na morte. Por essa via, a morte é descrita com sensações de leveza e libertação.

Na religião católica, o martírio facilita a entrada no reino dos céus. Se o indivíduo vê a vida como um "carregar a cruz", ela passa a ser encarada como um ritual de sacrifícios. Mesmo no espiritismo, existe a crença de que o espírito, no cumprimento de sua missão na Terra, vai se purificando pelo sofrimento vivido numa passagem. O espírito reencarnaria até se transformar de um espírito inferior em um espírito iluminado. Nessa linha, afirma um suicida: "Sou como você mesma disse, um espírito em evolução necessitando de tudo isso" (B5). Com isso, o indivíduo deve conformar-se aos sofrimentos que a vida lhe reserva. A vida, por sua vez, transforma-se num grande sacrifício.

O sacrifício, hoje, não é praticado com o objetivo que teve no passado de sossegar a ira das montanhas (jogando uma mulher virgem no vulcão) ou presentear deuses (sacrificando animais, por exemplo, um cordeiro). Contudo, veem-se com frequência outras práticas, como o carregar uma cruz de joelhos, ferindo-se, nos 365 degraus da Igreja da Penha, no Rio de Janeiro, ou o hábito de jogar um pouco de bebida, que com esforço se comprou, aos santos.

Na Bíblia, o sacrifício tem o caráter de prova de fé. Abraão, que não tinha filhos com sua esposa, recebe a visita de um anjo informando-lhe que iria poder conceber um filho. Após a concepção, como prova de fé, Deus lhe ordenou que, em vez de um cordeiro, sacrificasse seu filho, que tanto desejou conceber. No ínterim do ato, Deus interrompeu-o dizendo que sua fé já estava provada e permitiu que ele substituísse o filho por um cordeiro.

Também na história de Job, o sacrifício tem essa conotação. Job era um indivíduo muito afortunado, com muitos filhos. Satanás desafia Deus dizendo que Job tinha muita fé e era fiel a Deus somente porque era afortunado. Deus, então, autoriza Satanás a prejudicá-lo. Job perde tudo, seus filhos morrem e mesmo assim não blasfema contra Deus. Job fica, ainda, muito doente e mesmo assim diz: "Se Deus dá, também pode tirar". Por fim, Deus aparece a Job e lhe dá nova fortuna. Job tem depois vários outros filhos.[4]

No caso C2, em uma das cartas, um homem de 68 anos, com câncer e desenganado, não quer se identificar com Job e precipita sua morte. E se pergunta: "E o que faria Job se a graça do Senhor não fixasse sobre ele?". Não deseja ser paciente como Job o foi e, antecipando sua morte, evita o resto de sofrimento ainda por vir e as despedidas, que realiza por carta. Ele, na Carta 2, diz:

> ... Estarei morto amanhã, pondo fim a 1ª faceta de miséria de um mal sem cura, que somente representava para mim daqui em diante um

4 Essa visão de mundo é bem presente hoje, ainda, entre os religiosos. Em 1988, em uma rodovia de São Paulo, um motorista exibia uma faixa em seu caminhão, com os dizeres: "Por mais que eu sofra, obrigado, Senhor".

penoso sofrimento quotidiano em despesas estúpidas de se suportar por sua inutilidade, e para vocês preocupações, trabalho, ansiedade e tristezas, que haviam de ensombrear para nada as suas vidas, *sabe Deus por quanto tempo.* Fiz tudo para enfrentar o câncer, numa luta que já dura seis anos com três operações e clipadas nos últimos 90 dias todas sem qualquer resultado prático, as duas últimas tendo me condenado a vegetar entre as quatro paredes de um apartamento. *Não é sensato que continue vivendo, quando já não existe nenhuma esperança, salvo um milagre que nunca veio, como aconteceu a Job apesar de tê-lo esperado por tantos anos.*

Esse senhor, cansado de esperar pelo milagre de Deus, como diz, mata-se para ir ao encontro dele e abreviar o seu martírio.

Seria importante perceber como os mecanismos sacrificiais estão presentes na sociedade atual.

Nas mensagens de adeus, a ideia do sacrifício reaparece de maneira semelhante à religião cristã. Cristo veio à Terra para salvar os pecadores e morreu tentando salvá-los. Crucificado com cravos nas mãos e pés, com uma coroa de espinhos e sofrendo toda sorte de humilhações pelos soldados e pela população, Cristo é morto. Deus sacrifica seu filho na Terra. Alguns suicidas parecem, predominantemente, desejar cumprir a mesma missão:

(CB2)... *Querida Mãe! Este sacrifício é para a senhora!* Não seja tão fraca quanto eu, muito pelo contrário: a senhora está quase conseguindo superar esta barreira. *Por mim, lute de cabeça erguida, com peito, perceverança* [sic] pois Deus está do seu lado! A sua felicidade já está dentro da senhora: o mais difícil é encontrá-la. Por isso lute, trabalhe, encontre o seu eu perdido. [À L. (fem.):] *Estarei abastecendo seu coração com energia e amor!...* Lute, viva, cresça, vença, que você tem todas as armas para isso...

(CB1)... Queria morrer não porque as pessoas não me interessam, mas *já estava cheia de ser um problema, não resolver nada aqui, ser uma decepção para vocês*, ou seja, uma grande inútil. É como me sinto. [Carta à irmã].

(F2)... *Apesar que eu não sei se, se a gente, a gente se distanciando da outra é uma coisa, uma coisa ruim ou boa, né? Eu creio que no meu caso deve ser bom pra você*, que deve ser não, é bom pra você, *porque assim você vai ser feliz*, você vai viver a tua vida e eu não vou te prender a nada e não, não vou com que passados os meus te prende [sic] em alguma coisa, te prejudique alguma coisa, tá?

(F4)... não posso mais continuar lutando dessa maneira, sem ser feliz. Tudo aconteceu, tudo acontece e aconteceria, se eu não tivesse tomado tal decisão. *Talvez assim seja melhor para todos*. Eu preciso partir. Compreendam, sim!... *Tenho medo que de alguma forma eu venha prejudicar alguém*. Alguém que não tem nada a ver, alguém que não deve... Eu *procuro então... dessa forma, partir*, eu sei que partirei.

Para Marcel Mauss (1968; 1974), todo sacrifício realiza uma consagração, ou seja, faz a passagem de um objeto do campo profano ao campo sagrado. Desse modo, ocorre uma comunicação entre o mundo sagrado e o mundo profano, pela mediação da vítima (no sacrifício). O sacrifício cria, ainda, segundo o autor, um estado de santidade, eliminando a impureza.

Assim, da mesma forma que o sacrifício protege a comunidade de sua própria violência (gerada pelas rivalidades, que muitas vezes criariam um circuito de vinganças interminável, pelo ciúme, por dissensões etc.), direcionando tais impulsos agressivos contra a vítima (efetiva ou figurativa/animada ou inanimada), o suicídio do indivíduo que acredita se sacrificar por outras pessoas obedece ao mesmo fim.

O indivíduo se sacrifica como se pudesse, por meio disso, proteger a si e aos outros de coisas ruins. Como se com ele fossem morrer também os aspectos ruins da vida, dos outros, da vida relacional, do grupo. Transforma-se no "bode expiatório" do grupo, ao incorporar o mal. Se ele morre, se ele se sacrifica, todos estarão salvos. Contudo, se o sacrifício se transforma numa forma legítima de violência com a participação da comunidade, o suicídio se transforma numa forma ilegítima e, com isso, realizada no isolamento.

Na Fita 6, N. (fem.) sacrifica os filhos e se mata, como se, ao se "retirar" com eles, tudo se resolvesse. Os filhos que, segundo ela, estariam destinados a um "futuro sombrio", mortos seriam salvos de tal sofrimento. A isso ela em momento nenhum dá o nome de homicídio, mas de "vamos partir".

Nessa percepção cindida da realidade interna e externa do indivíduo, ora ele é continente do mal e no papel de "bode expiatório" precisa se retirar, ora ele é continente do bom e o ruim é projetado para o exterior, para o outro viver. Na posição de vítima, de defesa, o suicida desfere o ataque, acusando as outras pessoas e/ou a sociedade sob a camuflagem de um ataque a si próprio.

Desse modo, o suicida oscila entre viver a condição de "bode expiatório" do grupo, ou viver sua própria destrutividade através dos outros a quem acusa. A esse segundo processo, a psicanálise dá o nome de identificação projetiva. Seria o processo em que o indivíduo vive aspectos seus como sendo pertencentes a outro (via projeção), pois, do contrário, não suportaria lidar com tais conteúdos. Estes podem ser percebidos pelo sujeito tanto como negativos como positivos. Na Fita 2, diz J. G. (masc.):

> . . . A partir do momento, daquele dia que eu estava bêbado, levantei [risos] bêbado não, estava "chutado", que eu levantei e que eu memorizei tudo aquilo que eu tinha feito, *eu fiquei com nojo de mim*, muito, muito, muito, mesmo, mas fiquei com mais nojo dela porque, "porra", afinal de contas *ela não deveria ter, ter me induzido a fazer certas coisas*, apesar de que eu sou um cara que tem 22 anos, sou cabeça feita etc. e tal.

J. G. (masc.) prefere acreditar que seu comportamento fora induzido pela tia, que nesse vínculo fica como a única detentora de desejos. Ele "namora" a tia e se justifica dizendo que estava sob efeito da bebida. Ou a bebida ou a tia se tornou responsável por sua atitude. Ao mesmo tempo, ele parece considerar que, com 22 anos, não poderia realizar algo no qual também não tivesse tido uma participação ativa, porém deixa que ela se responsabilize pelo "desastre", como o bom cristão sob ação do Diabo.

Assim parece ser com os suicidas que, no geral, têm muitas queixas, quase sempre percebidas como resultantes de responsabilidade externa. Com isso, alguém de suas relações incorpora para ele a razão de seus problemas ou o impedimento para a vida; ou é a sociedade mesmo que não presta e nada tem a lhe oferecer, se é ela a eleita como a entidade persecutória.

Vejamos alguns exemplos de acusações mais explícitas:

(B11) . . . *O L. [masc.] é o culpado da minha* morte.

(F6) . . . Eu queria deixar isso gravado para você, porque eu ontem escutei em TV Mulher um psicanalista, que diz se chamar Eduardo Mascarenhas, falava sobre abandono. E ele disse o seguinte: que o abandono, a perda de um marido ou de uma mulher que você ama, é a maior dor que alguém pode sentir no mundo, principalmente, porque, misturada com o abandono, vem a rejeição, vem a briga, e *essa pessoa que você ama e que fica brigando está dando a você briga, rejeição, abandono, pressão* . . . E ainda misturando com um abandono, outros abandonos da vida que foram substituídos, ou seja, foram abafados, né, colocados na gaveta, pelo amor, pelo carinho, pela paixão desse ser, você passa mal. *No meu caso, foi você. Eu gostaria de deixar bem claro pra você que eu não consegui suportar esse abandono*, que milhares e milhares e milhares de mulheres consegue [sic]e que eu particularmente deveria conseguir por ser considerada uma mulher forte . . . *eu tentei suportar o seu abandono*

... eu *fiquei muito enfraquecida com o seu abandono* ... Eu reconheço que de uns dois anos pra cá as coisas entre eu [sic] e você não estavam muito boas, no plano afetivo. Mas eu, até uns dias, antes *de você me comunicar que ia me abandonar*, eu lhe dei um telefonema ... *Sua partida* F. [masc.], *deixou marcas tão profundas, que eu não vejo conserto.* Não vejo mesmo ... *E você não quer mais a responsabilidade de tomar conta dos filhos*, de sustentar uma casa, sustentar uma mãe, uma esposa, tudo você acha demais. *Você é um cara muito egoísta* ... Você não mediu as consequências, você não mediu, você foi egoísta suficiente, e eu acho que as pessoas têm que ser egoístas mesmo. *Eu não.* Em muitas vezes *tive vontade* de fazer o que você fez, mas não fiz pelo simples fato da responsabilidade, porque eu acho a liberdade de fazer as coisas que a gente tem vontade vai até o ponto de onde começa a liberdade do outro. ... Porque *um cara quando deixa uma família* e tem boa formação, ele pelo menos [dá?] assessoria afetiva e assessoria material possível para ele, ele dá. *Não é o teu caso* ... Olha F. [masc.], isso eu acho que foi *das coisas que você fez*, fora o horror do abandono, né, a *mais feia de todas* ... *Então, de mágoa de você vai isto*, eu parto só com essa mágoa, de *você ter permitido que pessoas alheias*, porque entre marido e mulher não se mete a colher, ditado sábio e popular, bem certo, *me maltratassem.* Eu parto com *mágoa da sua total ausência material e afetiva, porque eu não fiz nada* ... *Quem provocou toda a situação foi você.* Então, *o mínimo, [quê?] você poderia fazer* dentro da tua dignidade, a tua formação, porque você é um cara de bom caráter, de boa formação moral, né, era *proteger de alguma maneira digna essa família que tanto te ama, que só viveu em função do outro e você era um deles. Então essa mágoa fica.* Há mágoa também, eu parto, oh, F. [masc.], *com a mágoa de você tentar me arrebentar* ... Então, *uma vez que você saiu de casa, abandonou*, eu tinha que ter pelo menos alguma coisa que sobreviver, até eu conseguir ficar de pé de novo. Porque você conseguiu, aliás F. [no diminutivo], *você foi a única pessoa no mundo que conseguiu me derrubar*, certo? ... é viver com você e *ser rejeitada por você, ser agredida por você, ameaçada por*

> *você* . . . Mas essa fita, eu tenho certeza, é a última que eu estou gravando, e ela se destina ao meu marido F., que está separado de mim, que deixou de me amar, foi morar com uma moça de nome H., tudo bem, dá pra entender, muito difícil de aceitar . . . *Ele passou a me maltratar. Como que o F. me maltratou.* . . . O que machuca mesmo é a *falta de humanidade, a falta de caridade* com que ele me trata, eu, mãe dos filhos dele, que passei a vida inteira dedicada a ele, com as minhas falhas, com as minhas exigências . . . Eu estou dizendo a você que o problema não é dinheiro, o *problema é a rejeição, é o mau trato* . . . O que restou pra mim? *Restou o teu abandono* que machuca, mas machuca até onde você não pode imaginar F. [masc.] . . . *Eu passei muito tempo lhe avisando, que você estava apertando demais o parafuso*, família a gente não larga assim, sabe, não larga mesmo.

Vê-se, nesse último trecho, que N. (fem.) está convencida de que o ex-marido é o único responsável pelo seu desconforto, pelas dificuldades que a impedem de viver. N. (fem.) acusa o ex-marido de abandono também financeiro ("Eu parto com mágoa da sua total ausência material e afetiva"). Segundo dados de outras pessoas,[5] N. (fem.) estaria vivendo dentro do mesmo padrão financeiro da época do casamento, os filhos estudavam em bom colégio, ela residia em casa própria e teria ficado com grande parte dos bens do casal na separação judicial, possuía dois automóveis, sendo um para o motorista. Com isso, aparentemente, a acusação de abandono material seria falsa. Sua concepção de abandono material e afetivo e sua compreensão sobre tais relacionamentos não seriam absolutamente subjetivas? N. (fem.) fala o tempo todo em abandono, e, quando não é vítima do ex-marido, é vítima da mãe:

---

5 Cf.: "Após desquite, mãe mata dois filhos, fere um e se suicida". *Folha de S. Paulo*, p. 23, 29 de abril de 1987.

> (F6) . . . e eu ser filha de uma puta de uma mulher, mas com uma cabeça muito ruim, muito limitada, muito neurótica. Me amava muito, mas que ao mesmo tempo *me rejeitou bastante*, inconscientemente, né? . . . Porque você conhece toda minha história, né, todinha. *Você conhece o meu abandono, o meu internato*, a *rejeição natural das pessoas, né*, assim, no que diz respeito à família. Bom, a minha história você conhece.

N. (fem.) não se dá conta de que, ao se matar, transforma-se na figura rejeitadora de que acusa os outros. Recusa a convivência e a manutenção de laços com as outras pessoas. N. (fem.) vive, ainda, através dos outros, o ataque que desfere aos filhos. N. (fem.) mata seus três filhos a tiros, quando estavam dormindo em seus quartos, o mais velho acordou, tentou se proteger e mesmo assim N. (fem.) disparou. E, no entanto, é aos outros que delega tal responsabilidade:

> (F6) . . . Se eu vou-me embora, eles vão ficar sozinhos, então eu *vou levá-los comigo, o responsável é você* . . . eu estou partindo, *estou levando os nossos filhos*, te dando a liberdade que você tanto almeja, e dizendo a você, *você é a causa de tudo* . . . Não te desejo felicidades, porque você não merece, *porque uma pessoa que leva quatro pessoas a tomar essa atitude . . . Então você é um homem mau* e pra você F. [masc.], de onde eu estiver, se houver outra vida, não se incomode que *você vai pagar isso, você vai pagar muito caro* . . . e lembre-se F. [masc.], *um telefoneminha seu, uma atençãozinha sua, um ponto de cordialidade seu, teria resolvido isso.* [À cunhada:] . . . eu quero dizer uma coisa, *se você tivesse me dado um dedinho de atenção,* como F. [masc.] poderia ter dado, *talvez o seu dedinho substituísse a migalha dele.* Você pelo contrário, você encabeçou campanhas contra mim, né, e me ignorou. De maneiras que eu posso estar errada V. [fem.], *mas eu acho que você é corresponsável por esse desespero nosso.* Não custava nada pra você, nada, nada, nada, aguentar as minhas malcriações, dar a tua mão, um telefonema uma vez por semana, sabe? . . . *Se você tivesse feito isso V.* [fem.], *você*

estaria salvando quatro vidas . . . eu tenho muito do passado a agradecer, a não ser a você V. [fem.].

N. (fem.) identifica-se com o agressor e projeta nos outros a atuação filicida e suicida. Consuma seu abandono sendo ao mesmo tempo a mãe que mata seus filhos e a filha que é morta. Ao atribuir ao ex-marido a responsabilidade das mortes (sua e dos filhos), que ela gerou com suas próprias mãos, nega o ódio que passou a sentir dele após a separação. Um ódio talvez como o de Medeia (personagem da mitologia grega), que faz como seu principal objetivo de vida arruinar o ex-marido (que havia se casado com outra), mesmo isso tendo lhe custado a própria ruína e o ato de assassinar os próprios filhos.

Quando não é alguém específico que contém as acusações suicidas, a sociedade moderna (que tem mesmo seus sérios problemas) acaba sendo escolhida como "bode expiatório" de tudo que o indivíduo sente como insuportável. R. (fem.), com 20 anos acusa-a:

(CB1) [Em texto escrito anteriormente:] . . . *Gostaria de me suicidar . . . Perdi ou fui roubada, da sociedade, a minha vontade de viver. Tentei de tudo para suportar o sistema, a escola, a família, mas não vejo-me [sic] em relação com eles.*

(CB2) . . . *Todas as pessoas possuem o seu lado bom, puro, sem influências "deste" mundo exterior.* Conheço este seu lado. . . *Mas o mundo corrompe e estraga as pessoas, às vezes sem elas mesmas perceberem!* O senhor, quero dizer você, foi muito egoísta. . . talvez este julgamento não seja digno de ser falado! [Carta ao pai].

Na Fita 2, J. (masc.) está mesmo convencido de que sua tia chantagista lhe acabou com a vida. Diz:

(F2) . . . Ela é uma pessoa doente, *ela é louca e eu não tenho como provar*, senão botaria no hospício, mas tudo bem.

Sejam as acusações direcionadas a indivíduos específicos ou à sociedade como provedora ingrata, a estrutura dessa experiência se apresenta idêntica. Na Fita 3, por exemplo, um ex-penitenciário, que não vinha conseguindo emprego, surpreende-se ao ser capaz de entrar numa casa para realizar um assalto e, como que para se retratar consigo mesmo, com o deputado que tentou auxiliá-lo e com outras pessoas significativas, retira-se da vida. Morre para reivindicar:

> (F3) . . . Chegou o fim da minha vida... mas, tudo bem, gente, olhe! Só quero, só quero deixar bem claro pra vocês, que *esse fim da minha vida que chegou aqui, foi pelo fato do governo*, não, foi pelo fato do governo não agir com pés..., ou melhor, *não quero acusar ninguém, mas o governo, ele merecia dar um apoio melhor pro sentenciado.* O sentenciado, quando ele sai da cadeia, ele podia sair documentado, ele podia sair, ele podia sair da cadeia com a carta de trabalho, o governo podia montar um órgão, uma firma pra dar um apoio pra todo sentenciado que sai do fundo da cadeia, porque, todos que ficam lá, eles ficam esprimidos e saem de lá de dentro, humano, o que leva o sentenciado sair da cadeia e fazer eu voltar a minha palavra que nem prestei minha palavra na TVS, fico muito decepcionado, de ter um excelente apoio pelo deputado F. R. na TVS . . . me deu todo apoio e *eu dei sempre a minha palavra pra esses homens da, esses homens da sociedade,* que são pessoas humildes, mas nem todos são que nem eles. Agora, a homenagem que eu faço pro deputado F. R., *que o que me levou a praticar isso que estou praticando, foi pelo fato de não ter mais um apoio, de não ter aonde viver, não ter aonde comer, não ter aonde viver, o senhor entende? A realidade é que eu faço um apelo pro governador do Estado*, e que seja até o governador federal, que monte um órgão particular e dê um apoio pra aquelas pessoas que estão lá na Penitenciária do Estado, que estão lá na Casa de Detenção e que são pessoas que faz, trabalham, pega muitos cursos que nem eu, tenho vários diplomas tirados lá, diplomas diversos que nem vou citar e cheguei aqui na rua, *bati nas portas e encontrei as portas fechadas*, não teve um homem

que falasse assim: "Você está mostrando uma grande, uma grande disposição e eu vou te dar um apoio". Não teve um homem pra fazer isso. *Eu só encontrei porta fechada* e *violência*. Mas eu não usei da violência. Eu cheguei, sinceramente, estou fazendo isso, nunca fui de pedir desculpas, mas peço desculpas. Eu estou errado, por estar fazendo isso daqui na casa de um familiar, não espanquei o familiar. Sou uma pessoa humilde e humano, sou ser humano, *gosto do povo, sou do povo, mas o que me levou a fazer isso daí foi o fato de estar numa situação muito difícil*... Mas a realidade é uma só. *O que me levou* a *fazer isso daqui, é porque o país está completamente desorganizado*. O governador assumiu isso daqui, tentou fazer alguma coisa pelas pessoas... Então, então o que eu *faço um apelo* novamente repito, *sr. Governador*, um ex-sentenciado humano que está fazendo isso daqui por uma necessidade, por não ter um apoio. Ó gente! Não vamos dar uma casa, uma mansão pra cada sentenciado que sai da cadeia que não tem condições! Mas, gente! Dê a documentação do sentenciado quando sai da cadeia. Arrume uma carta de emprego, que ele sai e trabalhe, dê um apoio. *Dê um apoio ao sentenciado, que ele vive na sociedade*, porque as pessoas podem falar: "Que nada! O sentenciado não para mais de roubar!". Pelo contrário! Não é que o sentenciado não para mais de roubar. *É que o sentenciado não tem um determinado apoio adequado*. E ele fica numa situação tão crítica, tão difícil que ele até parte para estes tipos de coisas.

Haveria outros canais de reivindicação para esse ex-penitenciário? Não poderia ele pedir ajuda a alguém, procurar novamente a TVS ou o deputado? Não poderia ele ter aceito a ajuda oferecida pelo advogado presente na residência invadida por ele? Vejamos:

(F3)... *Te defendo na Justiça, sou advogado também, rapaz*. Eu defendo você. Você está fazendo uma bobagem!... Você não está na rua, amanhã você está numa boa aí com as garotas, você está trabalhando...

Seus argumentos são fortes, sérios, delatam uma realidade social realmente cruel e violenta. Porém, por que faz a opção pela morte, apesar de nos parecer que ainda lhe seriam possíveis algumas tentativas? Ele parece intuir que as coisas não vão bem também com ele próprio:

> (F3) ... Agora, *nem sei* o *que é que aconteceu na minha mente, ontem à noite, quando saí pra tomar um revólver* de um, de uma outra pessoa pra vir praticar isso e me encontro num fato desse, desse que me encontro. Mas, tudo bem.

Uma vez que o mal está fora, na percepção do suicida, ele aí deseja vingança. Em sua fantasia, quando, por efeito do suicídio, o indivíduo acusado ou a sociedade se sentem mal, ele estará vingado. O suicida deseja ter poderes de interferir na subjetividade do outro, influenciar seus estados de ânimo. Pelo ato suicida, o indivíduo sai da depressão para uma vivência onipotente, na qual ele acredita poder manipular a realidade externa (tudo e todos) então, a seu favor.

Claro ou não, de maneira mais implícita ou explícita, o suicida parece profundamente interessado no que os outros sentirão após a sua morte. Dois níveis de mensagens são perceptíveis: a direta (vista anteriormente) e a indireta, que poderia ser resumida no ditado popular "para bom entendedor, meia palavra basta". Observe-se:

> (F4) ... Eu adoro a todas as pessoas, *é uma pena que em parte falte um pouco de compreensão de alguém...* Não a culpo também, mas eu não posso continuar tentando assim.
>
> (F1) ... *Volta porque eu não aguento mais.*

Nessa última afirmativa, a mensagem implícita provavelmente seria: "Você não ficou comigo, não aguentei, me matei, você é responsável por isso". Na anterior: "Se houvesse compreensão desse alguém, eu sobreviveria, portanto, essa pessoa é o motivo da minha morte". Vejamos mais um exemplo:

> (B16) . . . J. M. [masc.], *eu vou me embora, porque eu não posso passar vergonha, faz três meses que você não aparece*, pois o dono da casa já vem fazer o despejo, porque você não paga os aluguéis, eu sou uma pessoa idosa e não aparece ao menos para dar uma satisfação, e *eu vou cuidar do meu destino . . . Eu vou ficar nesta casa até dia 6 deste mês, para dar um ponto final nesta situação, procure aparecer para conversar comigo.*

Nesse caso, a mensagem implícita seria: "Você não apareceu, você me matou".

Mesmo N. (fem.), que mata os filhos e se suicida em seguida, que fez as sérias acusações ao ex-marido já vistas em exemplos anteriores, na primeira fita (deixa duas, aqui consideradas n. 6), também é mais sutil:

> (F6) . . . Dessa forma, F. [masc.] eu *acho que você não pode ter culpa nenhuma*, se sentir culpado em nada . . . Então, *eu não te critico, eu acho assim que você foi muito irresponsável, muito egoísta, mas sem culpa*, um egoísta, *um cara que erra, como se uma criança que mata uma pessoa*, né? . . . Então, eu acho que você não fez por querer. *Você não pode nem imaginar, nem calcular a dor que você provocou nesta família. O que você desmoronou, o que você destruiu . . . porque eu não vivo mais . . .* Você é um cara egoísta. Mas *você não tem culpa de ser egoísta. Os culpados também são seus pais*, coitados, né? . . . *Não fica com a consciência pesada não!* Porque se você tivesse escolhido pra amar, durante anos e anos como você me amou, uma pessoa menos ferida, muito querida, né, essa pessoa jamais teria a atitude que eu tenho, vou ter, certo? Ela aguentaria o baque, né? Agora *você começou escolhendo errado*, escolhendo amar uma pessoa cheia de machucados, frágil, que faz anos de terapia, com dificuldades, embora essa pessoa tenha sido um poço de amor, tenha sido uma lutadora, tenha sido uma puta mulher . . . *Eu acho que você vai sofrer um pouco*, certo? *Vai sentir, provavelmente, culpa*, né, *mas isso passa . . . Você não fez nada de errado. Fez umas coisinhas erradas*, mas errar, você é feito de carne e osso, né? . . . *Você não tem culpa não F.*

> [masc.]. *A vida que te deram também deram errada* porque não sabiam das consequências, né, de dar uma coisa assim errada, quando te deu esta estrutura, esse egoísmo . . . *meu padrasto não gosta de mim* motivado, inclusive, por atitudes do F. [masc.], que eu comprei a briga, né? Mas meu padrasto olha... *eu te quero bem*, viu Gordo? *Você negou a existência pra mim todo esse tempo, mas eu vou partir Gordo . . . Então dá pra te entender e dá pra continuar te amando.* Não tenha a menor culpa, tá?

N. (fem.) tem consciência a todo tempo de que seu ato deixará os outros em processo de culpa. Na primeira fita deixa uma acusação implícita, camuflada, para depois na segunda fita ser absolutamente direta. Na primeira, N. (fem.) faz a acusação, agride o ex-marido; em seguida, retira a acusação como que num processo de censura. Quando diz "porque eu não vivo mais..." após a descrição que dá do ex-marido, na verdade, parece querer dizer "estou sendo morta por você", o que estende depois às outras pessoas. Seu suicídio acaba lhe representando a continuação desse ataque.

Nessa visão, o outro e/ou o ambiente são os responsáveis por todo o mal e o indivíduo é sofredor passivo. Porém, uma vez que ele cria o seu próprio ambiente e é corresponsável nos vínculos que estabelece, o que o indivíduo não se dá conta é que é ele próprio que ajuda, de alguma maneira, a criar a própria coisa da qual foge através do suicídio.

Na carta culposa, então, o indivíduo nega a fronteira que separa a vida e a morte e, como num ato de autoperpetuação, impõe um estado de fantasia de vingança, no qual ele morre e, ao mesmo tempo, deseja viver para assistir ao sofrimento dos outros.

Desse modo, como que na "Lei de Talião" – "olho por olho, dente por dente", – a rejeição e o abandono são pagos com rejeição e abandono, a separação é paga com separação, o desamor é pago com desamor e assim por diante, o que se viabiliza com a morte do suicida.

Por exemplo, uma senhora que, magoada e com raiva dos filhos por eles a visitarem somente uma vez ao ano, planeja o seu suicídio da seguinte forma: matar-se-ia logo após a visita dos filhos, de forma que um ano depois, quando os filhos retornassem para visitá-la, encontrariam-na apodrecida e se dariam conta de que eram filhos muito ausentes que a viam de ano em ano.

Assim, por meio da autoagressão, o indivíduo deseja no fundo agredir ao outro ou à sociedade, se é ela vista como causa de seus problemas. Tal agressividade, não encontrando canalização para o exterior do indivíduo, permanece como uma agressão autodirigida, mas que paradoxalmente se torna visível e expressa com a sua morte. Vejamos:

(B1) . . . PS: *Eu vim de propósito.* A roupa já estava na minha mãe. *Vim só para me matar mesmo.*

(B15) . . . Seu J. *me desculpe essa minha crueldade* fiz isso porque não suporto.

(CB1) . . . Será que é porque minha mãe nunca se casou? Porque o meu pai era um panaca perfeito? *Que ódio passei a ter de tudo isto! Da vida!* Uma grande e gigantesca droga! . . . O *sistema mata!* [Ao amigo D.:] *Desculpe se te magoo com estas palavras, mas é o desespero.* Não é desespero de não ter conseguido algo, de ter perdido alguma coisa. Mas por ter de suportar tudo isto. *Todos contra* os meus valores, os meus conceitos, eu nunca fui comum. Era olhada com olhos de espanto, *como se eu fosse portadora de alguma doença pestilenta. E eu odiava!* [Em texto escrito anteriormente:] *Hoje sou uma mulher triste que só pensa na morte. Não quero esperar amanhã e ser uma mulher angustiada pensando no homicídio.*

(CB2) . . . Mas você foi covarde, pois por mais que tenha encontrado a sua paz, sossego, harmonia, *conseguiu "acabar", estragar, destruir muitas outras.* Devem existir muitas coisas que estão fora do meu conhecimento, em relação a você e seus filhos, *mas eles estão entrando num buraco, que eu prefiro não ver.* [Carta ao pai].

(F2) . . . Então, o negócio é o seguinte: I. [fem.], eu quero deixar aqui, você entendeu, que isso *aí não foi culpa minha*, entendeu, *gostaria* que *você me perdoasse* por tudo aquilo de mim que eu fiz pra você lá, se eu fiz alguma coisa ruim, mas por *minha culpa você foi atingida* e que você seria muito feliz . . . então, eu sei lá, *eu sou um pouco culpado disso*, né? . . . Então, *em vez das pessoas ajudarem, elas tentam prejudicar tudo aquilo que você construiu*, tudo aquilo que você está construindo, que você está batalhando, com. . . entendeu?

(F6) . . . Vai aqui uma mensagem, toda, toda para ele. *Espero que ele guarde, use, escute, reflita e descanse depois de tudo isso.* Eu te amo ao ponto de ter escutado da minha amiga M., aliás nossa amiga M., a frase: "Nunca a gente está com você pra te consolar não sabe o que aconteceu. Posso calcular a sua dor porque uma vez eu fiquei muito impressionada quando você disse que preferia perder um filho a perder o F. Que o F. era a pessoa que você mais amava no mundo." . . . Já fazem [sic] dois anos que você deixou de me amar. Já fazem [sic] dois anos que a coisa foi crescendo do teu lado, e *eu inconscientemente percebendo fui lhe agredindo*, fui querendo exigir mais de você . . . *Mas eu não vou te agredir F.* [masc.], *na hora da despedida.* Eu só vou colocar o meu ponto de vista, né, e eu acho que eu já coloquei . . . E *uma vez que você tem o direito F.* [masc.], de *lidar com as coisas, à tua moda e maneira*, eu acho que nós, no caso eu, que sou proastra *agora da família*, né, *tenho o direito de lidar com as coisas à minha maneira. E vou lhe dar. Vou lhe dar porque eu estou cansada. Cansada de ser rejeitada, de ser agredida . . . Quando uma pessoa morre F.* [masc.], a *gente sente aquela saudade imensa*, mas com o tempo isso vai passando, porque essa pessoa se vai para a morte, mas vai porque a gente nasce e morre, né? E a pessoa nasceu e morreu. *E ela morta não agride a gente*, né? *Ela só faz falta pra gente.* E eu tive experiências grandes de morte, né, F. [masc.]? Eu tive a morte do meu pai, que eu sofri com a mesma ou maior intensidade que a morte da minha avó I. Mas eu superei, *superei porque elas estavam cumprindo, todos eles, o ciclo natural da vida* . . . E depois que eles morreram, eles partiram, *me deixaram a saudade*, as responsabilidades, as coisas, elas não me deixaram ameaça, não me deixaram abandono, não me deixaram... sabe? E eles foram, coitados, porque tinham que ir. *De maneiras F.* [masc.] que eu vou . . . Eu vou por isso, *eu vou por um ato de egoísmo, como você também foi por um ato de egoísmo*, certo? . . . Mas você refaz, a L. não refez? Então. Um exemplo bom pra você. Ela refez. Você também vai refazer, né? . . .) *E o meu pedido de perdão.* Não me queira mal. Eu fui muito fraca, eu fui muito egoísta, tá? *Você não merecia isso.* Não me queira mal F. [masc.], cada um faz o que pode. Eu fiz o que pude! . . . Mas além de ir embora, me espezinhar, *abriu um processo litigioso contra mim.* O que ele alega nesse processo, pra quem quiser ver, está na 1ª Vara da Família de Santo Amaro, *que eu tentei matá-lo.* Eu nunca fiz isso, nunca. *Pensei mil vezes já, em me matar, mas matá-lo, jamais. Como é que eu vou matar o homem que eu amo?* Eu gosto tanto dele. . . . F. [masc.], você não tem o direito, o direito, a hombridade, de abandonar uma mulher que foi uma esposa pra você, com os defeitos de uma esposa . . . Sabe, *você não tinha o direito de não me atender no telefone, você não tem o direito, o direito de se referir a mim como falecida. Agora você vai se referir a mim como falecida, certo, sua finada esposa.* Não aguento mais . . . Muito bem, *amanhã nós teremos uma audiência*, eu sou uma mulher inteligente, você sabe disso. *Nós teríamos uma audiência* de separação judicial proposta por você . . . Eu estou na cama F. [masc.], desde domingo de noite, e *eu decidi que* hoje vai ser o dia, e eu *não ia partir sem antes te deixar isso. Eu vou levar os nossos três filhos juntos.* Por quê? *Porque F.* [masc.], *foi dado a você a obrigação de* . . . *Você não liga para eles*, eles não têm quem crie, eles não têm quem os proteja, quem os oriente, quem os ame de verdade, essa única pessoa sou eu . . . Tente se agarrar no espiritismo, *tente fazer o que você quiser, mas infelizmente eu estou me vingando de você, me vingando e me aliviando*, né? [Referindo-se à nova mulher do ex-marido:] *Ele trocou tudo isso por você, mas ele perdeu tudo isso agora por você. Então o preço vai ser pago, você vai pagar pelo que fez e fica a Deus a responsabilidade . . . Então amanhã vocês estarão...*

Na Fita 4, o sujeito diz: "Tenho medo de que de alguma forma eu venha a prejudicar alguém. . . . Eu procuro então… dessa forma, partir, eu sei que partirei". Se Freud estava correto ao dizer que o que é vivido no sistema inconsciente como prazer é vivido como desprazer no sistema pré-consciente, poder-se-ia, então, transformar essa afirmação em: "Eu quero prejudicar alguém e para isso eu parto". Essa frase, possivelmente, poderia pertencer a muitos suicidas.

Por vezes, ainda, a agressão pode assumir um tom irônico, sarcástico, que garante certa camuflagem à agressão real:

> (F2) . . . *Tenho que ir agora!* . . . *Antes, quem sabe*, né, *pode até pôr uma datinha.* São Paulo, tal dia de, de mês tal, de mil novecentos e oitenta e tal… [risos]. Atenciosamente, J. G. [masc.], famoso J. [masc.], J. [apelido/masc.] pros íntimos e J. [diminutivo/masc.] pra aqueles que gostam realmente. *Um beijão. Tchau.*
>
> (F4) . . . Olha meu amigo saiba que *você significou muito pra mim . . . E a minha família . . . Eu os adoro…* Eu quero a todos muito bem . . . Meu irmão T., eu gosto [chora], eu gosto muito, eu gosto muito de você . . . eu sinto muito também em deixar algo que eu tanto amo… a minha filha D. . . . Eu agradeço a todos os meus amigos, eles são realmente pessoas bacanas . . . *é tudo o que eu posso deixar, pra que saibam que eu adoro todos vocês! . . . Eu quero somente a felicidade de todo mundo . . .* Olha! *Eu adoro a todos vocês…*
>
> (F6) . . . De maneiras F. [masc.] que *eu vou.* E *fico satisfeita de saber*, você disse uma frase que eu penso todo dia, *que você está vacinado, eu vou mais tranquila*, né? *Porque você está imune . . . Procure terapia, né, você vai ficar folgado de dinheiro*, que vai te ajudar muito . . . *tenho encontrado, inclusive, chance, até de refazer a minha vida*, você provavelmente… vai encontrar uma pessoa que vai sofrer muito com essa minha atitude, porque gosta muito de mim, não é isso, F. [masc.]? Eu gosto é de família F. [masc.] . . . *Então meu amor, fica com Deus, fica com a tua nova companheira.* Que ela te cuide e te ame como eu te amei, tá? *Aproveite*

o amor dela, viu? Tenha novos filhos. Ame esses filhos do jeito que você amou os nossos, enquanto você está aqui . . . Que a tua nova companheira também, que ela faça você feliz. Não fique só, viu? Tchau, querido . . . tchau, obrigada por todos os momentos de apoio que você me deu, foram poucos, mas foram, né, e se você puder...

O suicida poderia ser chamado de "O Amigo da Onça", tal qual o personagem do humorista Péricles de Andrade Maranhão (década de 1940-1950). Em um de seus cartuns, Péricles (1988) coloca o personagem "Amigo da Onça" pulando de um edifício aos olhos espantados de um observador, dizendo: "Escuta: só de brincadeira eu escrevi, neste bilhete, que você foi o culpado deste meu gesto".

Num outro cartum, o personagem está sendo examinado por um médico com um estetoscópio em seu peito e mantém um revólver escondido em uma das mãos; ao lado, fora da vista do médico, encontram-se dois bilhetes: "À Mamãe" e "À Polícia".

Não por mera coincidência, Péricles se matou em 1961, no Rio de Janeiro, deixando uma carta (Solda, 2023):

> *A quem interessar possa. São precisamente 14h30m do dia 31 de dezembro de 1961. Estou completamente sóbrio e não desejo culpar ninguém pelo meu gesto. Apenas estou me sentindo profundamente só. Os amigos, se assim posso chamá-los, estão em suas casas junto a suas famílias, o que não acontece comigo, pois a única família que possuo – minha querida mãe e irmã – está em Recife. Aqui, no Rio, não possuo um único parente, a não ser meu filho que se encontra com a mãe, pois sou desquitado e a mesma falou-me que iria passar o Ano Novo com a família dela, em Recife, pois são também pernambucanos. Conclusão: sou profundamente sentimental e nunca passei essa época sem uma palavra de carinho. Apenas*

> *a solidão me levou a esse gesto extremo. Talvez assim as coisas melhorem para todos.*

Péricles deixou mais uma carta à mãe, abriu o gás e pregou um bilhete à sua porta: "não risquem fósforos". Não seria ele próprio o "Amigo da Onça"?

Assim Péricles, como muitos, precisou morrer para comunicar sua solidão. Por que em vida isso não se tornou possível? É nítido, nas mensagens de adeus, como com a morte do indivíduo sua intimidade se revela aparente, nua, em comunicação. O sujeito do lado dos mortos entra em contato com as outras pessoas num diálogo emocionado. Fala-se muito do que em vida não foi possível falar e isso fica evidente em certos trechos:

> (C3) . . . *Se estou te dando um depoimento que me custa tanto*, é exatamente na esperança de que possa servir para reafirmar alguma coisa que, pela minha experiência, considero fundamental: *tentar acabar com a vida, ainda que seja mera tentativa, quer dizer um violento pedido de socorro. Um grito que a pessoa em sua desorganização, talvez não consiga dar de outra forma. E essa pessoa*, F. [masc.], principalmente nesses momentos, *precisa desesperadamente de compreensão, de valor humano, de sentir que sua vida ainda pode ter algum sentido.* Uma mão estendida significa uma possibilidade de enfrentar aquilo que, em solidão, é quase impossível. *Era isso que eu queria dizer; um pouco do que vi e senti nesses anos todos.* [Seis tentativas de suicídio].

> (F2) . . . *O negócio é o seguinte: eu tenho muita coisa a falar com você, entendeu? Muita coisa a te dizer*, que dizer, deveria dizer pra você, mas eu acho que não vale a pena estragar aquelas coisas bonitas que a gente falou, a gente se falou, a gente se curtiu, a gente se transou, você entendeu? . . . *é com relação a gente sabe, eu preciso muito explicar por que eu tinha que dizer muita coisa pra você e eu não disse um décimo daquilo que eu deveria. . . . porque eu... a não ser, desde aquele dia, aquele dia 15 eu queria falar com você*, mas

eu não quis forçar a "barra" pra não estragar uma coisa que foi legal, foi bastante, bastante legal entre nós, entendeu? A nossa amizade, a nossa "transa" aqui e eu gostei muito e você foi uma pessoa que marcou muito na minha vida e... e sei lá, nada como uma explicaçãozinha, né?... pra deixar . . . *E nada como uma explicaçãozinha pra tudo aquilo que aconteceu.* O negócio é o seguinte . . . Bom, *com relação a muitas coisas que eu deveria dizer pra você, o negócio é o seguinte . . . É isso aí Dona I., como eu gostaria de estar junto de você agora pra te dizer isso, mas, eu sei lá, você poderia não aceitar . . .* Se a gente continuasse junto I. [fem.], seria a melhor coisa que poderia acontecer pra mim. *Mas caso a gente se separe algum dia eu venha a desaparecer e você fique, eu gostaria que você recebesse essa fita aqui, que você ouvisse e que você soubesse, entendeu e tudo aquilo que eu sinto por você, que eu penso por você...*

A angústia é comunicada pelo desistir da vida e, mesmo aí, numa última fala o indivíduo tenta camuflá-la. Não pode suportar o que sente e o que os outros possam vir a sentir:

(F2) . . . *E quero que você não chore, quero que você dê risadas*, porque eu sei que você é uma pessoa emotiva, *mas eu nunca gostei de ver as pessoas chorando, porque chorar é sinal de fraqueza e eu não sei chorar, eu não choro, então eu quero que você, ao ouvir esta fita, dê uma gargalhada*, que você saia, vá a um barzinho, tome uma, curta adoidado, cante, cante, dance, você entendeu? *É porque é isso que eu sempre desejei pra você*, que você sempre fosse feliz, fizesse coisas felizes. Aquele abração a teus pais, entende? Um beijão todos pra eles, pros meus amigos, pra todas aquelas pessoas que me rodeiam [risos]. Aí, é grave! Certo? Bom, heim? . . . *tudo aquilo que eu queria falar pra você, dizer pra você que eu consegui, eu consegui, eu estou te dizendo agora, entendeu? E quero que você curta bastante.*

Vejamos outros exemplos nos quais a morte também viabilizou a comunicação com outras pessoas:

(F6) . . . eu lhe dei um telefonema... e disse F. [masc.] eu ando tão nervosa, por que será? *E como me desabafei*, conversei com você e como sempre você deu uma palavra amiga . . . pra ter-se ideia, *nem telefone ele atende meu. Nem uma carta ele recebe minha, me devolve. Um telegrama, se eu mandar, ele usa na Justiça* . . . Tudo bem você se apaixonou F. [masc.], havia consideração pela minha pessoa, consideração que eu digo é hombridade, é cumprimentar no dia das mães, é cumprimentar no dia do aniversário, sabe, *é atender um telefonema*, é saber se a pessoa está doente, se precisa de alguma coisa . . . Eu, eu, gozado foi que agora, *bem na hora que você estava pra partir eu comecei a curtir a transa de cama com você novamente. Eu comecei* a te convidar pra ir a motéis, eu *comecei a ficar mais liberta sexualmente, mais livre sexualmente com você*, com você. Tentei até de formas assim não muito padronizadas, você sabe do que estou falando, né, a me realizar sexualmente, esperando o teu crescimento sexual em relação a mim . . . Não me tache de louca, nem desequilibrada mental, porque eu não sou, certo? Eu sou simplesmente uma mulher abandonada, só e desesperada. É isso que eu sou . . . *Todo mundo pensa que eu sou forte, mas eu não sou.* Eu, se não tiver retaguarda não . . . mas no final eu comecei a descobrir que a V. tinha o coração... e *foi a ela que eu apelei. Apelei com uma fita gravada, que ela prontamente me entendeu*, como era de se esperar o coração bom dela, depois, *apelei com bilhetinhos, onde ela simplesmente ignorou, apelei com telefonemas que ela se recusou a atender*, e ontem, no rol das testemunhas, eu descobri que ela era uma testemunha principal, ou seja, ela encabeçava a lista de testemunhas que iam depor contra mim.

(F4) . . . Nesse momento, a minha filhinha está no meu quarto, eu queria muito [choro], eu *queria muito vê-la* [choro]. *É incrível, mas eu queria abraçá-la* [choro]. Eu queria [choro], mas não posso [choro]. Não posso [choro] porque eu tenho que partir [choro]. Ela, ela está brincando [choro]. Adeus pra todos [choro], adeus. [Quando chega o amigo pelo qual tanto chamava:] era *só você que eu esperava, tá!*

(F5) ... *pois eu te amo, eu te amo muito e te amarei mesmo quando não estiver aqui ... minha vida sempre foi um livro aberto* ... Eu estou... com revólver, uma garrafa de vinho, um alto-falante, um gravador, uma fita que, por exemplo, era uma fita de Juca Chaves que eu gravei por cima, um cinzeiro, uma rolha, uma tampa de fita, uma pulseirinha, e *aqui tô eu meu amor pensando em monte de coisas* ... *Eu gostaria de poder estar ao seu lado, nesse momento, para que eu pudesse abraçá-la e beijá-la e tomá-la nos braços e dizer-lhe que a amo... Tchau amor...* [Tiro].

E por que não estava com ela, por que fazia opção por ficar com objetos? Por que precisa morrer para lhe fazer tais propostas amorosas? Também por que o sujeito da Fita 4 precisou esperar o amigo para se matar? Por que se recusou a conversar após tê-lo chamado insistentemente? Por fim, por que tais pessoas se recusam ao convívio com os outros, com as questões deste mundo? Vejamos mais alguns casos:

(B13) ... Amo [sic] *você foi a melhor coisa da minha vida.*

(B17) ... Meu nome é O. T. C. F. [masc.] e *não quero viver...*

(B18) ... Alguns minutos mais tarde depois de ingerir as drogas. *Minha cabeça já está mais sensível e disposta a contar tudo sobre minha vida...*

(CB1) ... Talvez, como a mãe o senhor não leia *esta carta*, mas *ela é o motivo de minha timidez. Mas não ao ponto de ocultar que: "Eu te amo pai".* [À mãe:] Talvez um outro dia você o pegue e veja nele gravado apenas uma frase que existirá no ar e não só no papel ... *Eu te amo mãe.*

Teriam essas pessoas comunicado tais sentimentos em vida? A comunicação para elas é mediatizada por objetos intermediários (papel ou fita de áudio), como uma forma de contato mais indireta do que o confronto verbal. Além disso, a escrita é uma comunicação unilateral que obstrui a circularidade que permitiria a intervenção verbal.

No caso de R. (fem.) escrever era para ela uma prática bastante frequente. Existem vários escritos seus do período anterior à sua morte. Esses trechos confirmam a dificuldade de R. (fem.) em se confrontar emocionalmente com os outros e viver uma real situação interacional de intimidade:

> [Ainda na carta à mãe:] *Estou sempre fazendo palhaçadas para vê-la rir, mas é também pra disfarçar a minha tristeza.* É sou triste e mais triste ainda é não poder fazê-la sorrir. [Na carta a M. (masc.):] Gostaria de poder dizer tudo isto pessoalmente mas é a minha mania de achar que escrevendo seria o mesmo que se tivesse falando, mas claro que não é verdade, pois o principal que é poder ter sua imagem para olhar não existe...

Para R. (fem.) foi preciso morrer para poder expressar tristeza e descontentamento com a vida neste mundo e, mesmo assim, mesmo na hora da morte, suas emoções se expressam via algo externo: o papel. Vejamos:

> *... Não pude lhe dar um presente neste dia mas dou-lhe algo mais importante, dou um pedaço de mim. Minha vida, minha arte é escrever e deixo-lhe um pouco dela neste pedaço de papel escrito a punho.* [Carta à mãe].

A angústia de R. (fem./20 anos) podia apenas aparecer em situações de isolamento. Conversava muito com sua máquina de escrever, mantinha o livro *Suicídio: modo de usar* escondido sob seu colchão. Sobre a primeira arma que seu irmão encontrou em sua bolsa (ao procurar fósforos) nada foi falado. Ele resolveu jogá-la num rio, mas não partilharam nada com relação às intenções de R. (fem.). A questão transformou-se num tabu em que nada se perguntava e nada se revelava. Seria proibido falar de angústia? Do sentimento de desesperança com a vida? Em carta a M. (masc.):

> *... Não poderia viver sem você, mas também não saberia como viver com você ... Não acredito que esteja sendo capaz de escrever tudo isto, mas pessoalmente jamais diria* ... M. [masc.], meu querido, *te amei* mais que qualquer pessoa no mundo poderia fazer. *Mas eu não soube demonstrar.*

R. (fem.) dedica uma foto a M. (masc.) com os dizeres: "E preciso saber o que se quer e a forma de conquistar. Como se conquista seu coração?". Na foto (recorte de revista), encontram-se dois crânios juntos. Se na vida não era possível expressar seus intensos sentimentos com M. (masc.), parece que a saída para vencer essa guerra significou um pacto amoroso através da morte.

É frequente, então, essa ideia de que na morte todos podem saber o que se dava no mundo interno do sujeito e, aí, ele passa a ser conhecido e partilhado. O suicida foge do confronto emocional cara a cara:

> (C2) ... *Creiam todos que eu os amei muito.* Creiam ainda que amei inesquecivelmente, por quem chorei e *choro diversas vezes sozinho e em silêncio...*

> (C3) ... Conheço bem *minhas razões. Solidão,* aquela da qual fala R. [masc.]. Digo pra você, com certeza que *só não cheguei a aumentar a lista dos suicidas, porque existiu alguém,* uma irmã muito querida, *que foi a ponte de ligação entre minha confusão interna e a realidade,* da qual eu vinha me afastando há muito tempo [25 anos/seis tentativas de suicídio].

O suicida, no ato de sua morte, está liberado para falar, revelar segredos, expressar sentimentos com intensidade. Pode-se, então, concluir que todo suicídio é uma maneira de comunicação com os outros que se dá pela morte do sujeito. A morte para essas pessoas significa o canal possível de contato, uma expressão drástica de emoções.

Nas mensagens, a fala proibida em vida ocorre com a morte. O suicida precisa morrer para falar. A experiência que não pode ser partilhada pelo tabu ou por dificuldades de contato, fica partilhada com a morte.

Caberia aqui perguntar sobre que canais existem na nossa sociedade para que seus membros possam manifestar suas insatisfações. Nesse bloqueio parece estar a ruptura entre indivíduo e sociedade, entre indivíduo e outros indivíduos.

O suicídio ao telefone do CVV (veja Capítulo II, 2º subitem, p. 45) demonstra um caso extremo, no qual até na morte o indivíduo estabeleceu uma comunicação mediatizada (pelo aparelho), numa última tentativa de atenuar o sentimento de solidão.

Essa comunicação mediatizada, seja via carta, bilhete, fita de áudio e, quem sabe até, daqui a pouco, vídeo, limita-se a uma comunicação autorreferente, narcísica, fechada em si mesma. O capítulo seguinte aprofunda este tema.

V. O narcisismo nas mensagens de adeus

A palavra narcisismo advém de uma analogia feita com o mito de Narciso. Na lenda grega, Narciso, sob a influência dos deuses, apaixona-se pela sua própria imagem refletida na água.[1] De tão apaixonado, afoga-se ao ir ao encontro da pessoa que via refletida no lago.

1 "A mais antiga versão do mito grego de Narciso – que inspirou a teoria freudiana do narcisismo – é atribuída ao poeta romano Ovídio (43 a.C.-17 d.C.). Segundo ele, Narciso nasceu depois que a ninfa Liríope, sua mãe, banhou-se nas águas do rio Zéfiro. Tão belo era o menino que a mãe ficou preocupada, pois os deuses não admitiam que um mortal fosse mais bonito do que eles, habitantes do Olimpo. Liríope ouviu então de um oráculo que o filho viveria enquanto não visse a si próprio. Certo dia, sentindo sede, Narciso se aproxima de um lago. Mas, ao deparar na água com a própria imagem, que não sabia ser sua, sentiu irresistível paixão. Eco, uma ninfa que o seguia, ainda tentou avisá-lo de que aquele rosto era o seu mesmo. Foi em vão, porque só conseguia repetir as últimas palavras do que ouvia, vítima também ela da ira dos deuses. E Narciso, não conseguindo se afastar da imagem refletida, definha de fome e sede; ao perceber, enfim, que aquele era o seu próprio rosto, chora ao dar-se conta de que jamais poderia abraçar o objeto amado. Suas lágrimas turvaram a água. Narciso achou que a imagem estava fugindo e morreu de desespero." (*Revista Superinteressante*, Ed. abril, ano 3(3), pp. 70-71, março de 1989).

A designação narcisismo foi criada por Freud (1914/1969f) para denominar o processo de deslocamento do objeto amoroso para o próprio indivíduo. A psicanálise passou, a partir daí, a estabelecer uma distinção entre narcisismo primário, que seria um período normal de autoinvestimento da libido vivido pelo bebê, e o secundário, que constitui uma regressão patológica do adulto àquela fase. A expressão passou ainda a ser utilizada não só na terminologia científica em geral, mas também na linguagem de senso comum e literária.

No embotamento narcísico, o indivíduo suicida, como no mito de Narciso, vê e exige um mundo à sua semelhança. O indivíduo narcisista ama seu próprio ego no outro, como Narciso ama sua imagem como se fosse um outro real. Ele recusa o mundo real para esperar que o mundo dos seus desejos se realize, senão neste mundo, pelo menos que o seja após a sua morte. O suicida recusa um mundo que não lhe parece bom.

R. (fem.), universitária, 20 anos, que se identifica com Hitler, com o comunismo e os partidos de esquerda, não demonstra possibilidade de introduzir um outro diferente no seu universo: o outro deve ser seu espelho, do contrário não toleraria – talvez como não tenha tolerado realmente? Nessas condições, matar-se significa a recusa ao mundo real e à ilusão de que, pelo menos na morte, poderá impor sua visão de mundo. Na verdade, não é a visão da morte que lhe é diferente, mas a própria visão da vida. Dirigindo-se ao pai:

> (CB1) . . . Acho que *o conheci melhor e compreendi mais porque percebi que o senhor é como eu. Somos por demais parecidos.* [Carta ao pai].

O único momento em que R. (fem.) tem uma imagem boa do pai e lhe dirige amor é quando o transforma à sua semelhança. E acrescenta:

> *... Às vezes eu me aborrecia com o senhor mas era porque eu não sabia como pensava.* Prevenido, inteligente, honesto, gosta de tudo explicado, não gosta de segredos. O *senhor também é tímido e talvez por isso goste desse seu amor à longa distância.*

O amor à longa distância também é sintoma de certo embotamento narcísico. A personalidade narcisista no fundo se apaixona e se vincula a um objeto interno a si mesma, que permanece projetado no outro. O indivíduo não se vincula ao outro real, diferente e cuja existência se dá independentemente da sua. Novamente a vinculação é possível apenas numa relação de espelho. Do contrário, o mundo não passa de uma grande crueldade:

> (CB1) ... *A vida nunca me significou nada, absolutamente nada. Aos poucos eu ia odiando tudo e todos:* judeus, meu pai, minha irmã, mãe, cães, vizinhos, a escola, a sociedade, o sistema. *A família mata, a escola mata, o sistema mata ...* Não pense que era loucura, a vida não termina com a loucura, mas eu estive doente, *muito doente, DESESPERO é a doença que me levou à morte.* Justo no ano do TIGRE! É o signo marcado pela destruição. Nem mesmo com nenê eu me via livre do pensamento da morte. *Morte! Morte! Morte!* [Carta ao amigo D].

> (F1) ... *De te saber doente, de saber resfriado e eu não poder cuidar de ti e ter que ser ela, isso me mata.*

O mundo real mata-as. Na Fita 1, a realidade lhe é dura e ela, suicida, deveria ser a única requisitada e valorizada. Ela nega a realidade da separação e deseja impor seu mundo à realidade, um mundo onde o dinheiro fosse a interdição entre ela e ele e não o fato de ele estar com outra mulher. Observe-se:

> (F1) ... porque *se eu tivesse dinheiro, eu juro, eu teria pedido férias e ido para aí ficar ao seu lado.*

Vejamos, ainda, alguns outros exemplos:

> (F2) . . . Por isso que eu digo pra você que seja você mesma, que você batalhe, *que você dê bola para os outros . . . Eu não dependo dos outros, entendeu, tudo o que eu tenho foi conseguido por mim mesmo* . . . É por isso que eu sou um cara que sempre faço amizade, que sempre, sempre os meus amigos lembram de mim, porque *eu sempre me ponho em primeiro*, porque *eu sou o meu melhor amigo* e segundo os meus amigos, que podem tanto me ajudar como me prejudicar . . . porque *quem gosta de você é você mesma*, em segundo lugar os amigos, tudo bem. Até aí *você põe você em primeiro lugar*, porque nunca põe você em segundo plano. *Porque quando você esquecer de você*... minha filha, *ninguém mais vai se lembrar.*

> (F6) . . . mas conforme essa *minha exigência* F. [masc.], *era no sentido de você crescer.* Porque *como você ia ser um homem perfeito*, perfeito dentro das limitações normais da gente, né . . . *Como que você ia ser um homem macho*, se você recusava e achava que era roubado, e achava que era roubado, e achava que era sugado

Está claro que tais pessoas esperam que o outro possa corresponder ao que elas necessitam. O outro deveria se expressar como o par perfeito idealizado, interno ao próprio sujeito protagonista. Ocorrem também referências à palavra ferida. Teria ela a ver com a ideia de ferida narcísica? Não representaria uma intolerância grande dessas pessoas quanto às vivências de perda e aos limites da realidade, próprios do estar vivo? O fenômeno da morte já é, em si, uma ferida narcísica do ser humano, com a qual ele necessita lidar vida afora. Para essas pessoas, é bem grande o ressentimento de que a vida não seja a vida do desejo:

> (C3) . . . Ao mesmo tempo, *algumas feridas, não totalmente cicatrizadas*, ficaram de novo expostas... e algum sangue escorrem [sic] . . . Hoje F. [masc.], estou com 25 anos e *muitas marcas.* Uma luta que dura há

quase 10 anos. É, dura, sim, porque ainda estou ajuntando os pedaços em uma luta sangrenta da morte. [Seis tentativas de suicídio].

(F6) . . . *Você é um cara sem feridas profundas. Eu sou com feridas* imensas, né? . . . Primeiro *as dificuldades já com as minhas feridas, com as minhas chagas* . . . Eu sou uma fraca, vou machucada. Mas *os machucados também não foram feitos só por você, foram feitos pela vida. Só* que você deu azar de jogar uma água morna em cima de *uma ferida*, que era muito grande, que outras pessoas tinham feito, né? Outras pessoas não, a vida tinha me feito. *Você teve o azar de casar com uma mulher que tinha feridas.*

Assim, o suicida, por meio de sua morte e de sua mensagem, recusa a convivência social, com a ilusão de que impõe sua visão de mundo, sua perspectiva de vida aos outros. Seu estilo de vida começa quando ele morre, pelo menos no seu imaginário:

(F6) . . . *Fica com a tua vida, porque eu lá de onde eu estiver, se eu tiver algum poder, eu vou cuidar de você.* E pode me chamar que eu venho te ajudar. Eu sou uma fraca, vou machucada . . . *Fica com Deus. Se eu for perto dele vou te ajudar bastante* . . . de onde eu estiver, se houver outra vida, *não se incomode que você vai pagar isso, você vai pagar isso muito caro.*

(F2) . . . eu nunca gostei de ver as pessoas chorando, porque *chorar é sinal de fraqueza e eu não sei chorar, eu não choro*, porque eu não gosto realmente de chorar, não gosto de pessoa que chora . . . toda mulher que chora fica mais feia, né, fica enrugada e tal, fica com olhos inchados e eu detesto. *E principalmente por você chorar ia expressar um sentimento de fraqueza.*

(CB2) . . . *Estarei abastecendo seu coração com energia e amor!* Sei que você acredita nesta *minha capacidade.*

> (B17) . . . *Que ninguém saiba de minha morte, nem se sofra por minha causa, e que ninguém me recorde.*
>
> (B16) . . . *eu vou cuidar do meu destino.*

Evidentemente, o suicida, diante do controle que tenta ter sobre a vida e a morte, sente-se bastante poderoso. Ao lado de Deus, ele decidirá sobre o próprio destino e o destino dos outros viventes ou influenciará e determinará o que esses outros sentirão após a morte. O suicida, de um lado, sente-se derrotado, de outro, quer poder: o poder de controlar a mente alheia e impor a tudo o seu foco.

Nessa linha, R. (fem.) identifica-se com Hitler, reconhecido como um personagem fascista da história, cujo grande desejo foi impor ao mundo sua ideologia, a correta. E todos que se interpõem ao modelo do ditador estão errados:

> (CB1) . . . *Será que é porque admiro Hitler*, sou anarquista, esquerdista e adepta do comunismo? [Em texto escrito anteriormente:] *Desejo a morte como decisão e não situação.* [À mãe:] Acredito num único "obrigado" o qual direi no fim da jornada por ter vivido e por ter tido todas as pessoas no meu caminho inclusive a senhora mãe . . . *Não se preocupe, eu sou assim mesmo, sem agradecimentos, sem burocracia e livre. Livre para gostar de quem quiser...* [(A M. (masc.):] *Quero ser lembrada jovem, bonita muito embora triste.*

R. (fem.), em sua mente, está livre agora para viver o mundo que deseja. Para ela, é preferível ser livre e jovem para morrer e readquirir (na fantasia) o controle sobre os fenômenos da vida e da morte (da sua e da dos outros), sobre o próprio destino e o destino alheio. Mas este traço narcisista de personalidade encontrado no material de adeus não seria um traço da nossa cultura?

Na cultura ocidental contemporânea, podem-se observar traços coletivos – como o temor intenso da velhice e da morte, a deteriorização de laços de intimidade ou do compromisso entre homens e mulheres, o descompromisso emocional para com o outro, a tendência a preferir atitudes competitivas a atitudes cooperativas, a busca de autossuficiência – que estão longe de serem questões do universo meramente individual e privado dos consultórios de psicanálise.

Lasch (1983), refletindo sobre o mundo moderno, acredita que a intensa busca do prazer, o egoísmo e a indiferença ao bem comum seriam comportamentos centrais nas personalidades de nosso tempo (traços em geral associados ao narcisismo). Também, em nossa sociedade, a singularidade e a individualidade se transformam em bens de luxo, massacradas por uma sociedade que exige que se pense em bloco, que se atenda aos interesses de uma ideologia dominante que modela nossos desejos, e onde o espetáculo das imagens constrói o nosso senso de realidade.

Nesse contexto, o que é *eu* e *não eu* mergulha em uma grande confusão, tal qual quando Narciso se afoga por se confundir com sua imagem refletida na água. Desse modo, o narcisista, ao ver o mundo como um espelho de si mesmo, não se interessa por eventos externos, a não ser que lhe devolvam um reflexo de sua própria imagem.

Se nos voltarmos novamente ao suicida, verificaremos que ele se aproxima muito desse tipo de personalidade descrito por Lasch (1986) como o "eu-mínimo": alguém que ora almeja reconstruir o mundo à sua própria imagem, ora anseia fundir-se ao ambiente numa extasiada união – atitude muito presente nas mensagens de adeus, –, além de sentimentos intensos de vazio e profundos distúrbios de autoestima. Talvez o que os quadros históricos representavam para Freud em sua época, as desordens narcisistas representem para os analistas da atualidade.

Quanto ao modelo competitivo de relação, ele é visto pelo suicida como um mal pertencente ao outro, do qual ele é vítima e não o rival também ativo. O suicida, na sua visão cindida da realidade, perde a complementaridade e circularidade do relacionamento. Observe-se:

> (F2) . . . *Geralmente quando você está muito em cima eles te prejudicam*, porque a pior coisa que existe nas pessoas é a, seria... seria não, é, *a falta de consideração de um humano para o outro, falta de humanismo, de compreensão.* Então, em vez das pessoas ajudarem, *elas tentam prejudicar tudo aquilo que você construiu*, tudo aquilo que você está construindo, que você está batalhando, com..., entendeu?... *Então, em vez de ajudar eles querem destruir.* . . . *Você seja sempre superior*, tenha um pensamento que você é você e que *nunca as pessoas podem ser mais que você.*
>
> (F5) . . . pois essa é uma das fases que todo mundo passa na vida, sabe? *Que é uma fase de desilusão. Que a gente vê . . . onde a gente vê todo mundo progredindo, e não tem forças para progredir.* É de uma certa forma uma coisa tanto, que machuca a gente, sabe? E... e nunca aguentei tanto tempo assim isso. Se for lá embaixo de *pequenininho*, sabe? . . . eu sei que eu vacilei muitas vezes, mas dessa vez eu pensava que eu não ia vacilar, *mas vejo que as coisas vão de ruim a pior*, sabe?

O mesmo sujeito que, aqui na Fita 5, rebela-se, parece acreditar--se capaz de se frustrar e aquiescer:

> (F5) . . . mas *eu gosto de você pelo que você é*, como você é, e não tem nada mais que altere tudo isso, sabe? . . . *Quando a gente não consegue aquilo que a gente quer, então a gente aceita a realidade das coisas e não só a realidade que está dentro da gente*, sabe?

Assim, também na Fita 2: "porque eu sempre sou um cara que vou fundo nas coisas, eu nunca fujo da realidade, da dureza, entendeu?". Mas matar-se não é fugir da realidade externa ou, pelo menos, por meio dessa recusa, tentar transformá-la?

É comum nas mensagens encontrarem-se testamentos e pedidos, o que traz o desejo do morto de se perpetuar ao deixar para os outros tanto um inventário material quanto um inventário emocional e psíquico. O inventário material é bem claro:

(B17) ... e *os livros e demais coisas como canetas, lápis e cadernos* para os meus irmãos e sobrinhos que se não quiserem quero que fiquem para os pobres, exceto *os livros* que deixo para a biblioteca de Araçatuba. [Após a relação dos bens:] Todo o *dinheiro* uma vez que paga [sic] as dívidas deverão ficar com os meus pais e o que sobrar quando eles morrerem deixo para os meus irmãos ou para a A. C. e como a mamãe quiser [mas só após a morte dela e do papai] e o que sobrar.

(CB3) ... Eu A. F. da S. [masc.] declaro que *tudo o que eu tenho*, deixarei para minha mãe A. C. da S. *O que eu tenho:* A Firma...

(F6) ... Então F. [masc. no diminutivo], fica o seguinte, *eu tenho direito também a algumas decisões. As nossas parcas economias vão ser dadas* ao T. ... *Havendo filhos nossos minha parte vai ser deles. Na falta deles vai ser da minha mãe* ... E eu pessoalmente, né, *as minhas coisas pessoais eu quero* que *você entregue* à minha irmã, certo? E a minha mãe dê a ela o destino que tiver que dar. [Referindo-se a um primo:] Mas é uma pessoa muito afetuosa, me trata muito bem. *E daí vocês vão entender o meu testamento, onde ele sai o maior beneficiado de tudo*, ... vai entregar ao F. um envelope que contém o meu testamento, essa fita gravada, junto com o meu adeus.

(B14) ... *P/ Pensão Alimentícia* ... Dr. J. [masc.] ... *E favor não depositar* o *dinheiro do aluguel* da Av. ... *Nas pastas* em cima do armário do quartinho tem as pastas com os *documentos* que são necessários ... *Pelo Banespa* você pode receber talvez *quando regularizar a pensão* ... *Faça logo* – quanto antes.

Contudo, o inventário emocional é o mais importante. Ele é deixado em forma de prescrições aos outros; isto é, o indivíduo acredita onipotentemente que seus pedidos serão cumpridos e que se sobreporão ao possível desejo do outro. Novamente, de maneira narcísica, o indivíduo não deixa ao outro um espaço para existir na relação; ele o demarca *a priori* numa rejeição à subjetividade do outro. Esses pedidos se apresentam como a principal herança que o suicida quer deixar:

(B11) ... *O L. é o culpado da minha morte.* R. [fem./ass.]. Adeus. *Minhas coisas* vocês levam para a M.

Os objetos não são tão importantes quanto o sentimento de culpa que essa mulher deseja deixar a L. (masc.). Vejamos outros exemplos:

(B8) ... D. [fem.] e C. [fem.] por favor *não briguem.*

(B4) ... M. V. P. [masc.] *trata* da C. [fem.] e da A. [fem.] que ela está doente ... R. [fem.] *vem ajudar* a tua mãe ... A. [fem.] *arruma* o INPS da tua sogra C. fas [sic] o inventário da casa que você sabe melhor.

(B13) ... Por isso *não chore nunca* ... *Cuide* do E. ele precisa de muito amor ... Desejo de coração *que você seja* muito feliz um milhão de felicidades com outro alguém. Você *não sofra* por mim.

(B19) ... *Pense* em mim.

(CB2) ... *Lute, viva, cresça, vença,* que você tem todas as armas para isso...

(F5) ... *Deixo para M.* [fem.] a *certeza de que* eu a quero tão bem quanto a todos. *Deixo pro F.*, faxineiro, toda a esperança do mundo, *que ele nunca caia nos mesmos erros do que eu, deixo à família* com as minhas escusas a certeza de que eles nunca erraram para comigo, que eles estavam, que estão certos. *Deixo também aqui uma palavra para o R. ... então eu procuro deixar a ele toda paz, a esperança, o amor e a compaixão...*

Os pedidos são feitos de maneira imperativa, o que lhes dá um caráter de ordem. Fica clara aqui a tentativa do indivíduo em prever o futuro e controlá-lo, como que doando coisas boas aos bons e amaldiçoando os maus como veículo de vingança. Vejamos:

(F6) ... Talvez a minha mãe tenha a pretensão e a dignidade de dizer não F., fique com tudo. Aliás *é isso que eu espero dela.* Porque eu quero que pelo menos *você tenha* uma vida material folgada, sabe? Quero que *você tente* refazer a tua vida, quero que *você tenha* novos filhos, quero que

> *você faça* uma terapia, quero que *você cuide* muito da tua mãe, que está muito carente... *Não se esqueça* de que existem várias fitas gravadas do O., do M., da B. [apelido de I.], nossa fotografias, *guarda* F. [masc.], *não joga* fora não... E *procura, não despreza* as coisas que eu amava, né? *Não despreza* as minhas plantas, *não despreza* o meu papagaio, os nossos cachorros, *cuida* da tua mãe, *cuida* um pouquinho da minha também... *Tenha* novos filhos. *Ame* esses filhos do jeito que você amou os nossos, enquanto você está aqui... Daqui um tempo você, sabe, *vai estar* enjoado da H.... H. [fem.], você não vai ser feliz... tomou meu marido... *vai chegar* a sua vez H.... *Da maneira que eu acho que você deve continuar a tua vida*, egoísta, sozinho, com o seu novo amor, *tentar ter* novos filhos e daqui um tempo o caso *vai se repetir*, porque isso é um ciclo, um ciclo, né, um ciclo vicioso. E *vai se repetir* e com menos dor e com menos sofrimento do que esse abandono, esse primeiro caso de rompimento seu... Você, nesse novo casamento que você vai fazer, *você vai ter dificuldades. Não esmoreça* não, porque dificuldades você vai encontrar pelo resto da vida... *Procure* uma terapia, né, você vai ficar folgado de dinheiro, que vai te ajudar muito. Mas *procura* gente séria. *Continua* no N., por exemplo, né? [À cunhada:] *mande* rezar umas missas por mim, está bom? Por mim, pelas crianças, não sei se isso serve, mas quem sabe, né, tá?... *Tente* consolar minha mãe, *tenta* ser amiga do..., que vai perder uma grande amiga dele, certo? *Cuida* da minha sogra... *Eu gostaria* que as minhas coisas pessoais fossem entregues ao T., à M. [fem.] e que vocês rezassem por mim e não sei o que falar, *eu vou partir*...

N. (fem.) prescreve aos outros que sintam saudades, que se lembrem dela constantemente. Na verdade, seu ex-marido, ao fazer tudo o que ela lhe pede, estaria condenado a amá-la, e a não se separar dela, ao contrário da vida real. N. (fem.) mata-se, mata os filhos e parece querer viver através da nova família que o ex-marido constituirá, pois o faz justamente no período em que fica sabendo que F. (masc.) será pai (N. [fem.] informa ao final da fita que H. [fem.] está grávida).

Além disso, N. (fem.) faz prescrições reparatórias à cunhada, com quem está muito aborrecida e de quem tem raiva.

Vejamos, ainda, esse aspecto na Fita 5:

> . . . Peço pra você S. [fem. no diminutivo], que você tão jovem, tão bela, e tão bonita, que *continue* sua jornada terrena . . . *E peço a todos de casa que lhe deem todo o amparo possível, para que você não caia nos mesmos erros do que eu, para que você possa ter uma vida repleta de felicidades, de amor. Para que você possa receber tudo de bom que existe nesse mundo*, porque você é tão merecedora delas quanto muita gente que já tem.

Nesse trecho, chamam a atenção tais recomendações, feitas aos outros, mas que o sujeito parece não ter utilizado para si, pois fica implícito que ele não foi merecedor de todas as coisas que deseja à S. (fem.) e que não recebeu tal apoio da família. Atrás de "faça o que eu digo, mas não faça o que eu fiz" existe uma mensagem subliminar: "seja o perfeito que eu não pude ser e tenha acesso a toda felicidade do mundo". Com isso, sua morte representa a extensão do viver através do outro. O indivíduo busca um aprimoramento através do outro.

> (F4) . . . Eu desejo ao meu sócio e grande amigo, A. [masc.], *eu desejo tudo de bom* . . . *Eu quero que você siga em frente, e cuide de tudo, não desista jamais por favor. Lute sempre e não desista!* Eu não estarei ao seu lado, porque não posso, mas desejo tudo, que eu poderia fazer por você, por nós... *Eu desejo tudo isso pra você, que você deve seguir, que assim seja sempre.* [Ao irmão:] *eu quero que siga em frente, que lute,* lute com fé e coragem, pois tudo dará certo . . . todos por favor *lutem sempre, viva,* a vida é bela para aqueles que não desistem. Eu sinto [trecho ininteligível], *continuem, lutem,* tudo será maravilhoso, tudo será real, tudo será... maravilha! Eu agradeço a todos. *Essa é a minha mensagem* . . . e que a M. e o A. sejam feliz, que sejam felizes, *que encontrem a felicidade que eu não pude encontrar.*

Na Fita 2, o indivíduo deixa um anel à mulher amada, o que aparentemente toma a feição de uma doação material. No entanto, tal anel parece significar um compromisso eterno. Ele quer que ela use o anel e lembre dele, mas por contradição também diz: "que você seja feliz, que encontre um cara". Parece que, de preferência, esse "cara" deveria ser ele. Ocorre uma confusão. Ele diz: "Se algum dia você encontrar alguém, algum J. [masc.] por aí, não deixa ele escapar, hein?" (referindo-se a si mesmo). Com quem I. (fem.) terá essa aliança? Com quem terá tal compromisso? Ela, segundo essa prescrição, viverá o que ele gostaria de viver neste mundo e realizará a vida de casal que ele gostaria de ter tido com ela através de seu possível novo parceiro amoroso:

> (F2)... E como eu te disse, um beijão pra você, tudo de bom, *que você consiga tudo aquilo que você merece*, tudo aquilo que você, de maravilhoso pode acontecer a uma pessoa. *É tudo isso que eu desejo pra você, tá? Se algum dia você encontrar alguém, algum J.* [masc.] *por aí, não deixa ele escapar, hein?* Porque são poucos [risos], ou melhor, é só um que existe, mas parecidos assim, tem sempre algum. Se você encontrar um pelo menos que seja parecido, segura, porque esse é gente fina [risos], pode crer, tá?... E sei lá, *se você quiser guardar essa fitinha*, quando não tem problema porque, quer dizer, *grava alguma coisa em cima*, umas músicas, qualquer coisa, *menos deixar do jeito que ela está porque eu sei que você vai querer ouvir*, que você vai se sentir triste, que você vai se chatear, eu não gostaria disso. *Se você um dia*, no dia que ouvir, *quiser quebrá-la, parabéns!* Você vai fazer uma coisa maravilhosa na sua vida, porque eu não gostaria que você tivesse pensamentos tristes...

Vê-se, então, uma constante ambivalência no discurso do suicida, que lhe dá um caráter excessivamente contraditório. Ele ama e odeia ao mesmo tempo, quer estar com os outros e quer se retirar ao mesmo tempo:

(B13) ... *Saudades* ... *Amo todos* meus irmãos, meu pai, minha mãe, sei que eles me perdoaram.

(B15) ... *agradeço muito* ao senhor e a dona O. meus queridos amigos.

(CB1) ... Se não cheguei a dizer obrigado era por não ter certeza se queria ter ficado. Em todo caso isso embora fizesse alguns insatisfeitos outros ficaram contentes. *Por eles agradeço.*

(C1) ... Não se sintam culpados, por favor ... *amo vocês*, apesar de tudo, amo.

(CB2) ... *Te amar*, foi a melhor coisa, a melhor coisa da minha vida! *Você não faz ideia o quanto me machuca ter que fazer isto.*

(F2) ... No começo você sabia que eu era afins mesmo de... eu estava simplesmente brincando com você, mas aconteceu que eu parei, parei, curti, gostei, você entendeu? E realmente *continuo gostando de você*, curto você, e pode crer que, que não é brincadeira não, não é papo furado, porque *eu realmente estou sendo sincero.*

Se há saudades, amor, gratidão, por que o indivíduo mesmo assim se recusa aos outros e não os considera a ponto de reavaliar a sua decisão pelo suicídio?

Em outros trechos de mensagens, a incoerência é muito mais aparente:

(F2) ... *Se depender de mim eu não vou tirar a minha vida* entendeu, eu não tiro minha vida entendeu, porque eu não gostaria de fazer tal coisa ... Então eu *creio* que *chegou a minha vez* ... Então eu gosto que as coisas aconteçam naturalmente, então *isso vai acontecer naturalmente* ... Então eu gostaria de deixar alguma coisa nessa fita para você, mas eu gostaria que ao ouvir *essa fita* você a ouvisse sozinha, você entendeu? *Que você deveria jogá-la fora, assim que você ouvisse, porque eu não estou a fim que você fique se lembrando de mim*, o que eu já fui e *lembre*

> *sempre que eu existi,* tá? . . . mas *fique com esse anel pra você que eu gostaria que você usasse, ou que você jogasse fora ou desse pra alguém . . . eu gostaria que você ficasse com esse presente e que você usasse ele,* entendeu, *como você gostou de mim . . .* I. [fem.], não vá esquecer do presente, *não vai querer jogar ele fora e nem devolver, eu gostaria que você usasse,* hein?

Ele quer que ela possa jogar fora a fita e o anel que lhe deixa (que simbolizaria jogá-lo fora também, tal como ele se faz); ao mesmo tempo, ele não está a fim de que ela se lembre dele, mas quer também que ela se lembre dele, que lembre sempre que ele existiu e que use o anel que ele lhe deixa. Portanto, ele quer morrer e não quer morrer, ele quer morrer para ela, ele não quer morrer para ela, quer que ela continue emocionalmente aprisionada a ele.

Na Fita 6, N. (fem.) queixa-se o tempo todo de abandono, acusa o ex-marido; porém diz:

> (F6) . . . E quanto ao fato de você voltar, *eu não queria mais que você voltasse.* Porque a pessoa, pra conviver com outra ela tem que dividir, ela tem que amar, ela tem que estar porque ela quer na relação . . . *Você é um cara bom,* você é um cara que tem qualidades, *você é um cara querido.* Pode recorrer a todos aqueles amigos antigos, lembra, que a gente tinha . . . *Mas, fica pra você nenhuma mágoa, só amor . . . Eu parto com mágoa* de sua total ausência material e afetiva . . . *de onde eu estiver . . . eu vou cuidar de você . . . de onde eu estiver . . . não se incomode que você vai pagar isso . . . Você não tem culpa não F.* [masc.] . . . *eu estou me vingando de você, me vingando e me aliviando,* né?

Ora ela ama esse homem, quer que ele se recupere do "ataque" suicida que ela desfere, que se trate e seja feliz. Ora ela o odeia e pragueja querendo vingança. De um lado ele é mau, quando ela se queixa do abandono; de outro, ele é bom e não é culpado de sua morte e da dos filhos.

Depois de falar muito sobre abandono, machucados, sobre ter vivido em internato, N. (fem.) acrescenta:

> (F6) . . . Agora essa mensagem para minha mãe. *Mãezinha, não pense que você fez nada errado por mim não.* Eu tenho plena consciência da minha partida, que você foi a pessoa que mais tentou me amar no mundo, viu? *Eu te adorei, embora brigasse muito com você,* viu? Diz pro Gordo, esse meu *padrasto que eu, de longe, eu adorava esse homem*, viu? E que eu tenho muito orgulho, parto com muito orgulho de ser miserenteada dele. *Pena que não sou filha verdadeira*, né? Dá um beijo nele por mim.

Vê-se que o discurso suicida é extremamente ambivalente e contraditório, sendo ainda, por vezes, dramático e enfático.

Se o bilhete tem um caráter de comunicação breve; se a carta tem um enredo contínuo com começo, meio e fim, a fita caracteriza-se principalmente pela vivacidade e dramaticidade da mensagem falada. A repetição de palavras auxilia o desejo de ênfase a certas experiências emocionais que o sujeito quer transmitir.

> (F1) . . . Sabe, eu *tentei, tentei*, mas *tentei* mesmo. Puxa que eu já não aguento mais.
>
> (F2) . . . eu fiquei com nojo de mim, *muito, muito, muito*, mesmo…
>
> (F4) . . . Meu irmão, T. [masc.], *eu gosto* [choro], eu *gosto muito, eu gosto muito*, de você . . . eu *não queria*, [choro] tudo o que eu *queria* [choro] era viver feliz [choro], eu *queria* ser feliz, [choro] mas não dá, eu *já tentei, eu já tentei* [choro]. Essa *não é a primeira vez que eu tento, não é a primeira vez que eu tento, não é a primeira vez* [choro]…
>
> (F5) . . . *etc., etc., etc.*, . . . Eu te amo *muito, muito, muito.*
>
> (F6) . . . Eu te *amo tanto* F. [masc.], *mas tanto, mas tanto, mas tanto* . . . Um *beijão*, viu? Um *beijo gostoso, gostoso, gostoso, gostoso, gostoso* . . . Eu

> te *amo muito, mas muito, muito, muito, muito, muito*, tá? . . . Aproveita *tudo, tudo, tudo, tudo* . . . Não custava *nada* pra você, *nada, nada, nada* . . . porque se você tivesse consciência, se você sentisse *por 30 segundos a dor* do O., por *30 segundos a dor* do M., *30 segundos a dor* da I., *por 30 segundos a minha dor, a dor* da minha mãe, a dor da tua mãe, você passaria por cima. Você arrumaria um jeito de amar a pessoa que você está amando, mas proteger essas pessoas que lhe amam, certo? . . . e achava que era sugado pelo fato de *pagar* a escola de teus filhos, *pagar* a prestação da casa que você morava, *pagar* a conta da luz, *pagar* a conta do motorista, *pagar* a conta do salário da empregada, *pagar* as despesas da casa do Guarujá? Você não conseguiu *pagar* totalmente, né F. [masc.]?

Desse modo, as repetições de palavras, a redundância e recorrência de temas objetivam a intensificação da mensagem. Já a carta e o bilhete exigiriam algo mais rápido:

> (CB1) . . . Um grande *beijo do tamanho do MARACANÃ*. [Carta à irmã].

Possível também na fita de áudio:

> (F2) . . . *eu deixo pra você um beijão*, um "puta", *do tamanho do mundo* pra você, entendeu. . .

A linguagem enfática é dirigida às pessoas significativas ou ao par amoroso. No caso de separação, o sujeito a vive como abandono ou como um amor impossível, obstaculizado por algo externo às duas pessoas. Por isso, provavelmente, o indivíduo se mata após inúmeras declarações de amor à outra pessoa.

No suicídio amoroso, o suicida sempre atribui a responsabilidade da ocorrência e, por vezes, a dedica ao outro (par complementar). Isso quando o suicídio não é realizado a dois, pois na *folie à deux* existe um conteúdo delirante compartilhado. Por exemplo, o caso do vigilante de banco que se separou da mulher e dizia estar com saudades dos três filhos e da própria mãe já morta. Mantendo funcionários do banco como reféns ao final do expediente e não tendo coragem de se matar, criou um conflito proposital com a polícia com o objetivo de ser morto. Em seu bolso foi encontrado um bilhete:

> ... A. M. [fem.] morro por ti, amor único da minha vida. Feliz 1988.[2]

No caso de acusação de abandono, o indivíduo se mata, possivelmente, numa tentativa de matar o outro dentro de si mesmo. No caso do amor impossível, o parceiro amoroso é visto como bom; porém, algo externo é ameaçador e o indivíduo, sentindo-se perseguido, é impulsionado a se retirar da vida, como que para extinguir a ameaça externa (na verdade, provável projeção de uma ameaça interna ao sujeito). Desse modo, se as dificuldades amorosas são decorrentes de eventos externos, torna-se fácil o processo de idealização do outro.

No abandono, o indivíduo regride, como que se transformando num bebê que, ao perder a mãe poderosa e provedora, não tem mais recursos para viver. Vejamos:

> (F1) ... *Não me deixa nunca mais tanto tempo sozinha, eu te imploro.* Não é só pelo afastamento que esse já dói "pacas", mas é que *minha cabeça não sabe raciocinar de outra forma ... Volta que é pra minha vida entrar "numa normal"* ... eu, talvez, até nem precise ter ciúmes, mas eu tenho, *eu morro e estou morrendo aos poucos.*
>
> (F6) ... *Com você durante 24 anos eu dediquei minha vida. Eu dediquei todas as minhas noites e todos os meus dias. Eu vivi só* por um grande tempo *pra você.* E depois pra você e pro O., e depois pra você, pro O. e pro M., e *depois pra você, pro O., pro M. e pra I.* ... por ser considerada uma mulher forte, uma elefoa, uma leoa, que nunca uma dificuldade

2 Cf.: "Suicida simula sequestro, chama a polícia e morre durante o tiroteio". *Folha de S. Paulo,* p. 12, 23 de dezembro de 1987.

apareceu na minha frente, ou melhor na sua frente, dos meus filhos, e eu não tivesse ido à luta com toda a força e resolvido . . . Aliás, *eu me considero uma puta de uma mulher. Mas, uma puta de uma mulher com retaguarda.* Na hora que a retaguarda, que o amor desapareceu . . . *Viver sem você sabe, é um negócio que não dá pra viver.*

Observa-se, também, nessas pessoas, uma tendência a simbiotizar, ou seja, viver misturado no outro, sem conseguir diferenciar-se, como que numa barganha na qual cada um dá um pouco compondo uma pessoa só. Em caso de separação, ficar novamente só torna-se insuportável. Vejamos alguns exemplos:

(B19) . . . *Será você um pedaço de mim...*

(CB1) . . . *Preciso de alguém comigo para me sentir alguma coisa.* [Carta à irmã após tentativa de suicídio].

(F2) . . . e pode crer que *meu coração está com você, minha cabeça, você está no meu pensamento, você está em tudo o que eu vejo, tudo o que eu toco, tudo* o que eu *sinto*, entendeu, e *você está sempre junto comigo . . . você está em meu coração, está em meu pensamento, está no meu corpo, está comigo e pode crer que você não vai sair tão cedo* ou se algum dia saísse, você entendeu, não será porque eu quero que você saia, porque se depender de mim, você ficaria para sempre como *eu ficaria para sempre aqui para que você ficasse comigo.*

(CB1) . . . Tudo o que fez foi me dar mais uma chance. *Vou tentar aproveitá-la* da melhor forma possível, *para que um dia você não se arrependa do que fez por mim.* [Carta à irmã após tentativa de suicídio].

Nessa última fala, R. (fem.) deve viver para que a irmã ache que sua vida tenha valido a pena. R. (fem.) não encontra sentido na sua vida por si mesma e deposita seu projeto de vida na irmã.

Nessa mesma linha N. (fem.) fala por si, pelos filhos e parentes, como um único bloco indiferenciado de si própria:

> (F6) . . . *encontrei você* em P. [nome de cidade], lembra? E dai pra frente F. [masc.], a *minha vida passou a ter outro sentido. Eu passei a ser amada, passei a ser querida, passei a ser importante na vida de alguém.* E eu encontrei alguém que passou a ser importante para mim e *eu comecei a me considerar muito feliz.* Primeiro as dificuldades já com as minhas feridas, com as minhas chagas, mas *você foi o início da minha felicidade.* De maneiras que eu tenho que te dizer obrigada. *Eu tenho* 24 anos pra te dizer obrigada, ou seja, *eu tenho mais da metade da minha vida pra lhe agradecer.* Dessa forma F. [masc.], eu acho que você não pode ter culpa nenhuma, se sentir culpado em nada, certo, porque pôs, *alguém que deu felicidade pra uma pessoa mais da metade do tempo da vida*, ou seja, deu *felicidade pra vida dela. Porque quando eu lhe conheci F.* [masc.], *é a época que eu comecei a viver.* Época da adolescência, né? Então, *até aquele ponto* eu *já tinha vegetado*, ou seja, *você me deu felicidade a vida inteira. E este mérito é seu* e ninguém pode tirar. E mais uma vez eu lhe digo muito obrigada. *Agora F.* [masc.] *eu não tenho mais forças, as forças acabaram* . . . Eu lutei com a minha força, mas não mais de leoa, porque eu fiquei muito enfraquecida com o seu abandono. *Eu lutei com a minha força de uma gatinha ou de uma pulguinha*, um bichinho pequenininho, então eu não lutei pra valer, certo? Então *eu não consegui superar.*

É possível dizer que para N. (fem.), o ex-marido era quem lhe emprestava forças. Ele representava a sua energia, seus aspectos bons. Como, para ela, ele tem o poder de lhe dar vida, ao se ausentar, a vida dela vai com ele. Uma vez que seu brilho é fornecido por ele, sozinha, ela morre.

N. (fem.) percebe também os próprios filhos como extensão de si própria. Em sua visão, eles sofrem com ela, são machucados e feridos como ela e o futuro deles já está também desenganado. Para eles, agora, só existe o ruim, do qual serão liberados nas suas mortes. Será que tais crianças queriam morrer e viviam tais mudanças tal como a mãe? Observe-se:

> (F6) . . . eu perder a chance de ver meus filhos se definhando de saudades de você . . . sobraram os filhos. *Mas esses filhos são muito machucados, muito sofridos, vão ter uma vida muito "fudida" pro futuro.* Não são mais aqueles. *Sofrem junto comigo . . . Eu não tenho mais por que viver.* Eu não tenho mais por que viver. *Eu não tenho mais por que lutar.* Vou lutar por crianças, que já não são mais crianças, que são adultas e anãs sofridas? . . . Eu perdi todo o afeto seu, eu perdi o afeto das crianças, *porque elas são crianças tão machucadas atualmente . . . porque uma pessoa que leva quatro pessoas a tomar esta atitude, atitude que eu estou tomando com o apoio dos nossos filhos . . .* Eu conheci o F. [masc.], eu tinha 17 anos, eu estou com 42 anos, *passei minha vida dedicada a ele. A ele, aos nossos três filhos,* à mãe dele, à avó dele, à sobrinha dele, e à família, né, pequeno demais.

Para Igor Caruso (1986), a separação de um casal implica a vivência da morte no seio da consciência (no desaparecimento do outro no interior do mundo pessoal). Então, nas relações amorosas, partes de um sujeito encontram-se depositadas no outro e vice-versa. Por contraponto, a separação envolve não só destruir a imagem do outro em si próprio, mas também suportar que o mesmo ocorra consigo próprio na consciência do outro. Assim, segundo Caruso, pela separação deve-se matar a imagem ideal do ausente e substituí-la por outros ideais.

No caso do suicida, justamente esse processo parece estar comprometido. Na incapacidade de elaborar o luto, o suicida atua, concretamente, o que necessitaria de uma resolução no nível do simbólico. O que parece ocorrer é que o indivíduo mata concretamente o outro dentro de si próprio, sendo que, para isso, precisa, também, concretamente morrer.

Em outra situação, na qual o encontro amoroso é prejudicado por algo externo ao casal, o indivíduo cria uma percepção cindida em que o mal fica totalmente depositado em um representante externo. A pessoa amada pode, por decorrência, ocupar o lugar de todos os aspectos bons:

> (F2) . . . *porque isso daí acabou com a gente, arrasou*, deixou você injuriada e eu, principalmente, pior ainda . . . você pode crer que tudo aquilo que eu fiz pra você foi sincero, tudo aquilo que eu te falei foi sincero, *eu gostei de você, gosto de você...*

Da mesma maneira que o suicida vive o mundo calcado em dicotomias como o bom e o mau, que o suicida religioso vê a vida entre o céu e o inferno, a visão que o indivíduo desenvolveu sobre si próprio e sobre os outros com os quais se relaciona também respeita essa mesma gangorra.

Alguns se veem totalmente impotentes e destituídos de recursos:

> (B1) . . . *Eu sinto não ter correspondido a vocês . . . Eu não mereço nenhum de vocês.* Sinto muito.
>
> (B4) . . . *escrevi mal por causa dos nervos.*
>
> (B13) . . . *Eu tenho a cabeça muito fraca . . . Eu estraguei tudo.*
>
> (B14) . . . Não vai dar tempo de cuidar das coisas, *minha cabeça não consegue mais cooperar* . . . A minha cabeça está um vulcão... *se eu ficar vou dar muito trabalho pra você.*
>
> (B17) [Referindo-se aos pais:] tenham por eles todo o amor que tive e *que procurem não lhes dar tantos aborrecimentos e vergonha como eu lhes dei.*
>
> (C4) . . . "*O suicida é quase como um morto insepulto*" e o *suicida em potencial é um morto-vivo:* não está nem vivo nem morto. Arrasta-se em vida para a morte, lentamente... [Tentativa de suicídio].

(C1) ... Gostaria que tudo fosse diferente. *Sou muito confuso. Não deu pra segurar essa barra* ... Não se culpem. Os *erros foram meus. Só meus* ... Foi melhor assim *não dava mais pra segurar esta barra.*

(CB1) ... *O que quer que eu faça é errado!* ... *Uma criatura* como eu jovem, fria, inteligente mas *que em nada deu certo.* [Carta à irmã após tentativa de suicídio:] Se foi bom o que você fez não sei, só terá sido bom quando eu melhorar, pois *ainda sou a mesma droga.* [Em carta ao amigo D.:] Você estava preparado para isto mas eu sinto por você. Não se culpe achando que podia fazer algo por mim. *Eu mesma não podia. Não podia sequer dizer o que acontecia* ... Apesar de eu falar feito uma matraca *nunca pude decifrar o que acontecia comigo totalmente. Nem mesmo em terapia, não saía pra fora.* [Em carta a M. (masc.):] e *me tratar como um ser humano (embora não fosse)* ... Fui importante pra você, ao menos era assim que me sentia. [Em carta à mãe:] *Sei que me acha louca, chata, que não gosta das minhas brincadeiras* mas tudo o que faço é só pra vê-la feliz, rindo, contente. Mesmo sendo mãe e filha vivemos em mundos diferentes. *Admito que não aprove muitos dos meus hábitos malucos e não os abandono, pois gosto deles pois fazem parte de mim* ... *Talvez a senhora nem sequer leia esta carta mas tudo bem* ... *Talvez nem esteja mais prestando atenção,* mas não faz mal ... Confesso que às vezes não a compreendo, mas é a vida. [Em carta ao pai:] *Talvez, como a mãe o senhor não leia esta carta...*

Nesse último trecho, por que R. (fem.) acredita que os pais não leriam sua carta? Percebe-se assim tão desinteressante? Tão inadequada na figura que imagina que os pais teriam dela? Quando o ruim não está todo armazenado em si, está no outro. Assim, o bom é só bom, o ruim é só ruim e uma pessoa só poderia conter um desses aspectos. Em outros casos, então, o ruim está todo projetado no outro indivíduo:

(C4) ... *Não aceito Psiquiatras, Psicanalistas,* etc. pois acho que *são muletas* e, atualmente, também *comerciantes que obtêm altos lucros as custas de pessoas que são extremamente fracas* e incapazes de distinguir aquele que quer realmente orientar e *aquele que quer comerciar e se aproveitar do desespero de quem lhe procura* na ânsia de obter uma ajuda *para sugar-lhe o último níquel do bolso.* [Tentativa de suicídio].

(CB1) . . . *Porque o meu pai era um panaca perfeito?*

(F2) . . . *se você depender dos outros você está "ferrada"...*

Quando a autoimagem do indivíduo é precária, o outro é idealizado e ele contém toda a força que o indivíduo suicida não possui. Força e bons atributos lhe são emprestados e não brotam de seu interior. Vejamos:

(B1) . . . *Ao Tio J. obrigado pela força e a todos enfim.*

(B5) . . . Querida A. *Estou certo que encontrei em você um mundo cheio de luz e paternidade humana.*

(B19) . . . muito obrigado por tudo. *Você é a melhor coisa que já aconteceu na minha vida.*

Outra possibilidade é que esse esquema de gangorra se torne realmente um jogo com dois parceiros, oscilando entre as duas posições: estar "por baixo" ou estar "por cima". Isso fica claro na Fita 6, em que o ex-marido de N. (fem.) tem o poder de lhe dar ou tirar a vida (em sua ótica). Ele é tudo para ela e ela é nada, ou ela é tudo e ele um aniquilado:

(F6) . . . Que nós dois F. [masc.] fomos dois filhos únicos, *você numa situação mais privilegiada do que eu*, material, afetivamente, pelo simples fato de você ter pai, ter mãe, ter toda uma estrutura montada . . . É lógico que a vida de você foi um cara, foi não, *você é um cara mais equilibrado*, um cara mais frio, *um cara que sofreu menos. Você é um cara sem feridas profundas. Eu sou com feridas imensas*, né? . . . Porque F. [masc.], o amor que sentia por você era um amor misto, ou seja, misturado. E ainda digo, sentia não, sinto né. De mulher, de companheira, de irmã, de pai, e *achei e continuo achando você muito acomodado na vida*... Mas, devido à sua educação, *à superproteção dos teus pais, à superproteção da tua família, você foi um aniquilado.* Você não teve uma adolescência, *você não teve uma luta, você nunca teve uma necessidade. E a primeira necessidade que você teve foi quando o teu pai morreu, mas eu aí já estava adulta* e sofrida suficientemente, e *grande e forte*, pra fazer até o papel dele. Logicamente você começou a fazer a sua adolescência. *Começou a querer crescer*, se apaixonou... *eu sempre fui à luta.* Quando faltou as coisas, eu arregacei a manga e fui ajudar. *Eu nunca deixei a peteca cair.* Você não, *você só recebia a peteca embrulhada num papel*, né? Acho que esse papel era até de *presente*... *Eu tive a nobreza de dar as coisas de macho pra você... Você foi responsável por toda a minha felicidade.* Pensa sempre assim, tá? Deu azar num ponto... passa. *Você não é tão machucado quanto eu. Você aguenta. Eu sou machucada demais.*

É possível, então, encontrar no discurso das mensagens de adeus características típicas da formação da identidade pessoal em um mundo tóxico como o das grandes metrópoles. Tais cisões são geralmente estimuladas no sistema capitalista, no qual a busca de perfeição do ideal burguês (o "subir na vida" e o ter acesso aos bens materiais divulgados pela publicidade) faz com que os indivíduos oscilem entre uma imagem valorizada ou desvalorizada de si mesmos e dos outros.

De outro lado, é possível encontrar traços comuns a outras culturas e, assim, mais universais, como o suicídio praticado objetivando a reabilitação da própria imagem perante os outros. Como visto no Capítulo I, 3º subitem, p. 57, é típico de indivíduos em sociedades tribais, após transgressão de uma regra social. Observe-se:

(B4)... *com este meu ato peço perdão* ao meu pae [sic] e as minhas irmãs e cunhados...

(B1)... A Sra. A. *desculpem todos por tanta mentira.*

(B6)... Mãe *peça desculpas* para a L. [fem.] porque L. [masc.] me desculpe pra [sic] tudo.

(B12) ... *Não so bixo* [sic] *pra ficar prezo* [sic]. *Desculpe-me por tudo.*

(B13) ... M. [fem.] Mas mesmo assim ti [sic] amo *quero que você perdoa* ti fiz sofrer muito me perdoe.

(F5) ... *Amor, peço ao seu pai que me desculpe, que me perdoe pela ideia que eu fiz dele, para que nós possamos mesmo depois de tudo isso nos tornarmos bons amigos*, para que ele possa compreender a minha situação espiritual, e que ele vele por mim, que ele olhe por mim ... *Eu quero que você diga ao Sr. R.*, de franca expressão, *se for necessário que toque essa fita pra ele, e mostre pra ele que eu gosto de você não porque você tem dinheiro*, e *nem porque você está estudando*, sabe? ... Se o Sr. R. pensa que eu gosto de você porque tem uma casa e uma madeireira, ele está seriamente enganado, sabe?

(F3) ... *Peço desculpas* também pro Sr. J., a d. Z., que é uma pessoa maravilhosa, me deram um apoio, à F. que foi minha amante, deu tudo por mim, falou pra mim, *me aconselhou: "Não pratique coisas erradas"* ... Ó F. [fem.]! *Eu só espero que você faça entender*, espero que você leve uma vida maravilhosamente bem com uma outra pessoa. Eu só espero que a F. [fem.] se dê bem e que siga um caminho vivo, um caminho de cabeça erguida, contente, com humildade, nao nessa idade que você vive, *porque a vida boa é a vida honesta. Eu estou roubando, mas eu sei que a vida boa é a vida honesta. Agora, F.* [fem.], *eu não tenho nem como te agradecer e nem como te explicar por não ouvir as palavras, a sua decência para comigo, e só espero que não me carregue marcado no fundo do coração ... Agora eu só deixo bem claro pra população.* Eu roubei três veis [sic], com essa. Tive uma oportunidade. Olha, gente! Só que *de violência eu nunca usei.* Nunca tirei uma vida humana, nunca estrupei [sic]...

Também para R. (fem.) (CB1), sua morte representa a reparação de sua imagem perante a comunidade. Ao morrer, deixa de ser "lixo", recupera sua dignidade, enobrece. Quando se vê de uma maneira mais valorizada, mesmo aí quer controlar a imagem que os outros terão dela durante e após a vida. A vida, com isso, coloca-se para ela no pós-morte, e não no presente vivido:

(CB1) ... *O que quer que eu faça é errado!* ... *hoje se* [sic] *sentindo* menos que um monte de lixo. [Em texto à irmã]. ... *era necessário dar um basta em toda essa merda!* [Em carta ao amigo D.:] **Peço enviar-me um exemplar do "How to die with dignity"* do Dr. George Mair. [Em texto escrito anteriormente:] *Estive pensando na fuga no alge* [sic] *da fama* como alguns fizeram: Pelé, Brigite Bardot. Brigite sempre será lembrada como uma linda mulher, excelente atriz. *Hoje sou uma mulher triste que só pensa na morte. Não quero esperar amanhã e ser uma mulher angustiada pensando no homicídio.* Tenho "saúde", uma família, um emprego, um namorado, amigos. Não estou na miséria. *Não quero ver me escapar tudo isto.* Perder o emprego, o namorado, os amigos, ficar só, na miséria. *Odeio a miséria e a obscuridade. Quero ser lembrada jovem, bonita embora triste.* Sim, devo admitir que sou uma criatura triste.

Para os que precisam morrer para fazer revelações de segredos, a morte parece imunizar da má imagem que os outros poderiam cristalizar a respeito de seus atos, pois, paradoxalmente, ela implica o reconhecimento do erro, da transgressão realizada, tal como descrito em suicídios de indígenas e orientais. Vejamos um exemplo:

(F2) ... Bom, *com relação a muitas coisas que eu deveria* dizer pra você, o negócio é o seguinte: a *minha tia, ela, ela, nós tivemos uma transação assim,* você entendeu, *fora do comum*, que seria assim o *chamado amor platônico...*

Observa-se que, nesse último trecho, fica implícita a inadequação do indivíduo ao "transar" com a tia, experiência que se apresenta com certo tom incestuoso. Com sua morte, a "transa" se transforma em "amor platônico".

Nessa linha, hoje é possível até assistir a suicídios reais na TV, que garante ao executor uma grande repercussão perante a comunidade. Como visto à p. 99, assim foi o suicídio de Budd Dwyer, secretário da Fazenda do Estado da Pensilvânia nos Estados Unidos (janeiro, 1986), que se matou na frente das câmaras de TV e das máquinas fotográficas dos jornalistas.

Neste mundo da tecnologia e dos objetos, não só o indivíduo é submetido a uma "vida das coisas", como muitos, concretamente, identificando-se com os objetos, vivem um processo de "coisificação" de si mesmos. Certos depoimentos atestam esse aspecto:

> (F2) . . . É isso aí, eu *sei que não vou durar muito porque eu estou com problema, a máquina está parando, ela está dando falhas e esse motor é difícil de consertar.*
>
> (CB1) . . . Sei que não era bem isto que esperava e talvez uma poesia maravilhosa caísse melhor. *Quis dar algo mais profundo.* Sabe o que é isto? *Meus sentimentos impressos numa folha de papel. É sincero como eu . . . dou-lhe algo mais importante, dou um pedaço de mim. Minha vida, minha arte é escrever e deixo-lhe um pouco dela neste pedaço de papel escrito a punho.* [Carta à mãe].

A esse processo de inversão, no qual o que é humano se coisifica (ganha atributos das coisas) e o que é objeto se anima (ganha atributos humanos), Marx (*apud* Goldman, 1979, p. 109) chamou de fetichismo da mercadoria e Lukács de reificação. Lucien Goldman (1979, p. 122) afirma: "Uma das características fundamentais da sociedade capitalista é a de mascarar as relações sociais entre os homens e as realidades espirituais e psíquicas, dando-lhes os aspectos de atributos naturais das coisas ou de leis naturais".

Nessa perspectiva, alguns suicidas claramente lidam com os outros como se estes fossem coisas, e pudessem, portanto, ser facilmente manipuláveis. Ao "partir", o suicida parece fazer as malas, dispondo das pessoas como se fizessem parte de seus pertences pessoais:

> (F4) . . . *Tudo o que eu queria é ter um filho, uma filha, eu sinto muito também em deixar algo que eu tanto amo...*
>
> (CB3) . . . Queria também que eu fosse enterrado junto com minha mulher e meus três filhos que eu tanto amo adoro eles *e por isso que eu não*

posso deixá-los e sem levá-los comigo e minha mulher também eu amo. Ela vou levá-la comigo não posso deixá-la.

(F5) ... onde *o meu A.* [masc.] sabe onde é ... um beijo enorme daquele que sempre te quis, *daquele que sempre foi seu.*

(F6) ... E eu acho justo partir dessa vida, abandonar tudo, *e levar as coisas mais importantes que eu considero comigo, porque o F. era uma coisa importante para mim*, mas ele... não é que ele deixou de ser importante, ele continua sendo, *mas hoje ele não é mais meu.*

Uma outra variação desse aspecto pode ser o falar de si criando um terceiro personagem. Isso garante um distanciamento do suicida de si próprio, como se falasse, na verdade, de algo exterior a si. Vejamos um exemplo:

(F6) ... Você escolheu uma pessoa cheia de machucados...

Outro aspecto que é considerado típico de nosso século é o morrer no hospital e o abreviar a morte em caso de sofrimento. Até o século XIX (como visto no Capítulo I, 2º subitem, p. 45), o indivíduo desenganado morria em sua cama com a família e pessoas significativas ao redor. Hoje, o indivíduo não só morre em isolamento, como também tem dificuldade em aceitar seu fim próximo e tolerar a última fase de vida:

(B2) ... *Estava sofrendo* do coração tinha falta de ar *muitas dores me enforquei.*

(B4) ... *Adeus* a minha esposa e meus filhos e netos *eu cançei* [sic] *de vivir* [sic] *doente cada dia pior* e melhor assim não dou trabalho pra ninguém.

(B10) ... *Não vou sarar nunca. Deixe-me morrer em paz.*

(B17) ... Minhas roupas, deixo para os pobres – *se os médicos autorizarem ... Há no Fleury* para o dia __/__ /__ duplicata para o Dr. M. dos *exames solicitados* pelo doutor V. eu me refiro a estes quando falei em os mostrar o quanto antes ao Dr. M. – *os do Lavosier* deverão ser mostrados só para o Dr. M. e dia __/__ /__ às 19:00 hs.

(B9) . . . Caro D. e Dr. – Me desculpem, mas *não aguento*, [?] a [sic] *dores nem o pensamento de perder minha segunda perna também*. Vocês não levam a mal, mas *quis acabar a minha vida aqui* esta [?] *onde minha tragédia* e *sofrimento começou*.

(C2) . . . *Fiz tudo para enfrentar o câncer, numa luta que já dura seis anos com três operações e clipadas* nos últimos 90 dias *todas sem qualquer resultado prático*, as duas últimas tendo me condenado a vegetar entre as quatro paredes de um apartamento.

Afora a vantagem de se livrar do sofrimento físico, o paciente terminal estaria ganhando outras vantagens psíquicas, que por esse caráter são menos rapidamente palpáveis, como a recuperação do controle sobre a morte e o exercício de uma volição ativa no ato de morrer (tais temas foram mais aprofundados no Capítulo IV). Isso funciona como um mecanismo de defesa diante da experiência de total impotência, por estar defronte de um fenômeno da natureza que o homem não consegue transformar, que é o fato de que os organismos vivos são finitos. Diante da experiência desconhecida do que é morrer, o indivíduo preenche tal vivência de todo um teor simbólico, na tentativa de se sentir um pouco mais à vontade em tal circunstância. O tabu da morte acaba por aumentar a tensão vivida nessa experiência, pois ela é sentida como arrebatadora, como um acidente que fere o amor-próprio, que devolve o indivíduo aos seus limites intrínsecos, enquanto, na nossa cultura ocidental, ele foi instigado a sempre se esforçar para ser poderoso.

Se compararmos as mensagens de adeus analisadas anteriormente com as citações de mensagens existentes no livro de Brierre de Boismont (1856), veremos que muitos dos temas tratados nessas mensagens coincidem com as nossas do século XX. Vejamos alguns trechos:

> *[I] . . . Avant-hier, en t'écrivant, je ne pensais pas à mon projet, mais aujourd'hui je vais mourir. Conçois-tu cela! Mourir quand on n'a pas vingt ans! Oh! C'est triste, n'est-ce pas? Mais il le faut. Il part, il me quitte, et moi je reste seule. Plus personne qui m'aime! Oh! Mon Dieu, il vaut mieux être morte. Peut-être me regretterat-il un peu! Adieu, ma soeur, j'aurais bien voulu t'embrasser pour la dernière fois, mais il n'y a pas moyen. Adieu.*[3]

Essa jovem de 20 anos se mata por se sentir abandonada. Espera vingar-se, provavelmente, acreditando que, pelo menos assim, ele se recordará dela. Agride-se para agredi-lo. Ele morre para ela e ela espera devolver-lhe na mesma moeda: morrendo (concretamente) para ele.

> *[II] M. votre fille nous cause beaucoup d'inquiétude à cause de sa mauvause tête. Nous craignons qu'elle ne fasse quelque malheur; il est inutile de lui donner des conseils, elle ne veut en écouter aucun, elle a toujours raison; elle se trouve parfois si malheurese, qu'elle forme des projets sinistres dont l'idée seule est de nature à nous ôter tout repos. Venez donc tout de suite à Paris la chercher, le mieux serait de l'avoir auprès de vous qu'elle aime tant.*[4]

---

3 "Antes de ontem, te escrevendo, eu não estava pensando no meu plano, mas hoje vou morrer. Você acredita nisso! Morrer quando não se tem nem vinte anos! É triste, não é? Mas é preciso. Ele vai embora, me abandona e fico sozinha. Ninguém mais me ama. Meu Deus, é melhor morrer! Quem sabe ele sinta um pouco minha falta. Adeus, minha irmã. Gostaria tanto de te abraçar pela última vez, mas não há como. Adeus" (Boismont, 1856, p. 158, tradução nossa).

4 "M. sua filha nos traz muitas aflições devido à sua cabeça ruim. Tememos alguma desgraça; é inútil lhe dar conselhos, ela não quer escutá-los, ela tem sempre razão;

Esse homem se suicidou na mesma noite em que escreveu essa carta. Parece desejar que a mãe consiga com a filha o que ele não pôde obter como pai, provavelmente, que ela se comporte da maneira que ele acredita ser adequada. A mensagem latente poderia ser: Você não foi a filha que eu quis, por isso eu agora também me recuso a você. A filha aparece como "bode expiatório" de todos os infortúnios do pai que acredita, em consequência, que ao se livrar dela também se livrará de todo mal. Ao morrer, ele faz uma última tentativa de modelar a filha (ou o mundo) a seu modo.

> *[III] Mes bons amis, je vous fais mes adieux, car j'ai résolu de mourir. J'ai eu si peu d'agréments sur la terre que je la quitte sans regrets. C'est une idée que j'ai depuis trois ans; je me suis toujours dit que jamais je ne pourrais parvenir à être quelque chose par mes talents, qui sont nuls, par mon spirit, qui ne vaut guère mieux. Végéter ainsi pendant trente au quarente ans, peut-être plus, peut-être moins, c'est n'est pas la peine de vivre; et d'ailleurs je trouve trop monotone mon existence où je n'ai personne qui me comprenne pas un coeur qui réponde au mien comme je le voudrais, pas de plaisirs qui me fassent oublier mes peines. Je sais que je suis encore jeune, et que tout cela pourrait venir; je n'ai pas la patience d'attendre, et je suis très content d'avoir le courage de me délivrer de toutes les inquiétudes futures. Si j'avais eu un plus brillant avenir devant moi, je serai peut- être resté; je serai certainement plus tranquille avec cinq ou six pieds de terre pardessus le corps que j'étais debout. J'avais toujours résolu de ne pas passer trente--deux ans, si mon sort ne s'améliorait pas; je ne manque donc pas à ma résolution, arrêtée depuis longtemps. Hors mon*

ela se sente às vezes tão infeliz, que faz planos sinistros cuja natureza, só de pensar, nos tira o sossego. Portanto, venha imediatamente a Paris buscá-la; seria melhor tê-la ao lado de você, que ela tanto ama" (Boismont, 1856, p. 159, tradução nossa).

père et ma mère et vous que j'ai toujours considéré mes amis les plus chers, je ne regrette rien dans ce monde. N'ayant jamais fait de mal à personne ni commis aucune action que je puisse me reprocher, je crois fermement que je serai plus heureux dans l'autre. Le dernier service que je vous prie me rendre, c'est de ne pas me laisser enterrer avant de vous être assuré que je suis bien mort. Je ne crains pas d'en finir, mais je serais bien malheureux si je me réveillais entre planches. Le moyen de lever toute incertitude sera de me faire ouvrir les quatre veines. On doit voir que ce n'est pas le désespoir qui me force à m'ôter la vie, car mon écriture, il est facile de s'apercevoir que ma main ne tremble pas.[5]

---

5 "Meus caros amigos, de vocês me despeço, pois decidi morrer. Tive tão poucos prazeres na terra que a deixo sem constrangimento. É uma ideia que tenho há três anos; sempre soube que não conseguiria me tornar coisa alguma nem por meus talentos, que são nulos, nem por meu espírito, que tampouco vale mais. Vegetar dessa forma por trinta ou quarenta anos, talvez mais, talvez menos, não vale a pena viver; e considero minha existência, aliás, por demais monótona, onde não há ninguém que me compreenda, não há um coração que fale ao meu como eu gostaria, não há prazeres que me façam esquecer meus tormentos. Sei que ainda sou jovem, que tudo ainda poderia acontecer; não tenho paciência de esperar, e estou muito contente de ter a coragem de me livrar de quaisquer inquietações futuras. Se eu tivesse vislumbrado um futuro mais brilhante à minha frente, talvez eu ficasse; estarei seguramente mais tranquilo com cinco ou seis pés de terra sobre meu corpo do que se estivesse em pé. Sempre tive a intenção de não ultrapassar os 32 anos, caso meu futuro não fosse melhor; não deixo, pois, de cumprir meu propósito, há muito definido. Salvo meu pai, minha mãe e vocês, que sempre considerei meus amigos mais queridos, não lamento nada nesse mundo. Não tendo nunca feito mal a quem quer que seja, nem cometido nenhuma ação da qual pudesse me censurar, acredito que serei realmente mais feliz no outro. O último favor que lhes peço é de não deixarem me enterrar antes de estarem seguros de que eu esteja bem morto. Não temo o fim, mas seria bem infeliz se acordasse entre tábuas. A forma de dirimir qualquer incerteza será a de me cortarem as quatro veias. Vejam que não é o desespero que me força a abandonar a vida, pois, pela minha caligrafia, é fácil perceber que minha mão não treme" (Boismont, 1856, p. 192, tradução nossa).

Esse indivíduo espera que, uma vez que esteja morto, possa enfim obter sua tranquilidade. É morrendo que irá viver o mundo que gostaria de ter podido viver em vida.

Nessa mesma perspectiva, outro homem, mais religioso, também busca seu paraíso. No reencontro com a mãe, ganhará a utilidade e o valor que em vida não acreditou poder obter:

> *[IV] Je vais aller dans le ciel avec ma mère et Eugène D., si toutefois ceux qui se donnent la mort peuvent prétendre au séjour céleste. Personne sur la terre n'aura de reproches à adresser à ma mémoire touchant l'honeur, la probité, la conscience, et je meurs satisfait sur ces trois points... Je regrette d'être inutile à mon pays et à mes parents.*[6]

Nesses outros discursos, também é clara a influência da prática religiosa:

> *[V] L'appareil de ma fin est dressé... Adieu, mon père, mes frères; adieu, parents et amis... S'il plaît Dieu, nous reverrons dans l'autre monde. De la main gauche je tiens l'arme qui va m'y précipiter... Priez Dieu pour le repos de mon âme.*[7]

> *[VI] Au moment de quitter la vie, il faut que j'écarte la douloureuse pensée que je vais dire un éternel adieu à mes*

6 "Vou para o céu com minha mãe e Eugène D., se é que os que procuram a morte podem aspirar o céu. Ninguém na Terra terá censuras a fazer à minha memória no que diz respeito à honra, à probidade, à consciência, e morro tranquilo a esse respeito... Sinto ser inútil ao meu país e aos meus pais" (Boismont, 1856, p. 194, tradução nossa).

7 "O aparato de meu fim está montado... Adeus, meu pai, meus irmãos, parentes e amigos... Se Deus quiser, nos veremos no outro mundo. Na mão esquerda seguro a arma que vai me precipitar nele... Rezem a Deus pelo descanso de minha alma" (Boismont, 1856, p. 194, tradução nossa).

> *chers parents. Plus heureux qu'eux, il n'y aura pour moi de terrible que la séparation; ma résolution executée, tout sera anéante, imagination, organes, et je serai inaccessible à toutes les tentations. Mais... cela ne suffit pas; jamais l'egoisme n'a eu place dans mon coeur, et l'enivrante perspective du repos que je vais laisser mon père, mes frères. Puissent-ils trouver dans mes traits si fidèlement reproduits par vous un adoucissement à leur cruelle douleur! Demain, à dix heures du matin, j'aurai rendu mon âme à Dieu, si des circonstances indépendantes de ma volonté n'y mettent obstacle.*[8]

Como visto no Capítulo IV, o ato da morte viabiliza a expressão dos sentimentos e vivências emocionais internas do suicida, que no mundo dos vivos não eram partilhados nos relacionamentos estabelecidos pelo sujeito. Na mensagem de adeus, a fala, a dor, a angústia proibida surgem; e isso ocorria também no século XIX, como assinala Brierre de Boismont (1856): "*La douleur est souvent silencieuse: bien des gens succombent à leurs chagrins, sans qu'on les ait soupçonnés ou devinés*" (p. 226).[9] Assim, o sofrer sozinho já era um fenômeno presente: "*[VII] Je meurs parce que je n'ai pu supporter les peines de la vie;*

---

8 "No momento de abandonar a vida, tenho que afastar o pensamento doloroso de que vou dar um adeus eterno a meus queridos pais. Mais feliz que eles, para mim haverá apenas a separação de mais terrível; uma vez meu propósito executado, tudo estará reduzido ao nada, imaginação, órgãos, e estarei insensível a todas as tentações. Mas... isto não basta; o egoísmo nunca teve lugar no meu coração e a embriagante perspectiva de sossego em que vou deixar meu pai, meus irmãos. Possam eles encontrar nos meus traços, tão fielmente pela senhora reproduzidos, um bálsamo para sua dor cruel. Amanhã, às dez horas da manhã, terei entregue minha alma a Deus, caso não ocorra nenhuma circunstância alheia à minha vontade" (Boismont, 1856, p. 195, tradução nossa).

9 "A dor é frequentemente silenciosa: muitas pessoas sucumbem aos seus desgostos, sem que se tenha suspeitado ou adivinhado" (tradução nossa).

j'emporte mon secret avec moi" (p. 226).[10] "*[VIII] Pardonnez ma piene secrete. Plaisir, bonheur, j'ai tout perdu. Vous jouissez, moi, je regrette, vous vivez, moi, j'ai vécu*" (p. 226).[11]

Também já era possível encontrarem-se os mais engajados com projetos sociais e que se sacrificavam como que para obter suas reivindicações:

> *[IX] Je pardonne à ceux qui m'ont fait du mal, et je prie tous ceux à qui j'en ai fait de vouloir bien m'accorder leur pardon. Je meurs avec la conviction d'avoir écrit un livre utile à la classe ouvrière; j'ai l'espoir qu'il servira à son émancipation, surtout si l'on veut instituer des prud'hommes, comme je le demande. Je suis certain que, dans l'intérêt de l'ordre, dans l'intérêt de la société, je le dis après avoir étudié profondément la question et avec la connaissance et l'expérience que j'ai des classes ouvrières, le monde à des degrés, comme je le propose, est le plus favorable aux ouvriers, c'est celui qui les affranchira plus certainement, et leur fera prendre place dans la société. Si le pouvoir l'adopte, les révolutions matérielles ne me semblent plus possibles. Je remercie les hommes de la presse qui ont fait connaître mon travail. Je recommande aux ouvriers de se servir de cette voie, qui leur sera toujours ouverte quand ils seront modérés: qu'ils se persuadant bien que c'est elle seule qui les émancipera. Si l'on veut savoir pourquoi je me donne la mort, en voici la raison: dans l'état actuel de la société, pour le travailleur, plus il est personnel, plus il est heureux. S'il aime sa famille et veut son bien-être, il éprouve mille souffrances; mais s'il*

10 "Morro por não ter podido suportar os sofrimentos da vida; levo comigo meu segredo" (tradução nossa).

11 "Perdoem meu sofrimento secreto. Prazer, felicidade, perdi tudo. Vocês usufruem, eu me lamento, vocês vivem, eu vivi" (tradução nossa).

aime sincèrement la société et ses semblables, s'il veut le bonheur de tous, s'il consacre et perd son temps pour eux, il doit finir comme moi. P.S. Je voulais faire un travail pour les vieux ouvriers; il faut tout de suite un hôtel royal des invalides industriels.[12]

O depoimento a seguir estruturalmente se assemelha muito ao encontrado na Fita 6 (trechos já analisados), que trata de um ato que poderíamos classificar como suicídio amoroso. Uma mulher considera seu amado uma grande mãe provedora, sem a qual não pode subsistir: "*tu étais tout pour moi sur la terre*" (Boismont, 1856, p. 252).[13] Parece desejar a morte para se esquivar de ver o amado com outra mulher e, através dela, poder vingar-se: "*Est-ce pour t'avoir aimé plus que la vie, puisque pour toi je vais la perdre dans un moment?*" (Boismont, 1856, p. 252).[14] Vejamos o texto da carta:

---

12 "Perdoo os que me fizeram o mal e peço perdão àqueles a quem eu o tenha feito. Morro convicto de ter escrito um livro útil à classe operária. Tenho esperança de que será útil à sua emancipação, principalmente se se pretende criar homens de valor, como eu proponho. Estou certo de que, no interesse da ordem, no interesse da sociedade, e o digo após ter estudado profundamente a questão e com o conhecimento e a experiência que tenho em relação às classes operárias, que o mundo em níveis, como proponho, é o mais favorável aos operários, é o que mais os libertará e os fará tomar um lugar na sociedade. Se o poder o adotar, as revoluções materiais não me parecem mais viáveis. Agradeço a todos da imprensa que tornaram meu trabalho conhecido. Recomendo aos operários seguirem esse caminho, que estará sempre aberto enquanto forem moderados; que eles se convençam de que só ele os emancipará. Se quiserem saber por que busco a morte, aqui está a causa: no atual estágio da sociedade, para o trabalhador, quanto mais ele for personalista, mais ele será feliz. Se ama sua família, se deseja seu bem-estar, mais sofrerá; mas se ama sinceramente a sociedade e seus semelhantes, se quer a felicidade de todos, se consagra e perde seu tempo por eles, deve terminar como eu. P.S.: Gostaria de realizar um trabalho para os velhos operários; os inválidos industriais precisam urgentemente de um lugar" (Boismont, 1856, p. 202, tradução nossa).

13 "Você era tudo para mim na Terra" (tradução nossa).

14 "É por tê-lo amado mais que a vida, visto que por você vou perdê-la daqui a pouco?" (tradução nossa).

[X] Mon cher Albert,

Mes malheurs passés ne sont rien en les comparant à ceux que j'éprouve en ce moment. Tu fus toujours bon, grand et généreux, et sous ces différents rapports, je devais attendre une tout autre destinée. J'avone que depuis quatre ans, mes relations avec toi on été enviées par plus d'une amie; tu étais tout pour moi sur la terre, puisque, dés ma jeunesse, j'ai perdu ceux qui pouvaient la guider.

Pourquoi, après avoir suivi une conduite aussi noble que généreuse, cesses-tu tout à coup tes visites? Qu'ai-je fait à mon meilleur ami pour encourir sa disgrâce? Est-ce pour t'avoir aimé plus que la vie, puisque pour toi je vais la perdre dans un moment?

La mort va nous séparer, j'ai l'espérance de rendre heureux; crois-tu, d'ailleurs, que j'aurais pu voir de sangfroid une rivale dans tes bras? Sérieusement, tu ne le penses pas. Souviens-toi des serments que j'ai reçus et de ceux que tu vas faire à ta fiancée? Au moment de les prononcer à l'autel, ne crains-tu pas que ma voix ne fasse retentir à son oreille ces paroles: Ne l'écoutez pas, c'est un parjure: il trompera sa femme comme il a trompé son amante. Pardon, ma tête s'égare, le moment approche sans doute: c'est celui qui brise ou réunit les... (Ici la plume est tombée sur le papier).[15]

15 "Caro Albert, meus velhos sofrimentos não são nada quando comparados aos atuais. Você sempre foi bom, grande e generoso, e a partir disto eu deveria esperar um destino totalmente diferente. Confesso que há quatro anos nossas relações causaram inveja a mais de uma amiga; você era tudo na Terra para mim já que, na juventude, perdi os que poderiam guiá-la.

Por que, após uma conduta tão nobre quanto generosa, você interrompe de repente suas visitas? O que eu teria feito ao meu melhor amigo para cair em desgraça? É por tê-lo amado mais que a vida, visto que por você vou perdê-la daqui a pouco?

Mesmo a ideia do sacrifício, trabalhada no Capítulo IV, já era presente entre os suicidas do século XIX. Trata-se de um homem rico, que havia perdido muito dinheiro e que acreditava ser agora um pesado encargo à filha. Para não sacrificá-la com isso, sacrificava-se através do suicídio, na sensação de que assim estará liberando os dois do mal. Desse modo se despede:

> *[XI] Ma chère fille, depuis six mois tes ressources s'usent, tu engages silencieusement ses effets; encore quelque temps, et nous serons en proie aux horreurs de la faim. Il vaut mieux que celui qui n'est bon à rien part; tu viens de sortir pour t'imposer encore quelque nouveau sacrifice; à ton retour tu ne m'auras plus à ta charge.*[16]

Pode-se ver que os temas que povoavam o universo suicida não se diferenciam, tampouco, dos temas tratados nas mensagens de adeus produzidas no nosso século.

Contudo, o que parece diferenciá-las, e lhes garantir uma distância histórica, é a forma como a interpretação de tal material era realizada e a visão que se tinha do fenômeno do suicídio.

A morte vai nos separar, espero fazê-lo feliz, você acreditaria, aliás, que eu pudesse ver com sangue-frio uma rival nos teus braços? Falando sério, você não pensa assim. Lembra-se dos juramentos que recebi e dos que você vai fazer à sua noiva? Na hora de pronunciá-los no altar, você por acaso não teme que minha voz faça retinir no ouvido dela estas palavras: Não o escute, é um injuriador, ele enganará sua mulher como enganou sua amante. Desculpe, minha cabeça está vagando, sem dúvida o momento se aproxima: é ele que destrói ou reúne os… (Aqui a caneta caiu sobre o papel)" (Boismont, 1856, p. 252, tradução nossa).

16 "Minha querida filha, há seis meses que você dilapida seus recursos e compromete silenciosamente seus benefícios; dentro em breve seremos presas dos horrores da fome. É preferível que aquele que não serve para nada se vá; você acaba de sair para se submeter a mais algum novo sacrifício; quando voltar, não me terá mais à sua custa" (Boismont, 1856, pp. 227-228, tradução nossa).

O suicídio (segundo estudo de Brierre de Boismont) era geralmente atribuído a causas intrínsecas ao sujeito, envolvendo processos como a loucura, a embriaguez, doenças, desgostos domésticos e contrariedades, dificuldades amorosas, ciúme ou preguiça. Causas sociais eram cogitadas, como a pobreza, a miséria ou problemas com dinheiro em geral (também apontadas por Marx em seu texto sobre suicídio). Porém, a perspectiva de análise dessas questões mantinha-se dentro de uma tendência funcionalista (própria da época), deixando ao sujeito individual a total responsabilidade por possuir tais dificuldades.

Em alguns estudos, a família era vista como corresponsável pelas dificuldades que o indivíduo específico passava, o que garantia já algum elo entre as experiências emocionais do indivíduo e o meio social mais amplo. Por exemplo, no caso da moça que se mata por medo do escândalo que uma gravidez proibida poderia ocasionar aos seus familiares. Esses aspectos parecem ser os pontos relevantes na interpretação do suicídio no século XIX.

Tentou-se, então, neste capítulo, evidenciar a estrutura narcisista subjacente à personalidade suicida no mundo ocidental contemporâneo. Característica esta que, embora já presente no século XIX, é acirrada no século XX, juntamente com o tabu da morte e subsequentes prejuízos que tal tabu ocasiona nas relações humanas e do posicionamento do indivíduo diante da própria vida.

Conclusão

A dinâmica da família, tão discutida nos livros sobre suicídio, é vista hoje como a fonte modeladora da estrutura subjacente da personalidade das pessoas obtendo, para tanto, as ferramentas no imaginário coletivo, nos padrões culturais que orientam nosso comportamento. Desse modo, os padrões culturais reproduzem-se na personalidade individual.

Novas formas sociais vão gerar novos modelos de socialização e daí novas personalidades. Com isso, poder-se-ia concluir que se uma parcela da população de uma sociedade desiste de sua existência, é porque transparece aí um hiato entre indivíduo e sociedade.

Não no sentido durkheimiano de que a sociedade aborta elementos num processo de anomia, mas no sentido de que ela colabora estruturalmente para a formação de personalidades frágeis e narcísicas, autocentradas, facilmente conduzíveis a estados-limites, no qual o suicídio aparece como uma de suas variações. Por esses estados-limites entende-se aqui o indivíduo *borderline,* indivíduo aparentemente em equilíbrio, mas muito próximo de mecanismos psicóticos, como os envolvidos no ato do suicídio.

Além disso, verificou-se, por meio do discurso das mensagens suicidas, que o tabu da morte e sua consequente negação, estendido a tudo o que implica estados considerados mórbidos como a angústia e a depressão, é um dos elementos adicionais que colaboram com a difusão do isolamento e da privação do contato social, característicos dos indivíduos que se recusam a esta existência.

Com isso, não queremos ser simplistas e dizer que o tabu da morte e o do suicídio do século XX – ou outras tantas características de um processo de industrialização cada vez mais intenso, e suas decorrências na formação das personalidades individuais – sejam os elementos responsáveis pelo crescimento dos índices de suicídio, pois constatamos na bibliografia que o suicídio era ascendente e tema de grande preocupação também no século XIX, anterior a esses eventos. Contudo, poderíamos dizer que tais processos, com certeza, agravam as condições nas quais cada indivíduo, no mundo contemporâneo, tem que resolver o dilema humano de como irá conduzir sua vida e se o fará.

Se reduzíssemos tal questão à ideia de que o desenvolvimento dos índices de suicídio só poderia ser estancado com a volta às maneiras anteriores de convívio e desenvolvimento social, estaríamos repetindo o movimento de Durkheim. Contudo, as descobertas de certas estruturas subjacentes ao discurso, nas mensagens analisadas, conduzem a afirmar que, certamente, os padrões sociais nos quais se alicerça a sociedade atual necessitam ser repensados, no sentido de se buscar e de se propor alternativas mais sadias para os princípios que norteiam a vida e o imaginário das pessoas, e que, desde cedo, esses padrões vão compondo a sua estrutura sociopsicológica.

Dentro disso, o tabu da morte parece colaborar significativamente na construção simbólica do imaginário suicida, embora as questões levantadas com relação ao fenômeno da morte não sejam exclusivas dos viventes deste século, como se constatou nas mensagens suicidas contidas no livro de Brierre de Boismont, de 1856.

Nessa interpretação do fenômeno do suicídio, não recairíamos, então, na perspectiva do determinismo social, visão já incorporada pelos suicidas:

> (CB2) ... Todas as pessoas possuem o seu lado bom, puro, sem influências "deste" mundo exterior ... *Mas o mundo corrompe e estraga as pessoas*, às vezes sem elas mesmas perceberem.

Nem, de outro lado, num determinismo psíquico:

> (B7) ... *Desculpa não consegui.* [Bilhete com esta única frase].

Recusando um excessivo sociologismo ou psicologismo, estaríamos buscando uma compreensão mais interacional, mais dialética, do fenômeno do suicídio.

A análise do suicídio implicaria, dessa maneira, inevitavelmente, uma análise estrutural dos princípios e mecanismos nos quais nossa sociedade se alicerça, em que a personalidade suicida teria que ser compreendida numa abordagem sociopsicoestrutural, princípio ao qual a interpretação realizada neste trabalho sobre o material de adeus tentou manter-se fiel, numa tentativa de compreensão mais dialética do suicídio. Isto porque ele é multideterminado por fatores que somente podem ser apreendidos a partir da focalização do indivíduo inserido dentro do grupo social ao qual ele pertence e estabelece um intercâmbio.

Em nível pessoal, todo indivíduo se depara com o dilema de "se a vida vale ou não a pena ser vivida". Tal questão existencial, que lhe é inerente, nunca pode ser resolvida sem que se considere o papel que a sociedade, como um todo, e o grupo social mais próximo desempenham nisso, motivando ou não o indivíduo a estabelecer laços e a se engajar em projetos coletivos.

Além disso, o lugar que a sociedade atribui à vida e à morte e, por consequência, ao suicídio varia de cultura para cultura. A sociedade oriental, por exemplo, considerou explicitamente (e talvez ainda o faça atualmente de maneira mais camuflada) o suicídio como uma alternativa de solução para determinadas circunstâncias da vida.

No período dos samurais, no Japão, grupos inteiros de guerreiros se matavam diante da derrota premente. Como se viu no Capítulo I, 3º subitem, p. 57, também as viúvas hindus não tinham escolha diante da morte do marido ou do vexame de um "desprestigiado dote" dado ao marido. No Ocidente, a sociedade pressiona no sentido de que a vida seja reconhecida com valor positivo e, para tanto, utiliza-se da censura exercida sobre o fenômeno da morte, que ganha valor negativo, depreciativo. Nessa sociedade, muitos buscam o suicídio como um resgate de valores para a própria vida.

Com isso, chega-se à proposição "a quem, na verdade, pertence a vida?": se sua propriedade é do indivíduo que a possui ou da comunidade que a circunscreve.

Nesta pesquisa, tentou-se enfatizar como o indivíduo nunca está descompromissado com o meio social e com os vínculos que nele estabelece (embora ele próprio acredite que sim), estando o ato suicida sempre voltado ao mundo em que tal pessoa se insere.

É importante perceber que este debate deixa em aberto muitas interrogações sobre como a psicanálise ou as ciências sociais poderiam contribuir para o entendimento e a prevenção (se é o caso) do fenômeno do suicídio. Espera-se ter podido, com o exposto neste livro, recriar e adicionar mais alguns elementos fundamentais a tal análise.

Referências

Abadi, M., Garma, A., Groode de Garma, E., Gazzano, A. J. A., Rolla, E. H., & Yampey, N. (1973). *Fascinación de la muerte: panorama, dinamismo y prevención del suicidio.* Paidós.

Adorno, T. W., Frenkel-Brunswik, E., Levinson, D. J., & Sanford, R. N. (1950). *The Authoritarian Personality.* Harper & Brothers.

Andrade, C. D. de (2012). A bruxa. In C. D. Andrade, *Carlos Drumond de Andrade.* Companhia das Letras.

Araújo, P. A. (s/d). *A relação entre morte e linguagem no pensamento de Heidegger.* FFLCH – Departamento de Letras Clássicas e Vernáculas. Disponível em: https//dlcv.fflch.usp.br/em/node/35. Acesso em 15.02.2024.

Ariès, P. (1977). *História da morte no Ocidente.* Francisco Alves.

Arquidiocese de São Paulo. (1985). *Brasil: nunca mais.* Vozes. Extraído de: https://pdfcoffee.com/qdownload/brasil-nunca-mais-d-paulo-evaristopdf-pdf-free.html Acesso em 25.02.2024.

Bastide, R. (1950). *Sociologie e Psychanalyse.* Presses Universitaires de France.

Bastide, R. (1972). Le suicide du nègre brésilien. In R. Bastide, *Le rêve, la transe et la folie.* Flammorion.

Beck, A. T., Schuyler, D., & Herman, I. (1974). Development of Suicidal Intent Scales. In A. T. Beck, L. P. Resnik, & D. J. Lettieri, *The Prediction of Suicide* (pp. 45-56). The Charles Press.

Benedict, R. (1972). *O crisântemo e a espada.* Perspectiva.

Bettelheim, B. (1985). *O coração informado.* Paz e Terra.

Bohannan, P. (ed.). (1960). *African homicide and suicide.* Princeton University Press.

Boismont, A. B. de. (1856). *Du suicide et de la folie suicide.* Germer Baillière.

Camus, A. (1952). *Le mythe de Sisyphe.* Gallimard.

Camus, A. (1989). *O mito de Sísifo*. Guanabara.

Capstick, A. (1960). Recognition of emotional disturbance and prevention of suicide. *Brit. Med. Journal,* 1179-1182.

Caruso, I. (1986). *A separação dos amantes* (4a ed.). Cortez.

Centro de Valorização da Vida – CVV. (1984). *Manual de treinamento do plantonista* (4a ed.).

Cunha, M. C. da. (1978). *Os mortos e os outros.* Hucitec.

Daolio, J., Rigoni, A. C. C., & Roble, O. J. (2012). Corporeidade: o legado de Marcel Mauss e Maurice Merleau Ponty. *Pro-Posições,* 23(3), 1-12. Disponível em: https://www.scielo.br/j/pp/a/Hhwh5qXY7KmBjYWkM9Rb4gQ/ Acesso em 02.03.2024.

Dhan, P. (1987). A aproximação psicanalítica do suicídio. In J-D. Nasio (Org.), *Nos limites da transferência* (p. 49). Papiros.

Dublin, L. I. (1963). *Suicide: a sociological and statistical study.* Ronald Press.

Durkheim, E. (1977). *O suicídio.* Presença.

Fadiman, J., & Frager, R. (1986). Alfred Adler e a psicologia individual. In J. Fadiman & R. Frager, *Teorias da Personalidade* (pp. 71-86). Harbra.

Firth, R. (1967). *Tikopia Ritual and Belief.* Beacon Press.

Fontaine, J. La. (1975). Anthropology. In S. Perlins, *A Handbook for the Study of Suicide,* Oxford University Press.

Foucault, M. (1977). *Eu, Pierre Rivière, que degolei minha mãe, minha irmã e meu irmão.* Graal.

Freud, S. (1969a). Caso 1 – Frãulen Anna O. (Breuer). In Freud, S. *Estudos sobre a histeria (Breuer e Freud). Edição Standard Brasileira das Obras Completas de Sigmund Freud* (Vol. 2, pp. 61-90). Imago. (Trabalho original publicado em 1893-1895)

Freud, S. (1969b). Um caso de histeria. In Freud, S. *Um caso de histeria. Três Ensaios sobre Sexualidade e outros trabalhos. Edição Standard Brasileira das Obras Completas de Sigmund Freud* (Vol. 7, pp. 1-119). Imago. (Trabalho original publicado em 1901-1905)

Freud, S. (1969c). Notas sobre um caso de neurose obsessiva. In Freud, S. *Duas histórias clínicas (O Pequeno Hans e o "Homem dos Ratos"). Edição Standard Brasileira das Obras Completas de Sigmund Freud* (Vol. 10, p. 155-317). Imago. (Trabalho original publicado em 1909)

Freud, S. (1969d). Contribuições para uma discussão acerca do suicídio. In Freud, S. *Cinco lições de psicanálise. Leonardo da Vinci e outros trabalhos. Edição Standard Brasileira das Obras Completas de Sigmund Freud* (Vol. 11, pp. 217-218). Imago. (Trabalho original publicado em 1910)

Freud, S. (1969e). O caso de Schreber. In Freud, S. *O caso de Schreber. Artigos sobre Técnica e outros trabalhos. Edição Standard Brasileira das Obras Completas de Sigmund Freud* (Vol. 12, p. 27-108). Imago. (Trabalho original publicado em 1911-1913)

Freud, S. (1969f). Sobre o narcisismo: uma introdução. In Freud, S. *A história do movimento psicanalítico. Artigos sobre metapsicologia e outros trabalhos. Edição Standard Brasileira das Obras Completas de Sigmund Freud* (Vol. 14, pp. 83-125). Imago. (Trabalho original publicado em 1914)

Freud, S. (1969g). História de uma neurose infantil. In Freud, S. *Uma neurose infantil e outros trabalhos. Edição Standard Brasileira das Obras Completas de Sigmund Freud* (Vol. 14, pp. 11-153). Imago. (Trabalho original publicado em 1914-1918)

Freud, S. (1969h). Luto e melancolia. In Freud, S. *A História do Movimento Psicanalítico. Artigos sobre Metapsicologia e outros trabalhos. Edição Standard Brasileira das Obras Completas de Sigmund Freud* (Vol. 14, pp. 271-298). Imago. (Trabalho original publicado em 1917-1915)

Freud, S. (1969i). Além do princípio do prazer. In Freud, S. *Além do princípio do prazer. Psicologia de Grupo e outros trabalhos. Edição Standard Brasileira das Obras Completas de Sigmund Freud* (Vol. 18, pp. 11-85). Imago. (Trabalho original publicado em 1920)

Freud, S. (1969j). *Memorandum* sobre o tratamento elétrico dos neuróticos de guerra. In Freud, S. *Uma neurose infantil e outros trabalhos. Edição Standard Brasileira das Obras Completas de Sigmund Freud* (Vol. 17, p. 265-270). Imago. (Trabalho original publicado em 1920-1955)

Freud, S. (1969k). A psicogênese de um caso de homossexualismo numa mulher. In Freud, S. *Além do princípio do prazer. Psicologia de grupo e outros trabalhos. Edição Standard Brasileira das Obras Completas de Sigmund Freud* (Vol. 18, pp. 181-212). Imago. (Trabalho original publicado em 1920-1923)

Fromm, E. (1971). *A crise da psicanálise.* Zahar.

Fromm, E. (1974). *O dogma de Cristo.* Zahar.

Giordano, V. (1982). *Subsídios para a profilaxia do suicídio através da educação.* Dissertação de Mestrado em Educação (Psicologia da Educação). Pontifícia Universidade Católica de São Paulo – PUCSP.

Goldman, L. (1979). *Dialética e cultura.* Paz e Terra.

Grinberg, L. (1976). *Culpa y depresión* (p. 27). Paidós.

Guillon, C., & Bonniec, Y. le. (1984). *Suicídio: modo de usar.* EMW.

Guillon, C., & Bonniec, Y. le. (1982). *Suicide mode d'emploi.* [ebook livre FR] (3a ed.). Editions Alain Moreau. Disponível em:

https://dokumen.tips/download/link/ebook-livre-fr-claude-guillon-yves-le--bonniec-1982-suicide-mode-demploi.html Acesso em 28.02.2024.

Halbwachs, M. (1930). *Les causes du suicide.* Librarie Félix Alcan.

Heidegger, M. (1977). *Sein und Zeit.* Vittorio Klostermann.

Hertz, R. (1970). Contribution à une étude sur la représentation collective de la mort. In R. Hertz, *Sociologie religieuse et folklore* (pp. 14-79). Presses Universitaires de France.

Horkheimer, M. (1975). Teoria tradicional e teoria crítica. In W. Benjamin, M. Horkheimer, T. W. Adorno & J. Habermas. *Textos escolhidos. Os Pensadores* (vol. XLVIII). Victor Civita. (Trabalho original publicado em 1937)

Kafka, F. (2002). O brasão da cidade. In F. Kafka. *Narrativas do espólio* (Modesto Carone Trad.). Companhia das Letras.

Kalina, E., & Kovadloff, S. (1983). *As cerimônias da destruição.* Francisco Alves.

Klein, M. (1975). *Amor, ódio e reparação.* EDUSP.

Klein, M. (1996). *Amor, culpa e reparação e outros trabalhos.* Imago.

Lasch, C. (1983). *A cultura do narcisismo.* Imago.

Lasch, C. (1986). *O mínimo eu.* Brasiliense.

Maciel, L. C. (1970). *Sartre: vida e obra.* José Álvaro Editor S. A.

Malinowski, B. (1926). *Crime and Custom in Savage Society* (pp. 94-99). Routledge & Kegan Paul.

Maranhão, J. L. de S. (1987). *O que é morte?* (n. 150). Brasiliense. Coleção Primeiros Passos.

Maranhão, P. de A. (1988). *O amigo da onça (*3a ed.). Busca Vida.

Marx, K. (1976). Du Suicide. In K. Marx, & F. Engels, *Les utopistes* (pp. 131-150). Librarie François Maspero.

Masaryk, T. G. (1970). *Suicide and the Meaning of Civilization.* The University of Chicago Press.

Mauss, M. (1968). Essai sur la nature et la fonction du sacrifice". In M. Mauss, *Oeuvres.* Minuit.

Mauss, M. (1974). Efeito físico no indivíduo da ideia de morte sugerida pela coletividade. In M. Mauss, *Sociologia e Antropologia* (Vol. 2, pp. 185-326). EPU & EDUSP.

Mayrink, J. M. (1977). *Solidão.* EMW.

Menninger, K. (1970). *Eros e Thanatos: o homem contra si próprio.* IBRASA.

Merleau-Ponty. (1975). *Os pensadores* (pp. 383-393). Abril Cultural.

Morselli, E. (1903). *Suicide: an essay in comparative moral statistics.* D. Appleton.

Neuringer, C. (1974). *Psychological Assesment of Suicidal Risk.* Charles Thomas Publishers.

Nietzsche, F. (1950). *Assim falava Zaratustra* (p. 7). Edições e Publicações.

Nietzsche, F. (2002) *Assim falava Zaratrustra.* eBookBrasil.com. Disponível em: https://fabiomesquita.files.wordpress.com/2020/10/texto-nietzsche-prologo--zaratustra-com-comentarios.pdf. Acesso em 18.02.2024.

Ostow, M. (1955). The Psychology of Depression and its Management. *Bull NY Acad Med., 31*(10), 757-773.

Ostow, M. (1977). Agressão: aspectos psiquiátricos. *Boletim Psiquiátrico, 10*(3), 130-135.

Pallis, D. J., Barraclough, B. M., Levey, A. B., Jenkins, J. S., & Sainsbury, P. (1982). Estimating suicide risk among attempted suicides: the development of new clinical scales. *British. Journal Psychiatry, 141*, 37-44.

Pallis, D. J. (1984). Estimating suicide risk among attempted suicides: efficiency of predictive scales after the attempt. *British Journal of Psychiatry, 144,* 139-148.

Pasternack, S. A. M. D. (1983). Suicide: the cry of the depressed patient. *D. C. Southern Medical Journal, 76*(10), 1290-1293.

Paz, O. (1968). Pedra de sol. In O. Paz. *Libertad bajo palavra. Obra Poética (1935-1957)* (2a ed., pp. 237-257). Letras Mexicanas – Fondo de Cultura Econômica. (Trabalho original publicado em 1960)

Pinguet, M. (1987). *Morte voluntária no Japão.* Rocco.

Raphael, F. (s/d, p. 3). *La représentation de la mort chez les Juifs d'Alsace.* Disponível em: http://www.judaisme-alsalor.fr/traditio/deuil/repres/repres.htm Acesso em 02.06.2024.

Róheim, G. (1967). *Psychanalyse et Anthropologie.* Gallimard.

Rojas, H. (1978). *Estúdios sobre el suicídio.* Salvat.

Schneiderman, B., & Campos, H. de (2017). *Maiakóvski Poemas.* Perspectiva.

Sedeyen, M. J. (1984). Cartas de adeus: uma fonte de informação ainda inexplorada. *Revista Psicorama,* ano 5, (1).

Slater, P. (1977). *A busca da solidão.* Zahar.

Solda, L. A. *O amigo da onça.* Publicado em 13 de março de 2023. Disponível em: https://cartunistasolda.com.br/o-amigo-da-onca-3/amp/. Acesso em 25.02.2024.

Stengel, E. (1965). *Psicologia del suicidio y los intentos suicidas* (Vol. 25). Paidós, Ediciones Hormé S.A.E.

Stengel, E. (1980). *Suicídio e tentativa de suicídio.* Dom Quixote.

Thomas, L. -V. (1983). *Antropología de la muerte.* Fundo de Cultura Econômica – México.

Westernack, E. (1906). *The Origin and Development of the Moral Ideas.* McMillan.

Wilson, E. (1987). *Rumo à Estação Finlândia* (8a ed.). Schwarcz.

Zung, W. W. (1965). A self-rating depression scale. *Archives of General Psychiatry, 12*, 63-70.

Bibliografia complementar

Aberastury, A. (1984). *A percepção da morte na criança e outros escritos.* Artes Médicas.

Anzieu, D., & Kaës, R. (Orgs.). (1986). *Narcisisme et états-limites.* Press de L'Université de Montreal.

Baladi, R. A. S., & Ponzio, C. S. (1984). A atuação do psicólogo junto a pacientes vítimas de tentativas de suicídio na Unidade do Pronto Socorro Geral. In *Psicologia hospitalar* (p. 132). Traço.

Barthes, R. (1957). Le mythe, aujourd'hui. In R. Barthes, *Mythologies.* Seuil.

Beauvoir, S. (1983). *Todos os homens são mortais.* Nova Fronteira.

Berenstein, I. (1981). *Psicanálisis de la estructura familiar.* Paidós.

Berenstein, I. (1984). *Família y enfermedad mental.* Paidós.

Bertalozzi, M. T. H., & Knobel, M. (1979). Centro de Prevenção ao Suicídio de Campinas. *Boletim de Psiquiatria, 12*(1/4), 77-79.

Bleichmar, H. (1983). *Depressão: um estudo psicanalítico.* Artes Médicas.

Bleichmar, H. (1985). *O narcisismo.* Artes Médicas.

Buglass, P., & Horton, J. (1974). The repetition of parasuicide: a comparison of three cohorts. *Bristish Journal of Psychiatry,* (125), 168-174.

Cassorla, R. M. S. (1981). *Jovens que tentam suicídio* (Tese de Doutorado). Universidade Estadual de Campinas.

Cassorla, R. M. S. (1984). *O que é suicídio.* Brasiliense.

Cassorla, R. M. S. (2017). *Suicídio. Fatores inconscientes e aspectos socioculturais: uma introdução*. Blucher.

Choron, J. (1972). *Suicide.* Scribner.

Cruz, M., Rocha, M. C. D., Silva, M. F. P., & Castelli, M. (1984). *Criança e doença fatal.* Sarvier.

D'assumpção, E. A., D'Assumpção, G. M., & Bessa, H. A. (Coords.). (1884). *Morte e suicídio: uma abordagem multidisciplinar.* Vozes.

Deleuze, G. (1985). Michel Toumier e o mundo de outrem. In M. Tournier, *Sexta-feira ou os limites do Pacífico.* Difel.

Douglas, P. D. (1967). *The Social Meanings of Suicide.* Princeton University Press.

Durkheim, E. (1966). *As regras do método sociológico*. Nacional.

Emerich, J. A. (1988). El suicidio, la familia y la crisis. *Psicoterapia y familia Revista de la Asociación Mexicana de Terapia Familiar, 1*(2), 7.

Farberow, N. L., & Schneidemen, E. S. (1965). *The Cry for Help.* McGraw Hill.

Fenichel, M. D. O. (1972). *The Psychoanalytic Theory of Neurosis.* W. W. Norton & Company.

Gibbs, J., & Martin, W. (1964). *Status Integration and Suicide.* University of Oregon Press.

Girard, R. (1972). Le sacrifice. InR. Girard, *La violence et le sacré* (pp. 13-63). Bernard Grasset.

Kalina, E., & Kovadloff, S. (1989). *O dualismo.* Francisco Alves.

Kastenbaum, R., & Aisenberg, R. (1983). *Psicologia da morte.* EDUSP.

Kubler-Ross, E. (1975). *Morte: estágio final da evolução.* Record.

Kubler-Ross, E. (1977). *Sobre a morte e o morrer*. Edart.

Kubler-Ross, E. (1979). *Perguntas e respostas sobre a morte e o morrer.* Martins Fontes.

Lester, D. (1977). The use of telephone in counseling and crisis intervation. In *The use of alternative modes for communication in Psychotherapy: The computer, the book, the telephone, the television, the tape recorder Paperback* [Documento apresentado ao MIT]. Charles C. Thomas.

Martins, J. de S. (Org.). (1983). *A morte e os mortos na sociedade brasileira.* Hucitec.

Meynard, L. (1962). *Le suicide: Étude morale et métaphysique.* Presses Universitaires de France.

Paiva, L. M. de. (1983). *Depressão e suicídio* (Vol. 1-2). Imago.

Rascovsky, A. (1974). *O filicídio.* Artenova.

Rosolato, G. (1987). *Le sacrifice: Repères psychanalytiques.* Presses Universitaires de France. (Bibliothèque de Psychanalyse)

Sainsbury, P. (1955). *Suicide in London.* Chapman & Hall.

Sathyvathe, K. (1977). Suicides among unemployed persons in Bangalore. *Indian Journal of Social Work, 37*(4), 385-392.

Stedeford, A. (1986). *Encarando a morte.* Artes Médicas.

Stone, P. J. (1977). A análise de conteúdo da mensagem. In G. Cohn (Org.), *Comunicação e indústria cultural* (3a ed.). Nacional.

Tijeras, E. (1980). *El estupor del suicidio.* Latina.

Wolff, K. (1970). Suicide and the suicide prevention center. In K. Wolff, *Patterns of self-destruction: depression and suicide.* Charles Thomas Publishers.

Anexos

A seguir encontram-se os documentos originais na íntegra. Foram mantidos, inclusive, erros de ortografia, concordância, acentuação e outros. As siglas B, C, CB e F indicam o tipo de mensagem deixada, como descrito anteriormente, para facilitar a consulta, e significam respectivamente: bilhete, carta, carta e bilhete, fita de áudio. O número em seguida à letra é para facilitar a localização das mensagens de adeus citadas em trechos no texto dos Capítulos IV e V.

Bilhetes (B)

B1: sexo feminino, 27 anos, arma de fogo, 1 bilhete.

"A. (fem.), mãe, pai, Da. M. e todos que quiserem me ajudar
Eu sinto não ter correspondido a vocês.
M. (masc.) deve estar novamente com infecção.
Ao Tio J. obrigado pela força e a todos enfim.
A Sra. A. desculpem todos por tanta mentira.
Eu não mereço nenhum de vocês. Sinto muito.
P.S.: Eu vim de propósito.
A roupa já estava na minha mãe.
Vim só para me matar mesmo."

B2: sexo feminino, 44 anos, enforcamento, 1 bilhete.

"Estava sofrendo do coração, tinha falta de ar, muitas dores, me enforquei.

O."

B3: sexo feminino, 21 anos, precipitou-se do viaduto do Chá, 1 bilhete.

"V. (masc.) fica comigo, eu preciso muito de você, ti amo.

V. M. S ."

OBS.: escrito na sola do calçado esquerdo que a vítima usava no momento da ocorrência.

B4: sexo masculino, 61 anos, enforcamento, 2 bilhetes.

"M.V.P. (masc.)
trata de C. (fem.) e da
A. (fem.) que ela estão
doente com este meu
ato peço perdão ao
meu pae e as minhas
irmãs e cunhados escrevi
mal por causa dos nervos."
"R. (fem.) vem ajudar a tua mãe.

Ass."

"Adeus a minha esposa e
meus filhos e netos,
eu cançei de vivir
doente, cada dia pior
e melhor assim não
dou trabalho pra
ninguém.
(fem.) arruma
o INPS da tua sogra.
C. fas o inventário
da casa que você sabe
melhor.

Ass."

B5: sexo masculino, 27 anos, precipitou-se do 12º andar de um edifício, 1 bilhete.

"Querida A.
Estou certo que encontrei em você um mundo cheio de luz e paternidade humana. Sou como você mesma diria, um espírito em evolução necessitando de tudo isso. Ao seu lado estou certo que caminharei paralela à vida, à alegria que transbordaram tanto em você.
Um grande beijo

F."

B6: sexo masculino, 20/25 anos (aproximadamente), enforcamento, 1 bilhete.

"Mãe peça desculpas para a L. (fem.)

porque L. (masc.) me desculpe

pra tudo.

Tenho um seguro do Bradesco e um(?)

Um banco

Pague o que devo.

Beijo para pai(?)

Senhora (?)

C.A.S."

(?) Trechos ininteligíveis.

B7: sexo feminino, 26 anos, arma de fogo, 1 bilhete.

"Desculpa não consegui"

OBS.: escrito em papel afixado no espelho do quarto.

B8: sexo feminino, 20/30 anos (aproximadamente), arma de fogo, 1 bilhete.

"D. (fem.) e C. (fem.) por favor não briguem

eu os amo e lhes desejo toda felicidade do mundo

chega eu que estou super desiludida —

L. — Beijos — 25/01/86"

OBS.: escrito atrás do cartão comercial da firma onde trabalhava.

B9: sexo masculino, 75 anos, arma de fogo, 2 bilhetes.

"Caro D. e Dr.

Me desculpem mas eu não aguento (?) a dores nem
o pensamento de perder minha segunda perna também.
Vocês não levem a mal, mas quis acabar a minha
vida aqui está (?) onde minha tragédia e sofrimento
começou. Novamente agradeço a amizade e todo aquele
esforço com que vocês quiseram me salvar. Favor
tentar explicar a K. (fem.) a impossibilidade para
mim* continuar vivendo. Quero ser cremado os (?)
documentos estão com R.

Os últimos abraços

Ass."

(?) Trechos ininteligíveis.

* Rasura

"K. (fem.) Amor!

Sinto muito, mas eu não tenho outra solução.
Tentei aguentar, sinto golp(es/ear (?)) também
Deus (?) (?), pensamento e voce.

Ass."

OBS.: o sujeito encontrava-se hospitalizado.

(?) Trechos ininteligíveis.

B10: sexo feminino, 58 anos, arma de fogo, 1 bilhete.

"Não vou sarar nunca.

Deixe-me morrer em paz.

Desculpem-me. Beijos. M."

B11: sexo feminino, 19 anos, 1 bilhete.

"O L. (masc.) é o culpado da minha morte.

R. Adeus.

Minhas coisas vocês levam para a M. (fem.)."

B12: sexo masculino, 45 anos, enforcamento, 1 bilhete.

"Não so bixo pra ficar prezo.

Disculpe-me por tudo.

Adeus".

OBS.: mensagem deixada sobre o concreto do piso mediante o uso de tijolo como material para escrita.

B13: sexo masculino, 31 anos, arma de fogo, vários bilhetes — 9 constam aqui.

1. Escrito no verso do extrato da caderneta de poupança "Nossa Caixa":

"Caixa - poupança 55.000,00

corrente 7.500,00

2ª poupança 20.000,00

Itaú — nada.

P. R."

2. Os dizeres abaixo foram escritos com lápis vermelho nas paredes da sala de estar. Foram considerados bilhetes na medida em que são breves e dirigidos a pessoas diferentes.

a. Primeiro trecho da parede:
"Beijos a todos os meus sobrinhos

P.R."

"Z. (masc.) se não foze você eu (?) (?)
muito tempo."

"E sempre fui homem M. (fem.) to tentando escrever
um verso pra você sendo um dia olhar para (?)
estrelas sorria muito.

Ass."

"Amo você foi a melhor
coisa da minha vida.
Por isso não chore nunca
Fas aquilo que tudo aquilo
que eu não deixei você fazer que você sempre quis
fazer.
Mas quero que você saiba que deixei de fazer
alguma coisa.
Alguma coisa. Tchau..."

"... Beijos a todos vocês.

Ass."

b. Segundo trecho da parede:

"M. (fem.)

Mas mesmo assim ti amo

quero que você perdoa ti fiz sofrer muito

me perdoe

Cuide do E. (masc.) ele

Precisa de muito Amor, que eu

não dei, também do P. (masc.)

e o C. (masc .)

Eu tenho a cabeça muito fraca.

Ti

amo

(?)

Desejo de coração que você seja muito feliz um

milhão de felicidades com outro alguém."

"Você não sofra por mim

Eu que me compliquei M. (fem.) ta?

Eu estraguei tudo."

"M. (fem.) sempre ti amarei"

(?)	"Amo todos meus irmãos
(?)	Meu pai minha mãe
se der	sei que me perdoaram."

c. Terceiro trecho da parede:
(Ilegível na fotografia do corpo do laudo)
"Saudades"

B14: sexo masculino, 39 anos, enforcamento, 7 bilhetes.

Folha 1

"P/ Pensão Alimentícia

É na Secção do Pessoal (aposentado)

Rua Pedro Taques na 77

que começa na Rua da Consolação

em frente ao Cemitério.

Levar:

1) Óbito

2) Certidão de Casamento

3) Holerite de pagamento. R.G. (de nós dois)

Verificar na hora e exigir que os documentos para

este fim estejam sempre de acordo com a certidão

de casamento.

Compareça logo a* Seção do Pessoal apresentado no endereço acima."

OBS.: manuscrito.

* Rasura.

Folha 2 | Lapso - descuido |

OBS.: Em letra de forma num pequeno papel.

Folha 3

"Dr. J. (masc .)

Av ....; nº . . . . s / . . .

É favor não depositar

o dinheiro do aluguel da

Av .... nº...........

Entregue-o aos meus familiares;

será fácil identificá-los pois

todos eles tem K. (sobrenome) no

nome. Eu preciso partir.

Por favor faça o que puder por

eles — Deus lhe pague.

21/4/85

B.B.K."

Folha 4

"Ns pastas em cima

do armário do quartinho

tem as pastas*

com documentos que são

necessários, e...

Adeus"

OBS.: em letra de forma.

* Rasura.

Ns não é erro de digitação, mas do manuscrito.

Folha 5

"Dentro de carteira de
motorista estão os
Extratos da Caixa.

Nos bancos pode deixar
é tão pouco que não
vale a pena.

Pelo Banespa você pode
receber talvez quando regula-
rizar a pensão...
Faça logo — quanto antes."

Folha 6

"AJUDEM A A. (fem.)
PELO AMOR DE DEUS.
Não vai dar tempo de cuidar
das coisas, minha cabeça não
consegue mais cooperar...
Perdão... Mil vezes...
Perdão..."

Folha 7

"Querida
A. (fem.)
Queridos filhos
e netos,
me perdoem.
Não dá mais . . .
A minha cabeça está um
vulcão... se eu ficar vou dar
muito trabalho pra vocês.
vide verso."

OBS.: no corpo do laudo não há informação de qual das outras folhas é o verso desta. Verso provável: "Ajudem a A. ..."

B15: sexo masculino, 23 anos, enforcamento, 2 bilhetes.

"Seu J. (masc.) me
desculpe essa
minha crueldade
fiz isso porque
não suporto
agradeço muito
ao senhor e a dona
O. meus queridos
Amigos
assinado:
C.L.B. Vulgo P."

"Na graça de Deus eu entrego o meu corpo e
meu espirito eu não serei aquele pecador
que todos esperam eu sou pelegrino que
batalho pela minha vida ganhando o meu
pão de cada dia e agradeço o senhor J."

B16: sexo feminino, 70/80 anos (aproximadamente), enforcamento, 2 bilhetes.

"São Paulo, 10 de Setembro de 1.985
J.M. (masc.), eu vou embora, porque eu não posso
passar vergonha, faz 3 meses que você não aparece,
pois o dono da casa já vem pra fazer o despejo,
porque você não paga os aluguéis, eu sou uma
pessoa idosa e não aparece ao menos para dar uma
satisfação, e eu vou cuidar do meu destino.
Z. (masc.), isto é o fone do seu filho P. (masc.)
que trabalha no forum...
Eu vou ficar nesta casa até dia 6 deste mes, para
dar um ponto final nesta situação, procure aparecer
para conversar comigo.

A.F.G. (fem.)
(mãe Z.)"

"T. (masc.) e o seu irmão M. (masc.) o seu tio
T. (masc.) mora no nº ... ele quer entrar de
qualquer jeito na casa veio Cr$ 59.000,00 de água

para mim e eu não vou pagar.
E. eu não vou entregar a chave.
Muito obrigado.
Rua.......
Nome A.F. (fem.)"

B17: sexo masculino, 36 anos, enforcamento, 4 bilhetes.

"Determinação após minha morte.
Quero que meu corpo seja cremado e minhas cinzas espalhadas no jardim que circundam o crematório de V. Alpina.
Não quero velório e que ninguém vá ao meu enterro.
(só um representante da família — irmão ou cunhado não irmãs e pais).

Que ninguém saiba de minha morte,
Nem que sofra por minha causa,
E que eu não seja enterrado
em solo sagrado.
E que nenhum sacristão faça tocar o sino.
E que a ninguém se permita ver meu cadáver,
E, que ninguém me acompanhe em funeral.
E que não se plantem nada sobre minhas cinzas,
E que ninguém me
RECORDE
Ass.
__/__/__"

"Se algo me ocorrer favor ligar para .... avisar
M.A. (fem.) (a irmã Y) ou de preferência seu
marido A.F. (masc.)
Meu nome é O.T.C.F. (masc.) e não quero viver,
quero que meu corpo seja cremado.
Avisar Y. (fem.) que há uma carta com instruções
em meu quarto em cima da escrivaninha.
A chave de meu quarto está em cima do armário do
quarto das empregadas. Minhas roupas, deixo para
os pobres — se os médicos autorizarem — e os
livros e demais coisas como canetas lápis e cadernos
para os meus irmãos e sobrinhos que se não quiserem
quero que fique para os pobres, exceto os livros
que deixo para a biblioteca de *Araçatuba.*
(Não quero missa e que só avisem meus irmãos)"

"Retirem o quanto antes papai (se vier a São
Paulo) e a mamãe e os levem para Araçatuba –
tenham por eles todo o amor que tive e procurem
não lhes dar tantos aborrecimentos e vergonha como
eu lhes dei."

"Corpo cremado — e cinzas jogadas em volta do
crematório Vila Alpina não compre caixão. Alugue
– não faça autópsia. Não quero ser enterrado."

OBS.: estes dois últimos dizeres estão na mesma folha separados por um traço, por isso foram considerados um único bilhete.

"— Tenho Cr$ 50 0,00 = em casa.
— Cr$ 2.535.000 = (dois milhões quinhentos e
trinta e cinco mil) + Cr$ 550.000,00 = do papai
(que os enviou para pagar condomínio dia _____/_____/_____
na conta nº ... Bradesco-Marechal.
— Cr$ 20.000.000 = na minha poupança no
Bradesco-Marechal – verifica o número pasta documentos Bradesco-Marechal.
— Cr$ 105.000.000 com o papai — a partir de
__/__/__ devido a venda dos 90 bois que me foram
doados — todo o dinheiro uma vez paga as dívidas
deverão ficar com os meus pais e o que sobrar
quando eles morrerem deixo para os meus irmãos
ou para a A.C. e como a mamãe quiser (mas só após
a morte dela e do papai) e o que sobrar."

"P/ Y.
Há no Fleury para o dia _____/_____/_____ duplicata para
o Dr. M. (masc.) dos exames solicitados pelo
doutor V. eu me refiro a estes quando falei em
os mostrar o quanto antes ao Dr. M. — os de
Lavoisier deverão ser mostrados só para o Dr. M.
e dia _____/_____/_____ às 19:00 horas."

B18: sexo masculino, 34 anos, envenenamento, 1 bilhete.

"Desculpem todos que me amam e que eu amo.
É difícil suportar o que estou sentindo agora.
Não tenho mais nada a dizer.
Por favor cremem meu corpo.

A.C. (masc.)

19 horas

Alguns minutos mais tarde depois de ingerido as
drogas.
Minha cabeça já está mais sensível e disposto a
contar tudo sobre minha vida, dos momentos ines-
quecíveis que passei com amigos e amigas conhecidos
enfim pela (?) que esses momentos de felicidade
nos proporcionam (Y) porque não podemos ser felizes
como é o projeto de vida do professor mais a (?)
dos povos mais evoluídos ou devido a queima cama
de... agora estou sentindo o efeito da droga em meu
corpo como é difícil viver neste mundo descontente"

OBS.: (Y) a letra começa a diminuir e se tornar irregular.
Os dois dizeres foram escritos na mesma folha, por isso foram considerados apenas um bilhete.

B19: sexo masculino, 19 anos, envenenamento, 2 bilhetes.

"(?) muito obrigado
por tudo.
Você é a melhor coisa
que já aconteceu na
minha vida.
Vou e (?) pensando
Em você.
(?) será você um pedaço
de mim
Pense em mim
Um beijo grande
Sempre (?)
Ass.
03/02/85
Se você for me ligue amanhã
me ligue no final da vida."

"Por favor
Entregue as minhas
(?) para a (?) (fem.)
os do Centro
Por favor"

OBS: (?) Trechos ininteligíveis – letra muito irregular e rasurada.

Cartas e bilhetes (CB)

CB1: sexo feminino, 20 anos, arma de fogo, 5 cartas e 1 bilhete

OBS.: não consta nenhuma referência a cartas e cartões deixados pela vítima no corpo do laudo elaborado pelo perito.

Eles foram recolhidos diretamente com as pessoas às quais foram endereçados.

R. suicidou-se nas dependências da PUC-SP, motivo que me possibilitou fazer o acompanhamento do caso.

Por meio desse dado, pode-se também estimar que a população que deixa mensagens seja mesmo muito maior do que se tem registro.

O material que foi possível obter com a família de R. está a seguir.

A notícia da ocorrência do suicídio dada no jornal *Folha de S. Paulo*, na época, faz referência a cartas.

A carta a seguir não foi endereçada a ninguém em particular, mas parece que às pessoas em geral na Universidade:

"Não posso mais continuar!

Chega!

É o fim da trilha! Acreditem, por favor.

Tenho sofrido mais que o suportável.

Tudo deu errado em minha vida. Talvez eu tivesse nascido em hora errada, tempo errado. Merda!

O que quer que eu faça é errado!

Será que é porque admiro Hitler, sou anarquista, esquerdista e adepta do comunismo?

Será que é porque minha mãe nunca se casou?

Porque o meu pai era um panaca perfeito?

Que ódio passei a ter de tudo isto!

Da vida!
Uma grande e gigantesca droga!
Meu Deus ou devo chamar pelo Diabo? Quem me ajudaria?
Uma criatura como eu, jovem, fria, inteligente, mas que em nada deu certo.
Coloquem todas as cartas no correio lacradas como estão, isto aliviará algumas pessoas da culpa.
Não é culpa de ninguém, mas do sistema.
O sistema mata!
Não tentem me salvar, pois outras oportunidades surgirão."

"Pai,
Desde muito cedo, eu tinha mil porquês na cabeça a teu respeito, mas o tempo fez-me ver que tudo há um motivo. Você tinha os seus e hoje eu os compreendo melhor.
Se não tenho um nome paterno, um pai que não dorme em casa, um pai que dificilmente está presente, um pai que faça minhas vontades como muitos pais por aí. Acredito ter algo melhor. Tenho um Pai do coração que gosta de mim e que contribuiu para que eu fosse o que sou. Não precisar esperar por ninguém, ser pontual, responsável, estudar muito, etc.

Acho que o conheci melhor e compreendi mais porque
percebi que o senhor é como eu. Somos por demais
parecidos.
Às vezes eu me aborrecia com o senhor mas era
porque eu não sabia como pensava. Prevenido,
inteligente, honesto, gosta de tudo bem explicado,
não gosta de segredos. O senhor também é tímido
e talvez por isso goste deste seu amor à longa
distância.
Gostaria muito de tê-lo conhecido melhor antes
mas não faz mal, o amigo que tenho hoje é ótimo.
É incrível acreditar como eu o vejo de outra forma
agora, mas é a vida, o tempo vai fazendo com que
vejamos as coisas cada vez mais claras.
Talvez, como a mãe, o senhor não leia esta carta,
mas ela é o motivo da minha timidez. Mas não ao
ponto de ocultar que:
'Eu te amo bastante pai'

R. (fem.)"

"Mãe,
Talvez a senhora nem sequer leia esta carta, mas
tudo bem! Sei que me acha louca, chata, que não
gosta das minhas brincadeiras, mas tudo o que
faço é só para vê-la feliz, rindo, contente.
Mesmo sendo mãe e filha vivemos em mundos diferentes.

Admito que não aprove muitos dos meus hábitos malucos e não os abandono, pois gosto deles pois fazem parte de mim. Estou sempre fazendo palhaçadas para vê-la rir, mas é também para disfarçar a minha tristeza. E, sou triste e mais triste ainda é não poder fazê-la sorrir.
Não vou agradecer-lhe pelo que fez, não gosto de agradecimentos, não acredito neles. Acredito num único "*obrigado*" o qual direi no fim da jornada por ter vivido e por ter tido todas as pessoas no meu caminho inclusive a senhora mãe. Não se preocupe, eu sou assim mesmo, sem agradecimentos, sem burocracia e livre. Livre para gostar de quem quiser e se gosto da senhora não é pelo que me fez mas pelo que é como ser humano.
Confesso que às vezes não a compreendo, mas é a vida. Fases que passam.
Não pude lhe dar um presente neste dia mas dou-lhe algo mais importante, dou um pedaço de mim. Minha vida, minha arte é escrever e deixo-lhe um pouco dela neste pedaço de papel escrita a punho.
Talvez nem esteja mais prestando atenção, mas não faz mal....
Sei que não era bem isso que esperava e talvez uma poesia maravilhosa lhe caísse melhor. Quis dar algo mais profundo. Sabe o que é isto? Meus sentimentos impressos numa folha de papel. É sincero como eu.

Talvez um outro dia você o pegue e veja nele
gravado apenas uma frase que existirá no ar e
não só no papel. Uma frase curta com três palavras
mas que tem o poder da vida. Talvez o tempo
destrua esta carta mas não destruirá o que sinto.

'Eu te amo mãe'

R. (fem.)"

São Paulo, 09 de maio de 1986
09:36 hs.

À *IRMÃ*:
"Nosso Quarto, 1º dia de saudade.
Nega,
Se não cheguei a dizer obrigada era por não ter
certeza se queria ter ficado. Em todo caso isso
embora fizesse alguns insatisfeitos outros ficaram
contentes. Por eles eu lhe agradeço.
Talvez eu quizesse ter morrido daquela vez, mas
tinha que aparecer uma nega (sei eu de onde) para
me levar para o hospital.*
Queria morrer não por que as pessoas não me
interessem, mas já estava cheia de ser um problema,
não resolver nada aqui, ser uma decepção pra
vocês, ou seja, uma grande inútil. É como me
sinto. Parece covardia, mas só eu sei o quanto é
preciso coragem para fazer o que eu fiz e admitir

que não passo de um fracasso, uma derrotada.
Imagine uma garota tão segura de si como eu sou,
hoje se sentindo menos que um monte de lixo.
É difícil dizer o que está errado, talvez tudo,
talvez apenas eu. Um feio contraste com a natureza.
Deveria não existir.
Fiquei pensando, porque não me deixaram morrer.
Seria um problema a menos, seria por questão de
consciência ou porque realmente gosta de mim. Se
for isso, obrigada e é do que eu mais preciso.
Preciso que tenha paciência e esteja comigo.
Preciso de 'alguém' comigo para me sentir alguma
coisa. O médico vai ajudar, vou colaborar mas ele
é um estranho, talvez eu precise de 'alguém chegado'.
Se foi bom o que você fez não sei, só terá sido
bom quando eu melhorar, pois ainda sou a mesma
droga.
Tudo o que fez foi me dar mais uma chance. Vou
tentar aproveitá-la da melhor forma possível, para
que um dia você não se arrependa do que fez por mim.
Um grande beijo do tamanho do MARACANÃ

da sua
Nega."

OBS.: * R. deve estar se referindo a uma tentativa de suicídio que realizou jogando-se na frente de um carro um pouco antes do suicídio (segundo informações obtidas com a família). Esta carta foi deixada para a irmã juntamente com as dirigidas a outras pessoas.

"Grande Amigo D. (masc.)
Meu querido, perdoe-me por isso!
Você foi uma das pessoas mais importantes da minha vida.
Tudo o que fez foi prova de uma dedicação fiel e
de uma amizade que só experimentei com você! Mesmo
me reprovando em certos pontos você foi meu amigo.
D. (masc.), você foi meu único amigo. Um leal e
verdadeiro amigo.
Apesar de eu falar feito uma matraca nunca pude
decifrar o que acontecia comigo totalmente. Nem
mesmo em terapia, não saía pra fora.
Cheguei ao limite da loucura, do sofrimento, da
dor, do ódio, não pude suportar mais. Meu querido,
eu passei a me odiar na condição subhumana em que
eu estava vivendo. Eu podia sentir ódio e pena
de mim e de todos ao mesmo tempo.
Tudo o que eu queria era um pouco de carinho. Só
um pouquinho. Você me deu e eu o agradeço por isso.
Você estava preparado para isso mas eu sinto por
você. Não se culpe achando que podia fazer algo
por mim. Eu mesma não podia. Não podia sequer
dizer o que acontecia.

Você foi um (único) que me conheceu, e mesmo assim
não conheceu o suficiente. Eu me desconhecia.
Sentia-me diferente de tudo que se pode imaginar.
A vida nunca me significou nada absolutamente
nada. Aos poucos eu ia odiando tudo e todos:
judeus, meu pai, minha irmã, mãe, cães, vizinhos,
a escola, a sociedade, o sistema. A família mata,
a escola mata, o sistema mata.
Eu odiava e temia a noite, foi numa noite em que
tudo começou, fui violentada, não só de corpo,
mas de alma.
Monstros nojentos acabaram comigo. Só melhorei um
pouco com a ajuda do M. (masc.).
Só você conhece toda a história sobre eu e o M. (masc.),
mas nem é toda. Uma história que não
teve fim.
Não pense que era loucura, a vida não termina com
a loucura, mas eu estive doente, muito doente,
DESESPERO é a doença que me levou à morte.
Justo no ano do Tigre! É o signo marcado pela
destruição.
Nem mesmo com o nenê eu me via livre do pensamento
da morte.
Morte! Morte! Morte!
D. (masc.)... eu fugia de você com medo de gostar
de você.
Mas mesmo assim eu o amo, porque você era capaz

de ficar comigo, demonstrar carinho, e me tratar como um ser humano (embora não fosse) e nunca em busca de sexo. Não queria ser tratada como mulher, mas como gente.
Fui importante pra você, ao menos era assim que eu me sentia. Descobri que não adiantaria sair de casa, de cidade, do país, era preciso sair da vida. Era necessário dar um basta em toda esta merda!
Por Deus, estar viva me desespera, não queria continuar, todos sabiam que eu odiava estar aqui entre os vivos, malditos sejam todos!
Desculpe se te magoo com estas palavras, mas é o desespero. Não é desespero de não ter conseguido algo, de ter perdido alguma coisa. Mas por ter de suportar tudo isto. Todos contra os meus valores, meus conceitos, eu nunca fui comum. Era olhada com olhos de espanto, como se eu fosse portadora de alguma doença pestilenta. E eu odiava!
O J. (masc.) sabe em que estado eu estava, foi uma surpresa, ele se mostrou solidário, quis ajudar. Explique a ele que eu não precisava de ajuda, precisava da morte.
Me parecia tão carinhosa, meiga.
O grande ditado: 'o suicida é um covarde'.
Não é por covardia de enfrentar o sistema, mas veja sob o lado de que quem não se mata é porque

teme o desconhecido.

Será que acabou mesmo? Será que chegaremos ao eu?

Será que iremos a outro mundo?

Será? O que será?

Só quem morre pode ter a resposta! Eu terei.

Te amo amigo,

R. (fem.)"

"10,0 para selos

São 19 cartas onde 5 já tem selo."

OBS.: em folha de caderno.

CB2: sexo masculino, aproximadamente 22/24 anos, arma de fogo, 1 bilhete (para L.) e 2 cartas (1 para a mãe e 1 para o pai).

"Querida L.!

Não sei o que devo escrever neste momento. Te amar, foi a melhor coisa, a melhor coisa da minha vida! Você realmente, não faz idéia o quanto me machuca ter de fazer isto.

Estarei esperando por você eternamente, e tenho certeza que seremos felizes, muito felizes. Estarei abastecendo seu coração com energia e amor! Sei que você acredita nesta minha capacidade. Lute,

viva, cresça, que você tem todas as armas para isso...
Do seu sempre eterno

Ass."

"Querida Mãe!
Este sacrifício é para a senhora! Não seja tão
fraca quanto eu, muito pelo contrário: a senhora
está quase conseguindo superar esta barreira. Por
mim, lute de cabeça erguida, com peito, peceverança
pois Deus está do seu lado! A sua felicidade
já está dentro da senhora: o mais difícil é
encontrá-la. Porisso lute, trabalhe, encontre o
seu eu perdido.
(?) ele cuida do resto!
(?) na senhora (?)
(?) transmitindo forças.
(?)
(?) do seu filho que muito (?)
(?) muito grato (?)
(?) eterno.

Ass."

OBS.: (?) Trechos ininteligíveis na fotografia da carta anexada ao laudo policial.

"Querido Pai!
Todas as pessoas possuem o seu lado bom, puro,
sem influências 'deste' mundo exterior. Conheço
este seu lado... Mas o mundo corrompe e estraga
as pessoas, às vezes sem elas mesmas perceberem!
O senhor, quero dizer, você, foi muito egoísta...
talvez este julgamento não seja digno de ser falado!
Mas você foi covarde, pois por mais que tenha
encontrado a sua paz, sossego, harmonia, conseguiu
'acabar', estragar, destruir muitas outras. Devem
existir muitas coisas que estão fora do meu conhecimento,
em relação a vocês e seus filhos, mas
eles estão entrando num buraco, que eu prefiro
não ver.
Lembre-se que a sua doença, faz de você um homem
diferente, mais frágil; mas não é motivo para
tudo isto. Quero a sua felicidade, sinceramente,
mas insisto em dizer que você é covarde, pois não
cumpriu o provérbio que dizia 'o que Deus une,
nada separa', judiou muito de uma pessoa que viveu
22 anos do seu lado. Cuidado... muito cuidado,
pois a sua tentativa em enganar o mundo não durará
eternamente!
Seja feliz, mas 'conhece-te a ti mesmo', e tente
reconhecer seus erros...

Felicidades
M. (masc.)"

CB3: sexo masculino, aproximadamente 34 anos, o sujeito matou a mulher e os três filhos a tiros e, em seguida, suicidou-se com a arma de fogo. 4 bilhetes e 1 carta.

"Esta pasta só pode ser aberta por pessoa da
família dentro dela tem minha bolsa marrom abra
e encontrará 4 folhas escritas por mim explicando
tudo. Obrigado"
OBS.: este texto foi considerado como bilhete.

"São Paulo, 07 de Janeiro de 1.986

Folha 1
"Eu A.F. da S.(masc.) declaro que tudo que eu
tenho, deixarei para minha mãe A.C. da S.
O que *eu tenho:*
A firma 50% E.M. de R. S/A
Na firma existe o contrato social, tudo que estiver
dentro da firma 50% pertence a mim.
Tendo na firma a receber _____/_____/_____ 4.730.000
_____/_____/_____ 7.000.000
Duplicata no Bco de 5.100.000
_____/_____/_____ 7.600.000
Mais 9.000.000 no Bco Nacional
Mais 5.700.000 para o dia _____/_____/_____ .
Receber hoje também 6.650.000

Tenho também o carro Passat placa ...
Que eu me lembro em hora é só.
A meus irmãos e amigos que eu deixo e irmão, eu digo muito obrigado por tudo."
OBS.: este texto foi considerado um bilhete.

Folha 2

"Que peço a Deus para ninguém fazer o que eu fiz, mas não se esqueça eu fiz porque tinha que fazer e não tinha outro jeito eu não ia conseguir aguentar a barra sozinho e não me chinguem de covarde porque eu nunca fui e de onde eu estiver podem ficar tranquilos, se Deus deixar eu venho para ajudar vocês em tudo que Deus permitir se é que existe."

"A P. (masc.) e Z. (masc.) vocês que são muito mais velhos procurem ver direito tudo que eu tenho e não deixem (?). Vão atrás e eu acho que a melhor forma é vender e dar o dinheiro para a mãe que ela precisa e se ela quiser dar alguma coisa para alguém ela é que sabe faça o que ela quiser. Se minha mãe resolver dar alguma coisa para os meus irmãos peço que não se esqueça do meu irmão Z. que ele sempre foi legal comigo."

Folha 3

(continuação do texto da folha 2)

"Sobre a partilha da firma eu acho que vocês podem
ficar tranquilo porque eu acho que o D.
(masc.) não vai enganar vocês eu confio nele é
um cara legal comigo mas de qualquer forma vijiâm
tudo direito e se eu puder de onde estiver
ajudo vocês.
Queria também que eu fosse enterrado junto com
minha mulher e meus três filhos que eu tanto amo
adoro eles porisso que eu não posso deixá-los e
sem levá-los comigo e minha mulher também eu amo.
Ela vou levá-la comigo não posso deixá-la.
E assim despeso deixando um beijo a todos
e benção a minha mãe e a meu pai.
Essas são minhas últimas palavras.
Rezem por mim
Adeus meus queridos.

ass . A.F.S.

Vendam tudo e dê o dinheiro pra mãe."

OBS.: a primeira parte da folha 2 foi considerada um bilhete e a seguir até o final da folha 3, uma carta.

Folha 4

"Entre* para E.F. (masc.)
Pai do D. (masc.)

Adeus
R. (masc.) e pode contar tudo o que eu te falei
para eles.
Adeus D. (masc.) um abração.
Adeus E. (masc.) obrigado pelas forças que o
senhor me deu nos negócios.
Tchau um dia nós nos encontraremos lá em cima."
OBS.: este texto foi considerado bilhete.

* Tal como no original (possivelmente: "entregue").

Cartas (C)

C1: sexo masculino, 32 anos, envenenamento, 1 carta.

"São Paulo, 11-2-86
Mãe, Pai e mano
Desculpem
Não se sintam culpados, por favor.
Gostaria que tudo fosse diferente.
Sou muito confuso
Não deu para segurar esta barra
Me perdoem
Por favor, ponham as cartas no correio
É muito importante
Talvez um dia a gente se veja de novo

Não se culpem
Os erros foram meus. Só meus.
Ajudem a J. (fem.)
Por favor ajudem minha filha
amo vocês, apesar de tudo, amo.
Lamentei que o C. (masc.) chegasse
Não queria que ele estivesse aqui.
Lembre-se do apartamento.
Com meu atestado de óbito vou levar redução na
prestação.
A carência é de apenas 1 mês após a minha morte
Cuidem disso não se desesperem
Foi melhor assim
Não dava mais para segurar esta barra
Tem muita coisa (?) minha espalhada aqui e no
apartamento
Juntem tudo e veja se alguém...
Sei lá amo vocês.
Beijos de teu filho
Até algum dia. Me perdoem
Z . R. *

OBS.: não constam referências às outras cartas no corpo do laudo policial.

C2: sexo masculino, 68 anos, arma de fogo, 2 cartas.

Folha 1

"L. (fem.), L.M. (masc.) e T.L. (fem.)

Estarei morto amanhã, pondo fim a 1ª faceta de miséria de um mal sem cura, que somente representava para mim daqui em diante um penoso sofrimento quotidiano em despesas estúpidas de se suportar por sua inutilidade, e para vocês preocupações, trabalho, ansiedade, e tristezas, que haviam de ensombrear para nada as suas vidas, sabe Deus por quanto tempo.

Fiz tudo para enfrentar o cancer, numa luta que já dura seis anos com três operações e clipadas nos últimos 90 dias todas sem qualquer resultado prático, as duas últimas tendo me condenado a vegetar entre as quatro paredes de um apartamento.

Não é sensato que continue vivendo, quando já não existe nenhuma esperança, salvo um milagre que nunca veio, como aconteceu a Job apesar de tê-lo ardentemente esperado por tantos anos.

E o que faria Job se a graça do Senhor não fixasse sob ele.

'Pois que é minha força, para
que eu espere qual o meu fim,
para me portar com paciência?
Será que tenho a fortaleza das pedras
e será de bronze a minha carne?

Não encontro nenhum socorro
qualquer esperança de salvação me foi
retirada !'

(Job)
Livro de J. 6/7 - 11, 12, 13)"*

Folha 2

" 'I – Estou na paz. Ele me tirou,
segurou-me pela mão e me
fez em pedaços
Tomou-me como alvo
Suas partes viam em volta de mim
Ele rasgou meus rins sem piedade, espalhou
meu (?) por terra.'

(Filho de Job 15/16 -12, 13)*

'O que é um homem, pra fazerés tanto caso dele,
para te dignares ocupar-te dele
para visitá-lo todas as manhãs
e prová-lo a cada instante?
Quando cessarás de olhar para mim
e deixarás que ingula a minha saliva?
Fis que vou logo me deitar por terra,
tu me procurarás, já não existirei'.

(Livro de Job)"

* ver observação após a folha 8 desta carta.

"Assim, a Deus me procurar para novos sofrimentos então – quem sabe? – para o alívio tão (realmente (?)) esperado – ele que procurará que vão, pois já não existirei.
Entretanto, se Deus existe apesar de tão (desoladamente (?)) ausente, ele está em delito comigo e sendo justo, pagará de alguma forma o que me deve.
Creiam todos que os amei muito. Creiam ainda que amei inesquecivelmente, por quem chorei e choro diversas vezes sozinho e em silêncio, o pequeno E. (masc.), morto em meus braços, e que recebeu de mim o seu último beijo, retendo meus lábios para sempre a macia impressão de penugem loura de sua cabecinha ainda quente."

Folha 3
"Lembrei-me instintivamente, nesses últimos dias de minha mãe em todas as fases de sua vida e expliquei-me num diálogo mudo o que pretendia fazer.
Estou certo que ela me atendeu, com a mesma seriedade, firmeza e angústia que marcaria tanto se possível, faça rezar uma linda missa, por mim e por ela, me (?) na Capela de Varga Paulista.
Pensei ainda muito em (?) e confesso que nesses 68 anos, bem pouca coisa fiz de mal expressão, estando do velório em lição firme de tranquila

humildade, razão pela qual desejo que meus restos,
sejam jogados no fundo do mar.
Sempre tive um velho amor pelo mar e estou certo
que nos daremos bem para sempre.

Adeus

Ass."

P.S. em anexo um resumo do que tenho e do que
quero que se faça por minha morte."

Folha 4

"1º Aplicações Financeiras — Envelope 1

Vencimento Banco Valor (Cz$)

Datas Nomes Totais

2º Cadernetas de Poupança — Envelope 2

Bancos, contas e quantias.

Folha 5

3º (nome) — Envelope 3

4º Apartamento — Envelope 4

(o que fazer o que pagar)

5º Automóvel — Envelope 5

(valor estimativo – Cz$)

TOTAL GERAL
Aplicações
Cadernetas de poupança
Fundo de Ações
Apartamento
Automóvel
Total
O total geral será dividido em partes iguais..."

Folha 6
"Quero que sejam entregues à L. o (?) de prata
que recebi de minha mãe (e que se encontra no
armário de meu quarto, atrás de uma manta amarela),
compreendo (bacia (?)) (?) e anexos bem como todo
e qualquer objeto que ela deseja retirar de meu
apartamento.
Quero que sejam entregues a C. (masc.) os livros
(Jesus Cristo e Mon Jardim) com encadernações
especiais, que foram de meu avô.
Todos os demais objetos (televisão, livros, objetos
de adorno e (?), móveis, etc.) serão divididos
entre L.M. (masc.) e T.L. (fem.) pela forma que
estes acharem mais conveniente.
Quero ser cremado, com as cinzas jogadas no mar
(a autorização para tanto se encontra no envelope
6, já assinada pelo C. (masc.) devendo ser assinada
também por um dos filhos).

Ass."

Folha 7

"Em tempo – Sobre as aplicações e imposto de renda"

(dados informativos)

Folha 8

(Folha com anotações tipo rascunho ininteligível na fotografia)

OBS.: (?) Trecho ininteligível.

* O sujeito copiou tais trechos da Bíblia, provavelmente de outra edição. Ver o mesmo trecho da edição da Bíblia Sagrada — Antigo Testamento — tradução de Padre Matos Soares, cap. XVI, versículo 13. Tipografia Alberto de Oliveira — Porto, Portugal.

"13 – 'Eu, aquele em outro tempo tão opulento
De repente fui reduzido a pó.
Tomou-me pelo pescoço, quebrantou-me
e pos-me como alvo (dos seus tiros).
14 – Cercou-me com suas lanças
Atravessou-me os rins, não me perdoou,
e espalhou pela terra as minhas entranhas."

C3: tentativa de suicídio, sexo feminino, 25 anos; seis tentativas de suicídio. Estudante do 5º ano de Psicologia no ato da escritura desta única carta.

"F. (masc.),

Estou chegando da Faculdade, um pouco 'engasgada', confesso...
Ouvir você falar de meu trabalho, foi bom. É um
alívio, até mesmo uma alegria, saber que algumas
pessoas que tentaram acabar com a vida, ainda
terão uma chance de serem aceitas e respeitadas.

Ao mesmo tempo, algumas feridas, não totalmente cicatrizadas, ficaram de novo expostas... e algum sangue escorrem...
Eu, C. (fem.) 5° ano de Psicologia, 'ex-quase suicida'. Seis tentativas, F. (masc.). A primeira aos 16 anos. A segunda, aos 17. Depois 3 vezes, aos 22 anos. Finalmente, um mes inteiro, aos 23, ingerindo diariamente doses altas de calmantes com doses altas de bebida alcóolica. Depois da 5ª vez, um internamento em hospital psiquiátrico, de onde saí muito pior do que tinha entrado; esta, a experiência mais dolorosa de todas.
Conheço bem minhas razões. Solidão, aquela da qual fala R. (masc.). Digo pra você, com certeza que só não cheguei a aumentar a lista dos suicidas, porque existiu alguém, uma irmã muito querida, que foi a ponte de ligação entre minha confusão interna e a realidade, da qual eu vinha me afastando há muito tempo.
Hoje. F. (masc.), estou com 25 anos e muitas marcas. Uma luta que dura há quase 10 anos. É, dura, sim, porque ainda estou ajuntando os pedaços em uma luta sangrenta da morte.
Se estou te dando um depoimento que me custa tanto, é exatamente na esperança de que possa servir para reafirmar alguma coisa que, pela minha experiência, considero fundamental: tentar acabar com a vida, ainda que seja mera tentativa, quer

dizer um violento pedido de socorro. Um grito que a pessoa, em sua desorganização, talvez não consiga dar de outra forma. E essa pessoa, F. (masc.), principalmente nesses momentos, precisa desesperadamente de compreensão, de valor humano, de sentir que sua vida ainda pode ter algum sentido. Uma mão estendida significa uma possibilidade de enfrentar aquilo que, em solidão, é quase impossível. Era isso que eu queria dizer; pouco do que vi e senti nesses anos todos.

Ah! O estigma... Ele tem me acompanhado sempre, dentro e fora de mim. Mesmo sabendo que ele nada tem a ver com 'fraqueza', o estigma é uma realidade. Não só 'ex-quase suicida', mas também 'ex-habitante' de um hospital psiquiátrico.

Hoje, pés no chão, ainda que retalhada; não mais um pássaro voando, perdido em meio a nuvens escuras e tempestades...

Você me trouxe uma alegria muito grande. Vai ser difícil imaginar o quanto é importante saber que outras 'C. (fem.)' serão olhadas com respeito e amor, como eu gostaria que tivesse acontecido comigo em momentos tão cheios de dor.

É um trabalho maravilhoso, que vale por si mesmo.

De minha parte, sou grata.

Um abraço,

M.C.V.R. (fem.)

'Vocês que vão emergir das ondas em que agora nos afogamos, pensem, quando lembrarem de nossas fraquezas, dos tempos sem sol que tiveram, a sorte de escapar.'

(B.B.)"

C4: tentativa de suicídio, sexo feminino, 30 anos, 1 carta.

"Achei ótima a reportagem na revista 'F.C.' sobre o suicídio. Foi clara, simples e expôs muito bem o que leva uma pessoa a se suicidar.

Aproveitando o endereço que colocaram na revista resolvi escrever, muito embora esteja um tanto apreensiva. Peço que não divulguem meu nome de forma nenhuma.

Tenho vontade de escrever e falar um pouco de mim, enfim desabafar, na esperança de ser entendida, por imaginar que escrevo para pessoas capazes de tal, no entanto prefiro me limitar.

No próximo mês completarei 31 anos de idade, sou casada há 8 anos, tenho uma filha de 5, sou formada em Direito, sou extremista, tenho um espírito crítico muito aguçado e sou um tanto cética também. E... penso ser um suicida em potencial. Na ânsia de não me tornar um real, digo real suicida procurei pessoas que julguei poderiam me ajudar a encontrar o fio da meada, o canal de saída deste túnel confuso em que estou. O que encontrei foram curiosos da minha vida falsamente bem intencionados, espalhadores de boatos, sensacionalistas, etc... que só ajudaram, ou melhor só levaram a piorar as coisas. Tenho consciência de meus problemas, tento resolvê-los, todavia se entrelaçam, tudo fica confuso e tem sido um caos. Por ser extremista tenho persistência e tentado encontrar o 'fio da meada', mas enquanto isso não acontece eu arrasto a vida e vivo no meio termo que nunca admiti.

Não aceito Psiquiatras, Psicanalistas, etc... pois acho que são muletas, e, atualmente também comerciantes que obtém altos lucros as custas de pessoas que são extremamente fracas e incapazes de distinguir aquele que quer realmente orientar e aquele que quer comerciar e se aproveitar do desespero de quem lhe procura na ânsia de obter uma ajuda, para sugar-lhe o último níquel do bolso.

Já fiz uso de soporíferos, calmantes, para esquecer, mas percebo-me indiferente a quase tudo e a quase todos.

Identifiquei-me com os dois últimos parágrafos da reportagem que pergunta afirmativamente: 'Afinal o que dizer dos que se tornam apáticos e alienados, indiferentes a tudo e a todos? Não seriam estas também formas de suicídio?'

'O suicida é quase como um morto insepulto' e o suicida em potencial é um morto-vivo; não está nem vivo nem morto.

Arrasta-se em vida para a morte, lentamente...
Na minha persistência que não sei até quando irá abafar meu desespero, eu gostaria de saber mais sobre o Círculo.
Saber a quem mais precisamente eu poderei me dirigir em outra correspondência, se poderei escrever, e outros detalhes que só o Círculo poderá me fornecer. A revista 'F.C.' já fez grande parte, prestou grande ajuda publicando o endereço.
Aqui me despeço agradecendo a atenção que foi dispensada a estas linhas.

S . O. N."

Fitas de áudio (FA)

F1: não constam dados de identificação. Texto obtido a partir da cópia do rascunho da perita responsável pela transcrição, 1 fita de áudio.

Legenda: K.M.W. — sujeito do sexo feminino;
(masc.) — outra pessoa do sexo masculino;
(fem.) — outra pessoa do sexo feminino.

K.M. — "F. (masc.), está muito difícil.
Sabe, eu tentei, mas tentei mesmo.
Puxa, que eu já não aguento mais! Não me deixa nunca mais tanto tempo sozinha, eu te imploro.
Não é só pelo afastamento, que esse já dói 'pacas', mas é que minha cabeça não sabe raciocinar de outra forma; eu começo a ver

você na minha casa, porque você não está num hotel e por mais que eu não queira ter ciúmes, eu talvez até nem precise ter ciúme, mas eu tenho, eu morro e eu estou morrendo aos poucos.

Nunca amei ninguém como eu amo você. Nunca. Também nunca sofri tanto por um homem, como eu sofro contigo.

De te saber doente, de saber resfriado e eu não poder cuidar de ti e ter que ser ela, isso me mata.

Por isso que, às vezes, lhe digo: o dinheiro não traz felicidade, mas ajuda muito, porque se eu tivesse dinheiro, eu juro, eu teria pedido férias e ido para aí ficar ao teu lado.

Você me falta tanto, tanta coisa eu tenho feito, tanta coisa eu tenho sonhado, para quê? Você não chega.

Volta por favor, volta que é pra minha vida entrar numa normal.

Volta F. (masc.) que eu te amo.

Volta porque eu não aguento mais."

F2: não constam dados de identificação. Texto obtido a partir da cópia do rascunho da perita responsável pela transcrição, 1 fita de áudio.

Legenda: J.G. — sujeito do sexo masculino;

... — palavra ou conjunto de palavras ininteligíveis;

(masc.) — outra pessoa do sexo masculino;

(fem.) — outra pessoa do sexo feminino.

J.G. — "Agora é sete horas. Bom, tudo bem? Fala aí, I. (fem.)! O negócio é o seguinte: eu tenho muita coisa a falar com você, entendeu? Muita coisa a te dizer, quer dizer, deveria dizer pra você, mas eu acho que não vale a pena estragar aquelas coisas bonitas que a gente falou, a gente se falou, a gente se curtiu, a gente se transou, você entendeu? Então, eu gostaria de deixar alguma coisa nessa fita para você, mas eu gostaria que ao ouvir essa fita você a ouvisse sozinha, você entendeu? Que você deveria jogá-la fora assim que você ouvisse, porque eu não estou a fim que você fique se lembrando de mim, o que eu já fui e lembre sempre que eu existi, tá? Bom, pra início de conversa, eu quero que você fique com o anel aqui, porque esse anel foi feito para dar de presente pra você em teu aniversário, mas por lapso meu, eu não levei, então eu não quis estragar a surpresa, espero que aquelas flores lá tenham substituído temporariamente, mas fique com esse anel pra você que eu gostaria que você usasse, que você, ou que você jogasse fora ou desse pra alguém, você sabe que quem sabe o que fazer melhor das coisas é nós mesmos, né? Então, eu deixo aqui, você entendeu?... pra você, que você seja feliz, que você encontre um cara, entendeu o que quer dizer igual eu não, porque não existe, J.G. tem um só mesmo e J.G. é um e a fábrica faliu, quer dizer, só teve ele. Bom, mas o negócio é o seguinte: I. (fem.), é com relação a gente, sabe, eu preciso muito explicar porque eu tinha que dizer muita coisa para você e eu não disse um décimo daquilo que eu deveria. Você sabe que, que, que eu tinha, com minha tia, entendeu? Você imaginou coisas que talvez fossem verdadeiras, não estou afirmando nada, hein?

Bom, mas tudo bem. E não realmente, ela me chantageava, me fazia mil coisas, ela me aprontava uma porção de coisas. Você sabe que ela é uma víbora, uma 'filha da puta'; fico enfuriado só de pensar que ela está querendo me ferrar a vida, entendeu? Mas como eu sei que não vou durar muito, então eu fico contente por ela, por ela viver, porque ela vai sofrer bastante ainda, ainda tem muito que sofrer e olha, se depender de desejos, de pragas, olha, ela vai se 'ferrar', viu? Até aí eu estou, estava um pouco enfuriado hoje, entendeu?... porque eu... a não ser, desde aquele dia, aquele dia 15 eu queria falar com você, mas eu não quis forçar a 'barra' pra não estragar uma coisa que foi legal, foi bastante, bastante legal entre nós, entendeu? A nossa amizade, a nossa 'transa' aqui e eu gostei muito e você foi uma pessoa que marcou muito na minha vida e. . . e sei lá, nada como uma explicaçãozinha, né... pra deixar... Espera um pouquinho só que eu vou desligar esse rádio aí. E tudo bem, estou aqui de volta. E nada como uma explicaçãozinha pra tudo que aconteceu. O negócio é o seguinte: I. (fem.), há muito tempo eu tive uma garota aí, entendeu?... que a gente se 'transava' também, mas eu não tinha nada com ela, quer dizer, não era afins dela e a minha tia começou com as estórias de trote, então tudo me leva a crer que foi ela que começou com esses trotes aí, que estragou tudo, quer dizer, ela, ela conseguiu. Parabéns pra ela, porque eu te falei que quando é, quando eu fosse, quando eu descobrisse essa pessoa eu daria um parabéns e realmente merece. Então, eu creio que... E com acontecimentos desse tipo que levou a crer que fosse ela realmente que fazia tudo. Bem, até aí tudo bem! Até que pronto, aquele dia lá, que ela telefonou pra tua casa após o teu aniversário, eu, eu estava em casa, mas estava de saída e depois que eu fiquei sabendo que ela ligou pra tua casa e fez, aquele 'puta' reboliço. A partir daquele momento, 'puta', deu vontade de dar um murro na orelha daquela 'filha da puta', porque ela me enfureceu, ela conseguiu, ela conseguia me deixar irritado quando ela falava de você, entendeu? E, eu fiquei assim, 'puta', eu fiquei num estado de nervo, 'fudido', entendeu? E eu não desejaria a ninguém passar, nem meu inimigo, porque o que eu passei, realmente, não foi brincadeira. Foi uma 'barra' aguentar todo aquele sufoco, mas até que enfim eu estou me libertando, você entendeu, eu estou numa boa e eu só quero deixar aqui pra você L. (fem.), porque o negócio é o seguinte: você foi uma pessoa, como eu já disse, marcou muito pela sua amizade, sei lá, pelo nosso entrosamento.

No começo você sabia que eu não era afins, mesmo de, ... eu estava simplesmente brincando com você, mas aconteceu que eu parei, parei, curti, gostei, você entendeu? E realmente eu continuo gostando de você, curto você e pode crer que, que não é brincadeira não, não é 'papo furado', porque eu realmente estou sendo sincero. Bom, com relação a muitas coisas que eu deveria dizer pra você, o negócio é o seguinte: a minha tia, ela, nós tivemos uma transação assim, você entendeu, fora do comum, que seria assim o chamado amor platônico, que (risos) realmente um dia eu estava meio bêbado e aconteceu. Então, a gente, a gente, quer dizer, a gente não, eu tive que satisfazer ela assim por muito tempo, porque ela me chantageava e eu não tinha como sair dela. Bom, então eu não tinha como sair dela, tudo bem. Até aí, quando foi em junho, julho, nas férias, eu peguei minhas coisas e dei uma banda, viajei, curti mesmo e depois não queria mais voltar pra casa dela, até que ela me disse que voltaria, entendeu, que tudo continuaria numa boa e que a gente não teria, quer dizer, a gente não, eu não teria que transar com ela. Mas aconteceu que... quando ela descobriu que eu transava com outras pessoas, ela começou a fazer fuxico, trote; inventou coisas dessas pessoas. Falava que elas estavam passando trotes lá e sei lá. . . Ela é uma pessoa doente, ela é louca e eu não tenho como provar, senão botaria no hospício, mas tudo bem. E esse daí foi o único problema, viu, que influiu muito na nossa, na minha vida, simplesmente é muito mais com você porque atingiu você diretamente. Se tivesse atingido você indiretamente, eu ficaria triste, mas não triste quanto eu fiquei, porque realmente isso daí acabou com a gente, arrasou, deixou você injuriada e eu, principalmente, pior ainda. Então, o negócio é o seguinte: I. (fem.), eu quero deixar aqui, você entendeu, que isso aí não foi culpa minha, entendeu, gostaria que você me perdoasse por tudo aquilo de mim que eu fiz pra você lá, se eu fiz alguma coisa de ruim, mas que por culpa você foi atingida e que você seria muito feliz, que você trabalha tudo aquilo que você tiver vontade, que você não deixe que as pessoas vençam você; você entendeu? Você seja sempre superior, tenha um pensamento que você é você e que nunca as pessoas podem ser mais que você, porque quem gosta de você é você mesma; em segundo lugar os amigos, tudo bem. Até aí você põe você em primeiro lugar, porque nunca põe você em segundo lugar. Porque quando você esquecer de você... minha filha, ninguém vai se lembrar. É por isso que eu sou um cara que sempre faço amizade, que sempre, sempre os meus amigos lembram de mim, porque eu sempre me ponho em primeiro, porque eu sou o meu melhor amigo e segundo os meus amigos, que podem tanto me ajudar como prejudicar. Geralmente quando você está muito em cima eles te prejudicam, porque a pior coisa que existe nas pessoas é a, seria... seria não, é, a falta de consideração de um humano pra outro, falta de humanismo, de compreensão. Então em vez das pessoas ajudarem, elas tentam prejudicar tudo aquilo que você construiu, tudo aquilo que você está construindo, que você está batalhando, com... entendeu? Passando apertado, sei lá, mil coisas. Então, em vez de ajudar eles querem destruir. Por isso que eu digo pra você que seja você mesma, que você batalhe, que você não dê bola para os outros, porque se você depender dos outros você está 'ferrada' . Eu não dependo dos outros, entendeu, tudo o que eu tenho conseguido foi por mim mesmo. Sobre a chantagem da minha tia, que depois eu fiquei sabendo, que ela falou que ia desligar o meu telefone, que ia fazer isso, que ia fazer aquilo, fazer aquilo. Bom, o meu telefone é o seguinte: ela desligou, porque eu fiz a burrada de botar um telefone no nome dela quando eu abri o escritório, aqui é nosso e a gente não deve nada pra ela porque o deve. . . ou melhor, quem deve sou eu, porque ela não se conformou que eu era, que eu era um sobrinho dela, que era um afilhado dela e queria mais. Ela queria que eu vivesse com ela como marido e eu não tenho condições, porque eu tenho nojo dela, entendeu?

A partir do momento, daquele dia que eu estava bêbado, levantei (risos), bêbado não, estava 'chutado', que eu levantei e eu memorizei tudo aquilo que eu tinha feito, eu fiquei com nojo de mim, muito, muito, muito mesmo, mas eu fiquei com mais nojo dela porque, 'porra', afinal de contas ela não deveria ter, ter me induzido a fazer certas coisas, apesar que eu sou um cara que tem 22 anos, sou cabeça feita, etc. e tal. Você pode, a qualquer outra pessoa, pode alegar isso. Mas, você sabe que por consequências, sei lá, você faz determinadas coisas que você não tenciona fazer, que você acabou fazendo e se prejudicando. Então, eu também quero que você, I. (fem.), diga a teus pais que, olha, eu gostei muito deles, entendeu, que eles foram pessoas 'gentíssimas', entendeu, fina, gentíssima mesmo, que foram muito finos comigo, com o resto do pessoal, entendeu, e sei lá, eu queria pedir desculpa pra eles, por tudo isso que eu causei indiretamente, entendeu, por eu ter me envolvido com você, porque eu acho se eu não tivesse me envolvido com você, nunca teria isso. Mas tudo bem, valeu, a gente se curtiu, se transou e comigo vai sempre o pensamento daquela noite, daquela pizza, daquele vinho assim... entendeu? Aquela noite foi maravilhosa, realmente foi a melhor noite que eu passei com você e que a gente ficou assim, numa boa, se transou, mas por consequências, né, estragaram o resto do teu aniversário. Gostaria de pedir perdão pra você por isso, porque eu não sabia que uma coisa dessa acontecesse, porque se pelo menos eu, eu, eu sei lá, pensasse que fosse acontecer isso, eu teria acabado com ela, porque ela nunca te fizesse mal, porque você sabe que eu te considero 'pacas', porque eu gosto muito de você e que você marcou, marcou fundo e você foi fundo mesmo. Não foi só simplesmente numa piscadinha, foi, não foi, quer dizer (riso), não foi uma piscadinha dos olhos, foi uma piscadinha do coração. Teu coração piscou, o meu também piscou, então a gente bateu, a gente se transou, a gente se gostou. Eu acho que isso daí é o que vale, as coisas boas que a gente fez junto, que a gente conversou e a gente não deve lembrar das coisas más, apesar que as coisas más não, nunca a gente esquece, a gente sempre esquece as boas mas as ruins a gente sempre traz em mente, porque a ruim prejudica e as boas não!

Mas, tudo bem, eu espero que você seja muito feliz e estou deixando esse presente que é teu realmente, entendeu, eu queria que você recebesse naquele dia mas não deu, gostaria de, de, de me desculpar porque eu não falei com você depois daquilo, antes, por telefone, entendeu, então eu, sei lá, eu sou um pouco culpado disso, mas eu, sou um pouco não, eu sou o culpado disso, né? Mas mesmo assim eu gostaria que você ficasse com esse presente e que você usasse ele, gostasse dele, entendeu, como você gostou de mim, porque eu sei que você foi sincera, você é uma pessoa maravilhosa e que você tem tudo, entendeu, pra ser feliz; que você encontre um outro carinha, entendeu, que te faça feliz, porque por loucuras minhas não consegui fazer isso com você, eu acho que eu te dei mais tristezas do que as alegrias. Mas eu creio que as minhas alegrias, as alegrias que eu te dei superam as tristezas, né? (riso).

Não sou egoísta, ou melhor, eu não sou convencido, eu sou realista. Por isso que estou dizendo isso. Mas, eu sei que você, I. (fem.), vai ser uma pessoa que vai vencer, que vai ter tudo aquilo que você quer, entendeu? Porque você realmente é uma pessoa batalhadora e, se depender de mim, olha, eu te juro que se for pra mim ficar, ou melhor, o meu espírito ficar, porque a carne vai, né? Se meu espírito ficar pode crer que ele será o teu anjo da guarda, quer dizer, darei uma força pra você. É isso aí, eu sei que não vou durar muito porque eu estou com problema, você entendeu, na máquina, a máquina está parando, ela está dando falhas e esse motor é difícil consertar. Eu também, sei lá, por, por, por fascínio da morte, você entendeu, eu não quero restaurar tudo isso porque, realmente, eu gostaria de descobrir o que tem do outro lado, né? Então, eu, eu, se depender de mim eu não vou tirar a minha vida entendeu, eu não tiro minha vida entendeu, porque eu não gostaria de fazer tal coisa. Mas a natureza te tira, né, nada se cria, tudo se transforma.

Então, eu creio que chegou a minha vez e eu não fujo disso e eu vou fundo, porque eu sempre sou um cara que vou fundo nas coisas, eu nunca fujo da realidade, da dureza, entendeu?

Então, eu só me distanciei de você, você entendeu, não foi por eu fugir, mas sim porque eu queria ver você feliz, sem problema, sem preocupação, sem, sem perseguição, porque não vale a pena, ela é uma doente mental e se eu continuasse com você, pode crer que ela continuaria te perturbando, como deve estar perturbando através de trote, eu não posso provar que é ela, mas tudo me leva a crer, a crer que seja, mas tudo bem, eu deixo aqui pra você um beijo, um 'puta', do tamanho do mundo pra você, entendeu, e pode crer que meu coração está com você, minha cabeça, você está no meu pensamento, você entendeu, você está em tudo que eu vejo, tudo que eu toco, tudo o que eu sinto, entendeu, e você está sempre junto comigo.

É isso aí dona I. (fem.), como eu gostaria de estar junto de você pra te dizer isso, mas, eu sei lá, você poderia não aceitar, poderia fazer qualquer coisa que, que pra me ajudar entendeu, pra me prender aqui mas eu não quero ser preso, eu sou um cara livre, eu gosto de liberdade. Então eu gosto que as coisas aconteçam naturalmente, então isso vai acontecer naturalmente.

Quando eu for, tudo bem, deixo o convite pra você, hein? Reze por mim (risos). Bom, até aí tudo bem, já que você conseguiu fazer eu entrar na igreja aquele dia, eu acho que agora você pelo menos, eu acho que eles devam rezar pelo menos uma missazinha em minha homenagem, tudo bem. Pensa que eu estou com você lá?... porque eu estarei realmente, estarei a teu lado e ajudar-te-ei, te darei uma força, entendeu, quando você sair, você pode crer que eu estarei sempre pra te ajudar. Sei lá, se, se eles dizem que quando a gente, quando a carne morre, né, fica o espírito e o meu espírito eu não quero que ele vá, eu quero que ele fique aqui, porque eu, aqui tem pessoas que eu gosto, aqui tem pessoas que eu quero ajudar e se depender de mim eu ficarei aqui e ajudarei mesmo e você será a primeira, porque você foi, realmente, a primeira na minha vida.

Oitenta e um foi muita coisa boa que aconteceu. Abri o meu escritório, conheci um pessoal maravilhoso, principalmente o M. (masc.), que eu considero 'pacas', entendeu, inclusive eu estou deixando um monte de coisas pra ele porque, realmente, ele é minha família, ele é meu irmão, ele é um cara que eu considero e considero. E uma coisa maravilhosa que aconteceu, apesar de ter sido no fim do ano, mas tudo bem, foi a gente ter ido naquela festa, entendeu? Tomei a maior 'chupada' por chegar tarde, quer dizer, cheguei no outro dia mas mereceu porque eu tive com você até umas duas horas da manhã e você foi maravilhosa e você, sei lá, a gente se falou, você entendeu problemas de idade, sei lá, qualquer coisa, transa, que eu não conseguiria gostar de você, porque aí, canseira! O que você é mais velha que eu, papapá, papapá, aqueles papos furados que toda mulher diz, né, mas tudo bem, você pode crer que tudo aquilo que eu fiz pra você foi sincero, tudo aquilo que eu te falei foi sincero, eu gostei de você, gosto de você, sinto por você, entendeu, o que eu não conseguiria sentir por ninguém, que eu sempre me prendo quando eu me aproximo das pessoas e com você, eu consegui que você entrasse, entendeu, eu consegui deixar você entrar e você entrou e se entrou, fica, tá? E como eu te disse, um beijão pra você, tudo de bom, que você consiga tudo aquilo que você merece, tudo aquilo que você, de maravilhoso pode acontecer a uma pessoa. É tudo isso que eu desejo pra você, tá? Se algum dia você encontrar alguém, algum J. (masc.) por aí, não deixa ele escapar, hein? Porque são poucos (risos), ou melhor, é um só que existe, mas parecidos assim, tem sempre algum. Se você encontrar um pelo menos que seja parecido, segura, porque esse é gente fina (risos), pode crer, tá? Você sabe que eu estou dando risada, entendeu, eu sempre gostei de dar risada e sei lá, não sou sádico pra fazer essas piadinhas, que eu gosto de piadinhas, de dar risada, de mostrar meus lindos dentes (risos), entendeu?

Então, eu não quero que você leve a mal essas piadinhas, que você sempre tenha em sua mente um cara legal que eu fui, um bom amigo de classe, um bom carinha, entendeu, sei lá, um desabafo, uma amizade, um tudo de bom que eu fiz.

Que você lembre daqueles carinhos que eu fiz, fiz aquelas palavras carinhosas, aqueles gestos carinhosos que por você eu fiz, que você pode ter certeza que foi sincero e eu continuo com esta sinceridade. Apesar que, não sei se eu duro bastante, mas se a gente continuasse junto, I. (fem.), seria a melhor coisa que poderia acontecer pra mim. Mas caso a gente se separe algum dia, eu venha a desaparecer e você fique, eu gostaria que você recebesse essa fita aqui, que você ouvisse e que você soubesse, entendeu, e tudo aquilo que eu sinto por você, que eu penso por você, pode não acreditar muito, mas pode crer que eu acho que dessa você pode acreditar que você um dia foi e realmente foi mesmo e nunca e nunca aquelas que foi sem nunca ter sido. Falou?

Um beijão pra você e aqui eu me despeço, entendeu, com tristeza e porque eu nunca gostaria de me despedir de você, estar sempre com você, mas a gente é obrigado a se despedir das pessoas algum dia e esse dia chegou e eu estou me despedindo de você, tá?

Eu quero que você não chore, quero que você dê risadas, porque eu sei que você é uma pessoa emotiva, mas eu nunca gostei de ver as pessoas chorando, porque chorar é sinal de fraqueza e eu não sei chorar, eu não choro, porque eu não gosto realmente de chorar, não gosto de pessoa que chora, então eu quero que você ao ouvir essa fita dê uma boa gargalhada, que você saia, vá pra um barzinho, tome uma, curta adoidado, cante, dance, você entendeu? E porque é isso que eu sempre desejei pra você, que você sempre fosse feliz, fizesse coisas felizes. Aquele abração a teus pais, entendeu? Um beijão todos pra eles, pros meus amigos, pra todas aquelas pessoas que me rodeiam (risos).

Aí, é grave!!! Certo? Bom, hein?

I. (fem.), não vá esquecer do presente, não vai querer jogar ele fora e nem me devolver. Eu gostaria que você usasse, hein? Bom, bota naquele dedinho que você sabe qual é! Ai, estou cansado! Sei que não vou durar muito, sei que a gente tem que ir, mas eu não gostaria realmente de ir agora, mas tudo bem. Todo dia era dia de índio. E, felizes eram eles, né, não tinham preocupação, é como dizem 'feliz foi Adão que não tinha sogra, nem preocupação, vivia no paraíso'. Realmente eu gostaria de viver no paraíso, mas você seria a minha Eva (risos). Pode crer que aquela folhinha de palmeira você não ia usar, viu? (risos) Se usasse seria por pouco tempo. Bom, sei lá, estou me sentindo leve, estou me sentindo de cabeça feita, estou me sentindo um cara 'paca', estou me sentindo gente, porque eu, tudo aquilo que eu queria falar pra você, dizer pra você que eu consegui, eu estou te dizendo agora, estou te deixando agora, entendeu? E quero que você curta bastante.

E sei lá, se você quiser guardar essa fitinha, quando não tem problema porque, quer dizer, grava alguma coisa em cima, umas músicas, qualquer coisa, menos deixar do jeito que ela está porque eu sei você vai querer ouvir, que você vai se sentir triste, que você vai se chatear, eu não gostaria disso.

Se você um dia, no dia que ouvir, quiser quebrá-la, parabéns! Você vai fazer uma coisa maravilhosa na sua vida, porque eu não gostaria que você tivesse pensamentos tristes, entendeu, eu não gostaria que você se entristecesse por minha causa, porque você, realmente, fosse feliz. Por isso que eu digo, I. (fem.), você tem que prometer pra mim que não vai chorar, você vai ser, entendeu, uma pessoa que vai dar risada depois de ouvir essa fita porque você pode, eu esqueci de mencionar no começo, mas você pode estar chorando e eu não gostaria de ver você chorar. Apesar que você não deve ficar bonita chorando, né, porque mulher que chora fica mais feia, né, fica enrugada e tal, fica com os olhos inchados e eu detesto. E principalmente por você chorar ia expressar um sentimento de fraqueza, porque a gente deve chorar pras coisas boas que aconteça e nunca pras coisas ruins. Apesar que eu não sei se, se a gente, a gente se distanciando da outra é uma coisa, uma coisa ruim ou boa, né? Eu creio que no meu caso deve ser bom pra você, que deve ser não, é bom pra você, porque assim você vai ser feliz, você vai viver a tua vida e eu não vou te prender a nada e não, não vou com que passados os meus te prende em alguma coisa, te prejudique alguma coisa, tá? Te cuida muito bem, seja muito feliz, vai fundo, estude bastante, seja uma mulher, entendeu, que muitas almeja ser e que não conseguem.

Falou? É tudo isso que eu gostaria que você fizesse e você está em meu coração, está em meu pensamento, está no meu corpo, está comigo e pode crer que você não vai sair tão cedo, ou se algum dia saísse, você entendeu, não será porque eu quero que você saia, porque se depender de mim, você ficaria para sempre como eu também ficaria para sempre aqui para que você ficasse comigo. Ai! ai! Estou 'bodeado'! Tenho que ir agora! Vou parar, você entendeu?

Mas pode crer que eu fico com você. Um beijão pra você, te curto, te gostei muito e te gosto. Antes, quem sabe, né, pode até pôr uma datinha. São Paulo, tal dia de, de, de mês tal, de mil novecentos e oitenta e tal . . . (risos).

Atenciosamente. J.G. (masc.), famoso J. (masc.), J. (apelido-masc.), pros íntimos e J. (diminutivo-masc.) pra aqueles que gostam realmente. Um beijão! Tchau!"

F3: sexo masculino, tentativa de roubo seguida de suicídio com arma de fogo, 1 fita de áudio.

Legenda: A. — advogado;

S. — suicida;

M. — voz masculina.

OBS.: a gravação da fita se dá na casa invadida pelo ex-penitenciário.

M. — "Pronto. Já está ligado o gravador. Manda ele falar, manda ele falar...

(segue-se trecho de vozes ininteligíveis, em segundo plano).

S. — Chegou o fim da minha vida... mas, tudo bem, gente, olhe! Só quero, só quero deixar bem claro pra vocês, que esse fim da minha vida que chegou aqui, foi pelo fato do governo, não, foi pelo fato do governo não agir com pés..., ou melhor, não quero acusar ninguém, mas, o governo, ele merecia dar um apoio melhor pro sentenciado. O sentenciado, quando ele sai da cadeia, ele podia sair documentado, ele podia sair, ele podia sair da cadeia com a carta de trabalho, o governo podia montar um órgão, uma firma pra dar um apoio pra todo sentenciado que sai do fundo da cadeia, porque todos que ficam lá, eles ficam espremidos e saem de lá de dentro, humano, o que leva o sentenciado sair da cadeia e fazer eu voltar a minha palavra que nem prestei minha palavra na TVS, fico muito decepcionado, de ter um excelente apoio pelo deputado F.R. na TVS do S.S., ter a alta consideração de me pôr no carro dele e me levar pro Palácio do Governo, me dando um apoio.

No dia seguinte, ou melhor, no mesmo dia telefonou pro diretor do Deic, no dia seguinte mandou que eu fosse até o Deic e o diretor do Deic me recebeu com muito carinho, pagou a foto pra mim, pagou a multa, me deu todo o apoio e eu dei sempre a minha palavra pra esses homens da, esses homens da sociedade, que são pessoas humildes, mas nem todos são que nem eles.

Agora, a homenagem que eu faço, pro deputado F.R., que o que me levou a praticar isso que estou praticando, foi pelo fato de não ter mais um apoio, de não ter aonde viver, não ter aonde comer, não ter aonde viver, o senhor entende?

A realidade é que eu faço um apelo pro governador do Estado, e que seja até o governador federal, que monte um órgão particular e dê um apoio pra aquelas pessoas lá na Penitenciária do Estado, que estão lá na Casa de Detenção e que são pessoas que faz, trabalham, pega muitos cursos que nem eu tenho, diversos diplomas tirado lá, diplomas diversos que nem vou citar, e cheguei aqui na rua, batia nas portas e encontrei as portas fechadas, não teve um homem que falasse assim: 'Você está mostrando uma grande, uma grande disposição e eu vou te dar um apoio'. Não teve um homem pra fazer isso. Eu só encontrei porta fechada e violência. Mas eu não usei da violência. Eu cheguei, sinceramente, estou fazendo isso, nunca fui de pedir desculpas, mas peço desculpas. Eu estou errado, por estar fazendo isso daqui na casa de um familiar, não espanquei o familiar. Sou uma pessoa humilde e humano, sou ser humano, gosto do povo, sou do povo, mas o que me levou a fazer isso daí foi o fato de estar numa situação muito difícil. Peço desculpas também pro Sr. J., e à Dona Z., que é uma pessoa maravilhosa, me deram um apoio; à F. , que foi minha amante, deu tudo por mim, falou pra mim, me aconselhou: 'Não pratique coisas erradas'.

Agora, nem sei o que é que aconteceu na minha mente, ontem à noite, quando sai pra tomar um revólver de um, de uma outra pessoa pra vir praticar isso e me encontro num fato desse, desse que me encontro. Mas, tudo bem. Ô F. (fem.)! Eu só espero que você possa entender, espero que você leve uma vida maravilhosamente bem com uma outra pessoa. Eu só espero que a F. (fem.) se dê bem e que siga um caminho vivo, um caminho de cabeça erguida, contente, com humildade, não nessa idade que você vive, porque a vida boa é a vida honesta. Eu estou roubando, mas eu sei que a vida boa é a vida honesta.

Agora, F. (fem.), eu não tenho nem como te agradecer e nem como te explicar por não ouvir as suas palavras, a sua decência para comigo e só espero que não me carregue marcado no fundo do coração. Cuide das suas filhas, dê um forte abraço na neném, que ela está viajando... (trecho entrecortado) não esqueço da minha mãe que tem oito anos que eu não vejo, não sei se irei ver mais. Mas a realidade é uma só. O que me levou a fazer isso daqui, é porque o país está completamente desorganizado. O governador assumiu isso daqui, tentou fazer alguma coisa pelas pessoas... Moço, faça o favor! O sr. está querendo empurrar aí. EU, eu aí vou fazer o quê? (seguem-se vozes em segundo plano).

Então, então o que eu faço um apelo, novamente, repito, sr. governador, um ex-sentenciado humano que está fazendo isso daqui por uma necessidade, por não ter um apoio. Ó gente!

Não vamos dar uma casa, uma mansão pra cada sentenciado que sai da cadeia que não tem condições. Mas, gente! Dê a documentação do sentenciado quando sai da cadeia. Arrume uma carta de emprego, que ele sai e trabalha, dê um apoio.

Dê um apoio ao sentenciado, que ele vive na sociedade, porque as pessoas podem falar: 'Que nada! O sentenciado não pára mais de roubar!' Pelo contrário! Não é que o sentenciado não pára mais de roubar. É que o sentenciado não tem um determinado apoio adequado. E ele fica numa situação tão crítica, tão difícil que ele até parte pra estes tipos de coisa.

Agora, eu só deixo bem claro pra população. Eu roubei por três veis, com essa. Tive uma oportunidade. Olha gente! Só que de violência eu nunca usei. Nunca tirei uma vida humana, nunca estrupei (interrupção por uma voz em segundo plano).

Não, eu quero deixar bem claro.

A senhora, está entendendo? Não estou fazendo nada pra ela. E a minha palavra final que eu tenho pra dizer: 'Não esqueço do T. (masc.), não esqueço do B. (masc.), que são pessoas que tentaram me dar um apoio, me estimaram e foram pessoas decentes para comigo.'

Olha gente! Vocês! Não sou contra vocês, mas a polícia ... (interrupção por vozes ininteligíveis em segundo plano).

A. — ... te defendo na justiça, sou advogado também, rapaz.. Eu defendo você. Você está fazendo uma bobagem!

S. — Não. Eu, eu ...

A. — ... sentenciado. Você não está na rua, amanhã você está numa boa aí com as garotas, você está trabalhando...

S. — É difícil. Porque ...

A. — ... amanhã ... A gente vai te ajudar...

(Ouve-se um estampido de arma de fogo.)

F4: não constam dados de identificação. Texto obtido a partir da transcrição da fita disponível. Julho de 1985, 1 fita de áudio.

Legenda: D. — suicida/sujeito do sexo masculino; encontra-se em seu quarto na casa;

(fem.) — outra pessoa do sexo feminino;

(masc.) — outra pessoa do sexo masculino;

... — pequena pausa;

..*.. — pausa em que D. chora (choro profundo, soluçante);

& — intervenção de outra pessoa;

(?) — palavra ou trecho ininteligível.

"D. (masc.) ...

Estou aqui para dizer-lhe que nada mais importa para mim.

Para mim tudo se acabou. Eu sinto muito, mas tudo o que eu queria era ser feliz, nada mais. Por favor, eu quero que todos me compreendam, eu lutei muito nessa vida, mas nada adiantou, porque a felicidade é uma só, eu não consegui encontrá-la, mas tudo bem, eu estou partindo, e creio que encontrarei. Isso é importante para mim demais, compreendam por favor!

Eu desejo ao meu sócio e grande amigo, A. (masc.), eu desejo tudo de bom, eu desejo que seja feliz ... eu quero que ele tenha tudo e algo mais que eu não tive, que é a felicidade. Olha, meu amigo, sabia que você significou muito para mim, e eu o tenho como um irmão? Eu quero que você siga em frente e cuide de tudo, não desista jamais por favor! Lute sempre e não desista! Eu não estarei ao seu lado, porque não posso, mas desejo tudo que eu poderia fazer por você, por nós ... Eu desejo tudo isso pra você, que você deve seguir, que assim seja sempre. Eu, D. (masc.), seu sócio, te contei meus problemas, parte da minha vida, e agora não posso mais continuar mais lutando dessa maneira, sem ser feliz. Tudo aconteceu, tudo acontece e aconteceria, se eu não tivesse tomado tal decisão. Talvez assim seja melhor para todos. Eu preciso partir. Compreendam, sim!

E a minha família ... Eu os adoro tanto ... Eu quero a todos muito bem. Eu sinto muito por tudo que vem acontecendo, talvez eu tenha cometido um grande erro, mas tudo que eu queria, era ser feliz, pois não consegui e agora eu tenho que partir.

Meu irmão, T., eu gosto ..*.. eu gosto muito ..*.. eu gosto muito de você, eu quero que siga em frente, que lute, e que vença na vida, passe por cima de todos os problemas, e, por favor irmão, lute, lute com fé e coragem, pois tudo dará certo. Lute pra valer, mas também ...

Eu sinto partir, mas é o único jeito, compreenda ..*.. você também conhece um pouco da minha vida, você também sabe um pouco de mim, lute, não desista, e eu, eu não posso continuar assim ...

Há três dias ... Olha! Desde sábado, hoje é segunda, mas desde sábado, então, eu procuro uma maneira de partir, de ir embora. Só hoje, então, consegui. E vou de livre e de espontânea vontade, porque realmente preciso fazer isso.

Eu, não sei ... Mas eu lutei ... Eu procurei ser feliz ...

Tudo o que eu queria é ter um filho, uma filha, eu sinto muito também em deixar algo que eu tanto amo ... A minha filha D. (fem.), eu adoro ... eu adoro D. (fem.) ...

Eu quero que um dia seja feliz, e cresça com saúde e muita felicidade. Eu tenho muita fé em Deus, eu sei que estarei bem. Aonde eu estiver, eu encontrarei a felicidade, pois isso é tudo o que eu quero. E tudo que eu consegui até hoje não importa, nada disso eu posso levar. Que isso sirva então pra minha filhinha, e, talvez, isto mostre um pouco do valor que eu tô dando a todos. Eu adoro a todas as pessoas, é uma pena que em parte falta um pouco de compreensão de alguém ... Não a culpo também, mas eu não posso continuar tentando assim. Tenho medo que de alguma forma eu venha prejudicar alguém. Alguém que não tem nada a ver, alguém que não deve ... Eu procuro então ... dessa forma, partir, eu sei que partirei.

Eu agradeço a todos os meus amigos, eles são realmente pessoas bacanas, e peço-lhes que lutem, que continuem lutando sempre, nunca parem, e eles terão tudo aquilo que eu não consegui, toda felicidade, toda paz, todo amor. Por favor, lutem! Sigam em frente. A todos vocês meus amigos, por exemplo J. (masc.), T. (masc.), meu irmão. Perdoe-me! E também F. (masc.), E. (masc.), mais R. (masc.), todos, por favor, lutem sempre, viva, a vida é bela pra aqueles que não desistem. Eu sinto, (?), continuem, lutem, tudo será maravilhoso, tudo será real, tudo será ... maravilha! Eu agradeço a todos. Essa é a minha mensagem, é tudo o que eu, tudo o que eu posso deixar, para que saibam que eu adoro, adoro todos vocês, e que a M. e o A. sejam feliz, que sejam felizes, que encontrem a felicidade que eu não pude encontrar.

Eu mandei a S., chamar então o A. e o T. aqui, somente eles, e se os outros quiserem vir também, eu agradeço bastante, porque eu estou pronto e vou partir agora.

Nesse momento, exatamente, é uma hora e trinta e quatro minutos da tarde, segunda-feira, dia 15 de julho, de mil novecentos e oitenta e cinco. Eu não tenho muito a falar ... meus sentimentos são profundos ..*.. Mas eu preciso, eu preciso ..*.. partir para sempre, pra nunca mais ..*.. Eu preciso partir! Não se importem, eu estou chorando, ..*.. mas é porque ..*.. eu não queria, ..*.. tudo o que eu queria era viver feliz, ..*.. eu queria ser feliz ..*.. mas não dá, eu já tentei, eu já tentei .. *.. Essa não é a primeira vez que eu tento, não é a primeira vez ..*..

É verdade sim, mas tudo bem, pra todos vocês a vida continua, tá? Eu quero somente a felicidade de todo mundo.

Olha! Se querem realmente, que eu me sinta feliz, seja onde eu estiver, eu sei que estarei bem, tá? Mas eu quero então que vocês lutem! É tudo o que eu quero, que vençam ..*.. que sigam em frente ..*.. que lutem ..*.. tudo, que sejam feliz para sempre, que nunca desistam ..*.. que nunca parem de lutar ..*.. Eu lutei até o último momento ..*.. Eu nunca tive uma arma, nunca ..*.. mas eu agora, eu preciso muito, nunca pretendia assim ..*.. prejudicar ninguém ... Somente seguir em frente, conseguir vencer, vencer, isso tudo que eu queria, mas a felicidade, é claro, em primeiro lugar, e eu não alcancei a minha felicidade.

Eu sempre quis ser feliz ...

Nesse momento, a minha filhinha está no meu quarto, eu queria muito ..*.. eu queria muito vê-la. É incrível, mas eu queria abraçá-la ..*.. Eu queria ..*.. mas eu não posso ..*.. porque eu tenho que partir ..*.. Ela, ela está brincando ..*.. Adeus para todos ..*.. Adeus.

Olha! Eu adoro a todos vocês ... (dirigindo-se a outra pessoa) Não abre a porta não! Eles estão aí? Fecha a porta ... (pausa mais longa) Fecha a porta! Fecha a porta!

Chama o A. (masc.), chama o A. (masc.).

& — ... mas não chegou ainda . . . (pausa mais longa)

D. — A. (masc.), vem logo! ..*.. Vem logo A. (masc.)! Eu só quero que você chegue ..*.. É tudo que eu quero ..*.. Vem logo ..*.. Quem está aí? ..*.. Fala ..*.. Quem está aí ..*.. S. (fem.), S. (fem.)! ..*.. S. (fem.) Ô! S. (fem.), não abre a porta, leva a D. (fem.) pra lá, vai! ..*.. Leva a D. (fem.) pra lá! ..*.. Tira ela daí, tira! ..*.. Tira a D. (fem.) daí, tira! ..*.. Tira a D. (fem.) daí ..*.. S. (fem.), S.(fem.)! Eu sei que você está aí, quem mais está aí com você? Fala ..*.. Quem está aí? ..*.. Não abra a porta, tá? Eu quero o A., não, não abra a porta, fecha a porta, não, não! Tem alguém com você?

(Outra pessoa ao fundo)

Eu quero que o A. (masc.) venha aqui! E não abra a porta, tá? . . .

Não abra a porta, viu? Eu não quero que abra a porta (ouve-se tiro). Não abra a porta, tá? Eu tô pedindo, chega de tudo ..*.. Eu quero o A. (masc.) (ouve-se tiro) aqui! ..*.. (ouve-se tiro), (D. religa o gravador/ seu choro vai se intensificando ainda mais, fala chorando.)

..*.. Eu quero o A. (masc.) aqui! ..*.. É tudo que eu quero ..*.. É tudo que eu quero ..*.. tudo ..*.. Eu não posso mais esperar ..*.. Não entra ninguém por favor, tá?

(Acalma-se um pouco, pausa mais longa) quem está aí? ..*.. Quem é? ..*.. Diga, quem está aí? ..*.. Quem é? Quem é? Eu quero saber quem está aí ..*..

(Vozes ao fundo) ..*..

Tá bom, espera um momentinho ..*.. Rápido! ..*.. Não se preocupe, eu vou partir de qualquer jeito ..*.. (pausa mais longa).

Eu quero saber, diga ..*.. diga ..*..

& — (Bate-se na porta)

D. — A. (masc.)! Quem está aí? A. (masc.)!

& — É o A. ...

D. — Não entra não! ..*.. Não entra ..*..

& — Não faz isso não. D., faz isso não, é o seu amigo (choro intenso de D. por todo o tempo), não faz isso pelo amor de Deus. Não faz isso, seja homem rapaz! Sai! Seja homem! Sai pra lá. Você sempre foi homem, todos nós somos homens rapaz! Põe esse negócio pra lá, por favor!

D. — Sai ..*..

& — Confia em mim D. (masc.). Por favor, respeito D. (masc.)!

D. — Sai! Eu estou pedindo ..*..

A. — Então põe esse negócio em cima da cama lá.

D. — Sai ..*..

(Batida na porta novamente)

A. — Seu amigo, D. (masc.).

D. — Deixa a porta fechada!

A. — Quero falar com você!

D. — Não ..*.. Era só você que eu esperava, tá!

Olha! ..*..

(Voz feminina ao fundo)

D. — Não entra tá? ..*.. Não entra ..*..

(Ouve-se o tiro.)"

F5: não constam dados de identificação. Texto obtido a partir da transcrição da fita disponível, 1 fita de áudio, sujeito do sexo masculino.

Título escrito na fita: "*SUICÍDIO DE JOVEM*"

Legenda: P. (masc.)— sujeito protagonista;

(masc.) — outra pessoa do sexo masculino;

(fem.) — outra pessoa do sexo feminino;

... — pequena pausa no discurso de P.;

(?) — palavra ou trecho ininteligível.

P. (masc.) — "... No jeito que me encontro, eu não tenho forças para resistir, eu peço a todos que me desculpem, que me perdoem, pois essa é uma das fases que todo mundo passa na vida, sabe? Que é uma fase de desilusão, onde a gente vê ... onde a gente vê todo mundo progredindo, e não tem forças para progredir. É de uma certa forma uma coisa tanto, que machuca a gente sabe? E ... eu não vou aguentar e não estou aguentando, e nunca aguentei tanto tempo assim isso. Se for lá embaixo de pequenininho, sabe? Eu só peço a Deus que ele continue dando a todos vocês a força que ele sempre deu, porque vocês são merecedores disto tudo, e peço também a Nosso Senhor Jesus Cristo, que talvez seja um pedido tão falso, mas de todo coração, que ele continue olhando os vossos caminhos, e não se preocupando comigo, me deixem tomar aquela atitude que eu sempre tive vontade de tomar, que está dentro do meu livre-arbítrio...

Agora, no entanto, eu quero pedir perdão de todos aqueles que eu feri, pedir pra Deus que me perdoe, pedir a Deus que dê ânimo a todos que eu deixei nesta passagem terrena, pra que eles possam, como eu, aceitar a realidade das coisas, talvez não em matéria mas em espírito, esse é meu desejo sincero. Peço pra você S. (fem. – diminutivo), que você tão jovem, tão bela, e tão bonita, que continue sua jornada terrena, pois o seu futuro não está dependendo de mim, S. (fem.), mas que você está dependendo de você mesma, só. Eu espero que essas minhas palavras não venha te chocar, mas que traga muito ânimo, para que você possa continuar nessa jornada terrena, pois eu te amo, eu te amo muito e te amarei mesmo quando não estiver aqui. E peço a todos de casa que lhe dêem todo o amparo possível, para que você não caia nos mesmos erros do que eu, para que você possa ter uma vida repleta de felicidade, de amor.

Para que você possa receber tudo de bom que existe neste mundo, porque você é tão merecedora delas, quanto muita gente que já tem. Amor, peço a seu pai que me desculpe, que me perdoe pela ideia que eu fiz dele, para que nós possamos mesmo depois de tudo isso nos tornarmos bons amigos, para que ele possa compreender a minha situação espiritual, e que ele vele por mim, que ele olhe por mim, pois eu estarei mesmo confundo, ou seja, mesmo confundindo, pois a passagem não (?). Eu estarei vibrando com ele, e com todos vocês e essencialmente você, meu amor. Talvez seja a hora de eu parar tudo isso, não sei, a vida está começando a tocar, os pensamentos estão começando a se variar, e tudo se está se confundindo em minha mente, e até mesmo tudo aquilo que planejei, um futuro tão lindo e tão límpido para nós.

Talvez ele venha a se realizar, por ordem de motivos maiores. Eu quero que, realmente, essa passagem terrena, mais de muitas outras, eu possa ter te dado tudo aquilo que você merece.

N. (masc.), irmão do meu amigo, meu companheiro fiel, um abraço fraterno, você meu amigo de tantos anos de carreira, que ele me ajude, que ele me compreenda.

Deixo para M. a certeza de que eu a quero tão bem quanto a todos.

Deixo pro F., faxineiro, toda a esperança do mundo, que ele nunca caia nos mesmos erros do que eu, deixo à família com as minhas escusas a certeza de que eles nunca erraram para comigo, que eles estavam ... que estão certos e continuaram certos. Deixo também aqui uma palavra para o R., eu nunca fui sincero com ele, eu amo a sua filha, eu a quero mais do que minha própria vida, e por ela eu faria qualquer coisa, mas já que as coisas não podem ser feitas do jeito que a gente quer, então eu procuro deixar a eles toda paz, esperança, amor e compaixão, e tudo que quiser procurar meu, estará aqui no meu quarto dentro de uma prateleira, onde o meu A. (masc.) sabe onde que é. E se alguém sentir necessidade de procurar, não faça cerimônia, basta vir até aqui e virar, minha vida sempre foi um livro aberto. Fui bagunceiro, fui trabalhador, fui vagabundo, mas tem uma coisa acima de tudo isso que é o amor, que é o esquecimento puro, que é a honestidade, que é tudo isso que eu tenho pra com você, apesar de que muitos não entendem. Então, meu bem, um beijo enorme daquele que sempre te quis, daquele que sempre foi seu, e sempre será (?) mil e uma cartas, todas elas nunca disseram o quanto eu gosto de você, tá? E talvez nessa separação a gente consiga entender muita coisa que não entendia quando estava aí do lado sabe? E ... aí então talvez seja um pouco tarde pra lamentar, mas não deixa de ser o início de uma caminhada longa, cheia de amor e repleta de felicidade, que nós procuramos juntos, que juntos encontramos mas que, que separadamente nós desfrutamos dela, tá? Eu quero que você diga ao sr. R. de franca expressão, se for necessário que toque essa fita pra ele, e mostre pra ele que eu gosto de você não porque você tem dinheiro, e nem porque você está estudando, sabe?

Porque eu acho que a dependência é uma coisa muito individual, de cada pessoa, mas eu gosto de você pelo que você é, como você é, e não tem nada mais que altere tudo isso, sabe? Se o Sr. R. pensa que eu gosto de você porque vocês têm uma casa e uma madeireira, ele está seriamente enganado, sabe? E quanto ao amor que eu sinto por você, S. (fem.), não tem motivos no mundo para explicar, tá? Tchau amor, o revólver está aqui do lado, uma garrafa de pinga também tá aqui do lado, agora não sei qual é a atitude que eu tomo, eu sei que eu vacilei muitas vezes, mas dessa vez eu pensava que eu não ia vacilar, mas vejo que as coisas vão de ruim a pior, sabe? Quando a gente não consegue aquilo que a gente quer, então a gente aceita a realidade das coisas e não só a realidade que está dentro da gente, sabe? Então é muito diferente. Eu estou ... com o revólver, uma garrafa de vinho, um alto-falante, um gravador, uma fita que por exemplo era uma de Juca Chaves que eu gravei por cima, um cinzeiro, uma rolha, uma tampa de fita, uma pulseirinha. E aqui tô eu, meu amor, pensando um monte de coisas, tentando evitar um monte de coisas, coisas que são possíveis, e ao mesmo tempo impossíveis, porque depende de uma outra resposta, de um outro lado. Só espero amor, que depois dessa, você seja feliz, que você encontre realmente aquela pessoa que te ajudou, que te procurou mostrar todas as coisas boas da vida, belas, que tentou te mostrar o que é a vida, que tentou te mostrar como se vive, que tentou te mostrar como no acampamento a gente conversa com uma pessoa, que tentou te mostrar amor, ... etc., etc., etc. Você já sabe o que que é, né? Então, pois bem, guarde só isso pra você, tá? É o último pedido que eu tenho pra te fazer, tchau amor! Eu te amo muito, muito, muito... Se eu conseguir reagir a tudo que vem acontecer esta noite, eu queria te dar meu honrado amor, que te ter ao meu lado, pra poder falar de passarinhos, do canto dos sabiás da terra vermelha, então tem essa relva da terra vermelha de ... onde o horizonte se desponta. Eu gostaria de poder estar ao seu lado, nesse momento, para que eu pudesse abraçá-la e beijá-la, e tomá-la nos braços e dizer-lhe que a amo ...

Tchau amor..."

(ouve-se tiro)

F6: triplo homicídio (filhos) seguido de suicídio, sexo feminino (N.), 42 anos, arma de fogo, 2 fitas de áudio (consideradas aqui uma gravação, de nº 6, por serem da mesma pessoa. Embora gravadas em datas diferentes, foram consideradas um único discurso suicida, dada a continuidade existente entre elas).

N. (fem.) deixou escrito nas paredes:

"Tudo o que fiz foi por amor. Há treze meses não me acostumo com a separação. Ninguém cuidaria dos meus filhos como eu. Rezem por mim."

Legenda: N. — autora dos homicídios e suicídio;

F. — ex-marido;

O. — filho com 16 anos;

M. — filho com 14 anos;

I. — filha com 12 anos;

(fem.) — outras pessoas do sexo feminino;

(masc.) — outras pessoas do sexo masculino;

... — expressão de pensamento;

(?) — palavra ou trecho ininteligível.

Primeira fita/lado 1:

OBS.: esta primeira fita foi gravada por N. quase oito meses antes da segunda fita, período em que N. adiou sua decisão de matar seus filhos e se matar.

N. — "Hoje, 17 de abril de 1986. São dez horas e quatro minutos, é uma quinta-feira, fria, eu estou na cama tentando mexer com gravador e ver se consigo gravar alguma coisa pra deixar como mensagem pro meu marido (nome completo do marido), o meu (apelido do marido no diminutivo), pai de O., meu primeiro filho, hoje com 16 anos; pai do M., meu segundo filho, hoje com 14 anos; pai da I., nossa caçula e filha única, hoje com 11 anos, sendo que logo, logo ela vai fazer 12, porque ela nasceu no dia 20 de maio. E eu não acho justo partir dessa vida, abandonar tudo, e levar as coisas mais importantes, que eu considero, comigo, porque o F. era uma coisa importante para mim, mas ele (?), não é que ele deixou de ser importante, ele continua sendo, mas hoje ele não é mais meu.

Então ele não pode comigo. Vai aqui uma mensagem toda, toda para ele. Espero que ele guarde, use, escute, reflita e descanse depois de tudo isso. Eu te amo ao ponto de ter escutado da minha amiga M., aliás nossa amiga M., a frase: 'Nunca a gente está com você pra te consolar, não sabe o que aconteceu. Posso calcular a sua dor porque uma vez eu fiquei muito impressionada quando você disse que preferia perder um filho a perder o F., que o F. era a pessoa que mais você amava no mundo. Fiquei muito assustada nisso que você disse, porque para mim as coisas são diferentes'.

Muito bem. Ela conseguiu clarear na minha memória o quanto que eu te amo. Eu te amo tanto F., mas tanto, mas tanto, mas tanto, que com você durante 24 anos eu dediquei minha vida. Eu dediquei todas as minhas noites e todos os meus dias.

Eu vivi só, por grande tempo, pra você. E depois pra você e pro O.; e depois pra você, pro O. e pro M.; e depois pra você, pro O., pro M. e pra I. Eu queria deixar isso gravado pra você, porque ontem escutei em TV Mulher um psicanalista, que diz se chamar Eduardo Mascarenhas, falava sobre abandono. E ele disse o seguinte: que o abandono, a perda de um marido ou de uma mulher que você ama, é a maior dor que alguém pode sentir no mundo, principalmente porque, misturada com o abandono, vem a rejeição, vem a briga, e essa pessoa que você ama e que você fica brigando está dando a você briga, rejeição, abandono, pressão. E pra outra, que te substituiu, sem racionalmente nada merecer — eu estou dizendo racionalmente, certo? — todo aquele afeto que você está precisando, todo aquele carinho, toda aquela dedicação. E ele diz o seguinte: que pra certas pessoas é muito mais difícil suportar o abandono do que pra outras. Porque através da psicanálise descobriu-se que apenas 30% desse sofrimento, que é considerado maior do mundo, é vindo do abandono propriamente, por ser amado. E ainda misturando com um abandono, outros abandonos da vida que foram substituídos, ou seja, foram abafados, né, colocados na gaveta, pelo amor, pelo carinho, pela paixão desse ser, você passa mal.

No meu caso, foi você. Eu gostaria de deixar bem claro pra você que eu não consegui suportar esse abandono, que milhares e milhares e milhares de mulheres consegue e que eu particularmente deveria conseguir por ser considerada uma mulher forte, uma elefoa, uma leoa, que nunca uma dificuldade apareceu na minha frente, ou melhor, na sua frente ou na frente dos meus filhos, e eu não tivesse ido à luta com toda força e resolvido. Agora, eu tenho plena consciência, depois de tanta análise, depois de tanta coisa, o seguinte: eu tentei suportar o seu abandono. Eu lutei com a minha força, mas não mais de uma leoa, porque eu fiquei muito enfraquecida com o seu abandono. Eu lutei com a minha força de uma gatinha ou de uma pulguinha, um bichinho pequenininho, então eu não lutei pra valer, certo? Então eu não consegui superar. E eu acho que essa vida é um negócio muito ruim já com as coisas tudo no lugar, né, pai, mãe, filhos, avós, trabalhos, lazer, satisfações, dificuldades... vida, e você sempre tem pelo que viver. Você quando vai fazer alguma coisa, como por exemplo quando nós resolvemos construir essa nossa casa, eu disse a você, F. (no diminutivo), eu vou te ajudar. Eu ajudei. Eu fui atrás do financiamento, eu tirei os papéis, eu meti o meu padrasto no meio, eu fiquei atrás do calculista, eu levantei, eu fiz todo papel. Eu resolvi.

Quando você teve suas crises de depressões, de pressão terríveis ... você lembra da (nome de empresa)? Que você se sentia mal, ao ponto de eu achar que você ia ter um enfarte. Eu saí andando embaixo do frio com você pelas ruas pra te acalmar. Você lembra das dificuldades materiais que a gente teve e que eu saía penhorando a nossa aliança de casamento, em troca de um mísero dinheiro, pra ter o nosso novo lar. Que nós dois F., fomos dois filhos únicos, você numa situação mais privilegiada do que eu, material, afetivamente, pelo simples fato de você ter pai, ter mãe, ter avó, ter toda uma estrutura montada e eu ser filha de uma puta de uma mulher, mas com uma cabeça muito, muito limitada, muito neurótica. Me amava muito, mas que ao mesmo tempo me rejeitou bastante, inconscientemente, né?

É lógico que a vida de você foi um cara, foi não, você é, um cara mais equilibrado, um cara mais frio, um cara que sofreu menos. Você é um cara sem feridas profundas. Eu sou com feridas imensas, né? Porque você conhece toda a minha história, né, todinha. Você conhece o meu abandono, o meu internato, a rejeição natural das pessoas, né, assim, no que diz respeito à família. Bom, a minha história você conhece. Mas um dia, eu que sou uma pessoa muito agarrada a Deus, né, tenho muita fé, encontrei você em P. (nome de cidade), lembra? E daí pra frente, F., a minha vida passou a ter outro sentido. Eu passei a ser amada, passei a ser querida, passei a ser importante na vida de alguém. Esse alguém era você. E eu encontrei alguém que passou a ser importante para mim e eu comecei a me considerar muito feliz. Primeiro as dificuldades já com as minhas feridas, com as minhas chagas, mas você foi o início da minha felicidade. De maneiras que eu tenho muito que te dizer obrigada. Eu tenho 24 anos pra te dizer obrigada, ou seja, eu tenho mais da metade da minha vida pra lhe agradecer.

Dessa forma, F., eu acho que você não pode ter culpa nenhuma, se sentir culpado em nada, certo, porque pô, alguém que deu felicidade para uma pessoa mais da metade do tempo da vida dela, ou seja, deu felicidade pra vida dela. Porque quando eu lhe conheci, F., é a época que eu comecei a viver. Época da adolescência, né? Então, até aquele ponto já tinha vegetado, ou seja, você me deu felicidade a vida inteira. E este mérito é teu e ninguém pode tirar. E mais uma vez eu lhe digo muito obrigada.

Agora, F., eu não tenho mais forças, as forças acabaram. Eu reconheço que de uns dois anos para cá as coisas entre eu e você não estavam muito boas, no plano afetivo. Mas eu, até uns dias antes de me comunicar que ia me abandonar, eu lhe dei um telefonema (?) e disse, F. eu ando nervosa, por que será? E como me desabafei, conversei com você e como sempre você deu uma palavra amiga. Mas hoje eu sei.

Já fazem dois anos que você deixou de me amar. Já fazem dois anos que a coisa foi crescendo do teu lado, e eu inconscientemente percebendo fui lhe agredindo, fui querendo exigir mais de você. Porque F., o amor que sentia por você era um amor misto, ou seja, misturado. E ainda digo sentia, não, sinto, né. De mulher, de companheira, de irmã, de mãe, de pai, e achei e continuo achando você muito acomodado na vida. Você, F., a idade que você tem, você nasceu em 1939, nunca conseguiu um cargo de gerente na vida, com a cabeça que você tem. Você tem uma cabeça maravilhosa. Você é um cara inteligente, preparado. Mas, devido a sua educação, a superproteção dos teus pais, a superproteção da tua família, você foi aniquilado. Você não teve uma adolescência, você não teve uma luta, você nunca teve uma necessidade.

E a primeira necessidade que você teve foi quando teu pai morreu, mas eu aí já estava adulta e sofrida suficientemente, e grande e forte, pra fazer até o papel dele. Logicamente, você começou fazer a sua adolescência.

Começou a querer crescer, se apaixonou, que eu entendo e não acho que você tenha pecado por isso. Apenas deu azar pro meu lado, deu azar pro lado do O., do M. e da I. e da tua mãe e da minha mãe, que sofreram muito, e eu também.

Sua partida, F., deixou marcas tão profundas, que eu não vejo conserto. Não vejo mesmo. E quanto ao fato de você voltar, eu não queria que você voltasse mais. Porque a pessoa pra conviver com outra ela tem que dividir, ela tem que amar, ela tem que estar porque ela quer na relação. E você não quer mais a responsabilidade de tomar conta dos filhos, de sustentar uma casa, sustentar uma mãe, uma esposa, tudo você acha demais.

Você é um cara muito egoísta. Mas você não tem culpa de ser egoísta. Os culpados também são seus pais, coitados, né? Só tiveram você, tiveram muita dificuldade pra ter.

Você vê, não existem culpados, mas existem situações que propiciaram a dores irreversíveis. De maneira que eu acho que você deve continuar tua vida, egoísta, sozinho, com o seu novo amor, tentar ter novos filhos e daqui um tempo o caso vai se repetir, porque isso é um ciclo, um ciclo vicioso. E vai se repetir com muito mais facilidade e com menos sofrimento do que esse abandono, esse primeiro caso de rompimento seu. Porque uma pessoa quando consegue romper uma relação de 24 anos, com 3 filhos, uma mãe que não tem nada, só tem esse filho, consegue romper, pô, precisa de ter muito peito, certo? Nós temos muito peito, parabéns. Você não mediu as consequências, você foi egoísta suficiente, e eu acho que as pessoas têm que ser egoístas mesmo. Eu não. Eu muitas vezes tive vontade de fazer o que você fez, mas não fiz pelo simples fato da responsabilidade, porque eu acho a liberdade de fazer as coisas que a gente tem vontade vai até o ponto de onde começa a liberdade do outro. Como eu poderia ter liberdade de trabalhar, ganhar o que eu ganhava, levar uma vida nabanesca, dormir com um monte de homens, entrar e sair a hora que eu quis, quiser, se eu tinha posto no mundo três filhos, se eu tinha casado com um homem, que era meu companheiro, se eu tinha uma sogra que dependia de mim? Não dá, não dá pra ser livre. Ninguém é livre totalmente, embora a liberdade seja a coisa mais importante da vida da gente, né? Então, eu não te critico, eu acho assim que você foi muito irresponsável, muito egoísta, mas sem culpa, um egoísta, um cara que erra, como se uma criança que mata uma pessoa, né? Mas está errado matar, mas está errado fazer uma série (?) fazer isso, mas ela não tem capacidade, maturidade para enxergar que (?) problema da morte, né?

Tanto é que a lei protege isso, aquilo, pá-pá-pá. Então, eu acho que você não fez por querer. Você não pode nem imaginar, nem calcular a dor que você provocou nesta família. O que você desmoronou, o que você destruiu, porque se você tivesse consciência, se você sentisse por 30 segundos a dor do O., por 30 segundos a dor do M., por 30 segundos a dor da I., por 30 segundos a minha dor, a dor da minha mãe, a dor da tua mãe, você passaria por cima. Você arranjaria um jeito de amar a pessoa que você está amando, mas proteger essas pessoas que lhe amam, certo? Eu reconheço que eu não sou uma pessoa fácil de viver, não era né, uma pessoa fácil de viver, porque eu não vivo mais, porque, pô, eu sempre exigi as coisas, eu sempre fui pra luta. Quando faltou as coisas, eu arregacei a manga e fui ajudar. Eu nunca deixei a peteca cair. Você não, você só recebia a peteca embrulhada num papel, né?

Acho que esse papel era até de presente. E logicamente eu comecei a exigir coisas de você, comecei a exigir que você trabalhasse mais, comecei a exigir que você desse mais, que você assumisse mais a casa, mais conforme essa minha exigência, F., no sentido de você crescer. Porque como que você ia ser um homem perfeito, perfeito dentro das limitações normais da gente, né, se você não assumisse a escola de teus filhos, se você não assumisse a comida de teus filhos, se você não assumisse as mordomias dos teus filhos e as suas mordomias, né?

Como que você ia ser um homem macho, se você recusava e achava que era roubado, e achava que era sugado, pelo fato de pagar a escola de teus filhos, pagar a prestação da casa que você morava, pagar a conta de luz, pagar a conta do motorista, pagar a conta do salário da empregada, pagar as despesas da casa do Guarujá? Você não conseguiu pagar totalmente, né F.? Eu pagava 50% e você 50%. Eu tive a nobreza de dar as coisas de macho pra você. As contas fixas, né, pra te impor, e com isso você se sentiu assim, como eu podia dizer, lá sei eu, sugado quando na realidade você não estava sendo sugado, você estava apenas cumprindo metade das obrigações.

Mas eu não vou te agredir, F., na hora da despedida. Eu só vou colocar o meu ponto de vista, né, e eu acho que eu já coloquei. Nós entendemos o teu novo amor, muitos homens amam depois de um certo tempo e provavelmente este amor que você está sentindo novo deve-lhe fazer mais macho, porque essa pessoa nova que você está amando, você está começando do zero e você começou comigo, né?

Então você se sente forte, você se sente macho, né, você se sente mais realizado. E é um direito egoísta, né, é um direito, certo, seu. Mas é assim que você é, e assim que você lida com as coisas. E uma vez que você tem o direito, F., de lidar com as coisas, à tua moda e maneira, eu acho que nós, no caso eu, que sou a proastra agora da família, né, tenho o direito de lidar com as coisas à minha maneira. E vou lhe dar. Vou lhe dar porque eu estou cansada, muito cansada. Cansada de ser rejeitada, de ser agredida. Porque um cara quando deixa uma família e tem boa formação, ele pelo menos (dá (?)) assessoria afetiva e assessoria material possível pra ele, ele dá. Não é o teu caso. Você além de ter dado pra nós todos o abandono, você deu a rejeição afetiva, você deu a rejeição material, você deu ... permitiu que pessoas alheias, né, à nossa vida, me maltratasse. Olha, F., isso eu acho que foi, das coisas que você fez, fora o horror do abandono, né, a mais feia de todas, quando você aplaudiu atitudes malcriadas, indecorosas, hostis, junto à minha pessoa, de um cara como o C. (masc.), de uma secretária, porque, embora toda mágoa, todo o ressentimento que eu tive durante esse tempo contra você, eu nunca permiti que alguém tocasse no teu nome. É aquele tal negócio, a gente fala do filho, que é malcriado, que é isso, que é aquilo. A gente fala da mulher, fala do marido. Mas ai de alguém, se resolver falar, certo? Você lembra do caso E. (fem.)/M. (masc.), né?

Nós mesmos aqui em casa falamos muitas vezes que o M. é malcriado, falava palavrão, é terrível, mas o dia que ela ousou comentar, você lembra que bolo que deu. Então, de mágoa de você vai isso, eu parto só com essa mágoa, de você ter permitido que pessoas alheias, porque entre marido e mulher não se mete a colher, ditado sábio e popular, bem certo, me maltratassem. Eu parto com a mágoa da sua total ausência material e afetiva. Porque eu não fiz nada ..."

Primeira fita/lado 2:

N. — "Quem provocou toda a situação foi você.

Então, o mínimo (que (?)) você poderia fazer dentro da tua dignidade, a tua formação, porque você é um cara de bom caráter, de boa formação moral, né, era proteger de alguma maneira digna essa família que tanto te ama, que só viveu em função do outro e você era um deles. Então, essa mágoa fica. Há mágoa também, eu parto também, oh, F., com a mágoa de você tentar me arrebentar, tentar tirar da divisão que se faria dignamente, né, num desquite digno, de separação digna, de bens materiais de maior valor. Quando na realidade a proposta deveria ser 50%, porque uma vez que eu fiquei provedora dessa família, material, emocional, provedora de todos os sentidos, cumprindo com todas as minhas obrigações e suas, eu precisava ter uma retaguarda. Eu não me considero uma ladra, nem te desbeneficiando, quando eu tomei posse daquelas míseras economias que a gente tinha. Porque afinal de contas, F., põe a mão na consciência, quem economizou fui eu, com o meu trabalho. E economia que veio depois de ter-lhe ajudado a prover a família. Então, uma vez que você saiu de casa, abandonou, eu tinha que ter pelo menos alguma coisa que sobreviver, até eu poder conseguir ficar de pé de novo. Porque você conseguiu, aliás, F. (diminutivo), você foi a única pessoa no mundo que conseguiu me derrubar, certo? De maneiras que eu não me considero ladra, não. E, principalmente porque antes de eu tomar a decisão que eu tomei agora, e você sabe que quando eu tomo realmente uma decisão, eu pago o preço da decisão, seja ele o preço que for, né, mas só vamos reavivar a sua memória, quando nós resolvemos construir essa casa, quando nós resolvemos ter filhos, quando nós resolvemos reformar a Av. P., quando nós resolvemos enfrentar a E., por causa do M., quando nós resolvemos ... quando eu resolvi abrir, trabalhar, abrindo a firma de reformas, quando eu resolvi enfrentar o meu padrasto, eu sempre quando resolvi tomar uma atitude, eu tomei e ganhei. Dessa forma você vai me perguntar, e eu tomar a decisão que eu tomar, que eu vou tomar, o que eu vou ganhar? Eu vou ganhar paz, eu vou perder a rejeição que você está dando pra gente. Eu vou perder, fora a rejeição, eu vou perder esta dor terrível que eu estou sentindo, eu vou perder a chance de ver meus filhos se definhando de saudades de você. Eu vou perder a responsabilidade de tomar conta de uma coisa que eu não consigo mais. Eu vou perder a saudade de você. Eu vou perder o amor que eu sinto por você. Eu vou perder a solidão, eu vou perder a angústia, eu vou perder as coisas ruins, porque de bom pra mim, F., não sobrou mais nada.

Muito bem, você poderia dizer, bom, sobraram os filhos.

Mas esses filhos são filhos muito machucados, muito sofridos, que vão ter uma vida muito fudida pro futuro.

Não são mais aquelas crianças alegres, bagunceiras. São uns adultos anões. Sofrem junto comigo. Eu vou perder a tua mãe definhando, emagrecendo, chorando. Eu vou perder ver o sofrimento da minha luta. Eu vou descansar. Porque, quando a gente parte, a gente descansa. E eu tenho uma coisa que eu sempre falava pra você. Toda vez que eu vou a um enterro, eu nunca tenho dó do morto, eu tenho dó dos que ficam. Eu tenho pena dos que ficam. Porque eu acho que as pessoas que partem, elas vão pro descanso eterno. E descansar vai ser muito bom. Bom, necessário e sábio.

Tanto é que quando o mundo foi feito, ele foi feito em sete dias e o domingo foi dedicado ao descanso, e posteriormente o sábado e o domingo. Porque o descanso é um negócio necessário. Ele é tão necessário que em 24 horas num dia, trabalha-se 8. Logicamente dentro da lei, né? (?) o descanso é um negócio muito importante. Eu não tenho mais por que viver. Eu não tenho mais por que lutar.

Vou lutar por crianças, que já não são mais crianças, que são adultas e anãs sofridas? Eu escuto o soluço do O., eu vejo a revolta do M., eu enxergo as lágrimas e os abraços apertados da B. (apelido de I.). Eu olho a cara inchada da tua mãe, eu vejo a minha mãe no médico, a pressão lá em cima, sofrendo, porque eu estou sofrendo. Viver pra quê, F. (diminutivo)? Pra quê? Me responda. Se eu perdi todas as condições de trabalho, condições emocionais, né? Eu perdi todo afeto seu, eu perdi o afeto das crianças, porque elas são crianças tão machucadas atualmente. Porque afinal de contas, F., nosso casamento era uma coisa muito boa. Tinha suas dificuldades sim, lógico que tinha. Mas quem não tem? Você nesse novo casamento que você vai fazer, você vai ter dificuldades.

Não esmoreça não, porque dificuldades você vai encontrar pelo resto da vida. Mas quando você só encontra dificuldades, não encontra prazeres, aí a coisa fica bem mais séria, né? É muito sensato, muito mais sadio você descansar em paz. Não fica com a consciência pesada, não! Porque se você tivesse escolhido pra amar, durante anos e anos como você me amou, uma pessoa menos ferida, muito querida, né, essa pessoa jamais teria a atitude que eu tenho, vou ter, certo? Ela aguentaria o baque, né?

Agora você começou escolhendo errado, escolhendo amar uma pessoa cheia de machucados, frágil, que faz anos de terapia, com dificuldades, embora essa pessoa tenha sido um poço de amor, tenha sido uma lutadora, tenha sido uma puta mulher. Aliás, eu me considero uma puta de uma mulher. Mas, uma puta de uma mulher com retaguarda. Na hora que a retaguarda, que o amor desapareceu, que eu não posso mais usufruir o amor das pessoas que eu amo, porque você ama outra, né, e as crianças, a dor delas é tão grande, como elas vão me amar? Elas o máximo que podem fazer é me consolar. Então, eu não te entendo, F. Viver sem você, sabe, é um negócio que não dá pra viver.

Principalmente porque foi ... é viver com você e ser rejeitada por você, ser agredida por você, ameaçada por você. Quando uma pessoa morre, F. , a gente sente aquela saudade imensa, mas com o tempo isso vai passando, porque essa pessoa se vai para a morte, mas vai porque a gente nasce e morre, né? E a pessoa nasceu e morreu. E ela morta não agride a gente, ela morta não desdenha da gente, ela morta não rejeita a gente, né? Ela só faz falta pra gente.

E eu tive experiências grandes de morte, né, F.? Eu tive a morte do meu pai, que eu sofri com a mesma ou maior intensidade que a morte da minha avó I. Mas eu superei, superei porque eles estavam cumprindo, todos eles, o ciclo natural da vida.

E depois que eles morreram, eles partiram, me deixaram a saudade, as responsabilidades, as coisas, elas não me deixaram ameaça, não me deixaram abandono, não me deixaram (?) sabe? E eles foram, coitados, porque tinham que ir. De maneiras, F., que eu vou. E fico satisfeita de, sabe, você disse uma frase que eu penso todo dia, que você está vacinado contra ela, e uma vez que você está vacinado, eu vou mais tranquila, né? Porque você está imune. Eu acho que você vai sofrer um pouco, certo? Vai sentir, provavelmente, culpa, né, mas isso passa. Procure uma terapia, né, você vai ficar folgado de dinheiro, que vai te ajudar muito. Mas procure gente séria. Continua no N., por exemplo, né? Que é um cara competente, bom, que ele vai ajudar você superar isso. Os amigos vão te ajudar, certo? E você é muito querido. Porque todo mundo das nossas relações torce e espera pela tua volta, que não vai acontecer, né? Porque eu não quero, F., um homem do meu lado, que não me ame, que não lute comigo, que não seja meu amigo, meu companheiro, sabe, que não gosta de transar comigo na cama, coisa que você gostava tanto, né? E eu gozado foi que agora, bem na hora que você estava pra partir, eu comecei a curtir a transa de cama com você novamente. Eu comecei a te convidar pra ir a motéis, eu comecei a ficar mais liberta sexualmente, mais livre sexualmente com você, com você. Tentei até de formas assim não muito padronizadas, você sabe do que estou falando, né, a me realizar sexualmente, esperando o teu crescimento sexual em relação a mim. Mas não deu certo. Então, F. (diminutivo), fica o seguinte, eu tenho direito também a algumas decisões. As nossas parcas economias vão ser dadas ao T. (masc.), M.S. (fem.), à M.H. (fem.), fiel empregada que nós temos. Quantos anos? Quatorze anos, né?

Um pouquinho vai ser dado pro T. , um pouquinho vai ser dado pra T., pra R., né? Quatro pessoas que nos serviram, nos amaram a troco de salários ridículos, né? E gostavam da gente, serviam porque gostavam, ponto final. De maneiras que essas parcas economias que vão ser entregues ao T., e já estão tudo legalmente definido. As outras propriedades, as outras coisas materiais que sobrarem, que são minhas e tuas, vão ser divididas, né? Havendo filhos nossos a minha parte vai ser deles. Na falta deles vai ser da minha mãe. Talvez a minha mãe tenha até a pretensão e a dignidade de dizer, não F., fique com tudo. Aliás é isso que eu espero dela. Porque eu quero que pelo menos você tenha uma vida material folgada, sabe?

Quero que você faça uma terapia, quero que você cuide muito da tua mãe, que está muito carente. E eu, pessoalmente, né, as minhas coisas pessoais eu quero que você entregue à minha irmã, certo? E a minha mãe dê a ela o destino que tiver que dar.

Não se esqueça de que existem várias fitas gravadas do O., do M., da B. (apelido de I.), nossa, fotografias. Guarda, F., não joga fora não. É a nossa vida. Se você tiver que jogar fora, não querer ficar com elas, você faz o seguinte: você dá pra minha mãe, certo, que ela provavelmente vai dar pro T., que foi um puta de um irmão, que não era irmão, mas foi um irmão. Eu vou-me embora com muita saudade de você. Mas não vou pra te agredir, eu vou descansar, eu vou como eu fui descansar na Granja Julieta, de tão perturbada que eu fiquei, mentalmente, né, tão fraca. Eu vou por isso, eu vou por um ato de egoísmo, como você também foi por um ato de egoísmo, certo? De onde eu tiver, F., se é que existe outra vida, se é que existe outros poderes, outras coisas, eu vou cuidar de você, com o maior amor possível. Com o mesmo amor que eu tive por você. Um pouco ninguém dá. Você não fez nada de errado.

Fez uma coisinha errada, mas errar, você é feito de carne e osso, né? Mas você refaz, a L. não refez? Então. Um exemplo bom pra você. Ela refez. Você também vai refazer, né? E procura, não despreza as coisas que eu amava, né?

Não despreza as minhas plantas, não despreza o meu papagaio, os nossos cachorros, cuida da tua mãe, cuida um pouquinho da minha também, que está pagando o preço da minha fraqueza, porque o suicida ele é um covarde da vida, um corajoso da morte, certo? Eu fui uma covarde da vida, quando você me abandonou. Você é um cara bom, você é um cara que tem qualidades, você é um cara querido. Pode recorrer a todos aqueles amigos antigos, lembra, que a gente tinha. Eles continuam gostando de você. Todos eles sempre têm alguma maneira de te entender. Nunca ninguém falou de você. E um outro que quis falar, eu virei bicho.

Você não tem culpa não, F. A vida que te deram também deram errada porque não sabiam das consequências, né, de dar uma coisa assim errada, quando te deu estrutura, esse egoísmo. Eu também sou egoísta, porque se eu não fosse egoísta eu não ia fazer ... não faria o que eu estou fazendo. Então, meu amor, fica com Deus, fica com a tua nova companheira. Que ela te cuide e te ame como eu te amei, tá? Aproveite o amor dela, viu? Tenha novos filhos.

Ame esses filhos do jeito que você amou os nossos, enquanto você está aqui. Fica com a tua vida, porque eu, lá de onde eu estiver, se eu tiver algum poder eu vou cuidar de você. E pode me chamar que eu venho, venho te ajudar.

Eu sou uma fraca, vou machucada. Mas os machucados também não foram feitos só por você, foram feitos pela vida. Só que você deu azar de jogar uma água morna em cima de uma ferida, que era muito grande, que outras pessoas tinham feito, né? Outras pessoas não, a vida tinha me feito. Você teve o azar de casar com uma mulher que tinha feridas. Mas, fica pra você nenhuma mágoa, só o amor. Eu parto da mesma forma que eu fiquei aqui, lembrando dos momentos bons com as tuas fotografias nas paredes, cuidando das tuas coisas, lembrando de nossos piqueniques, das nossas andadas na praia, das nossas festas que a gente dava de noite e o nosso chopinho que você me ensinou a tomar, tá? Enquanto você foi meu marido, F., você foi um puta de um amigo, você foi o maior amigo. Você foi responsável por toda a minha felicidade. Pensa sempre assim, tá? Deu azar num ponto ... passa. Você não é tão machucado quanto eu. Você aguenta. Eu sou machucada demais. Um beijo, viu? Um beijo gostoso, gostoso, gostoso, gostoso, gostoso. E o meu pedido de perdão. Não me queira mal. Eu fui muito fraca, eu fui muito egoísta, tá? Você não merecia isso. Não me queira mal, F., cada um faz o que pode. Eu fiz o que pude. Eu te amo muito, mas muito, muito, muito, muito, muito, tá? Fica com Deus. Se eu for perto dele vou te ajudar bastante. Que a tua nova companheira, também que ela faça você feliz. Não fique só, viu? Tchau querido.

Agora, essa mensagem pra minha mãe.

Mãezinha, não pense que você fez nada de errado por mim não. Eu tenho plena consciência da minha partida, que você foi a pessoa que mais tentou me amar no mundo, viu? Eu te adorei, embora brigasse muito com você, viu? Diz pro Gordo, esse meu padrasto, que eu de longe adorava esse homem, viu? E que eu tenho muito orgulho, parto com muito orgulho de ser miserenteada dele. Pena que eu não sou filha verdadeira, né? Dá um beijo nele por mim. Pede desculpas, viu, pra ele. E eu peço desculpas a você por esse transtorno que eu estou fazendo da vida de vocês. À minha sogra, diga a ela que ela foi uma puta de uma sogra, ela foi uma mãe pra mim. Pequei, eu não aguentei, sabe? (?) Todo mundo pensa que eu sou forte, mas eu não sou. Eu, se não tiver retaguarda não (?) que ela pra mim só fez bem. Um dia eu vou encontrar com o seu E. lá em cima, com a Mamama. Eu vou encontrar com o meu pai. Sabe, o meu pai verdadeiro, papai lindo, eu vou aproveitá-los, se é que existe vida lá em cima, né? (?) que é um troço bom à beça. Direi, D. (fem.) muito obrigada, me ajudou demais. O H., C. (fem.), V. (masc.), tanto me deram a mão, Dr. I., D. (fem.) (?) foram pessoas muito presentes. E. (fem.), S. (masc.). 'Puta', pra esses dois meu muito obrigada mesmo, mesmo, essa neta ou esse neto, com um novo ser, em substituição ao meu, tá? M. (fem.) te adorava. Que companhia, hein? 'Putz', tem tanta gente que eu gostava, 'puta que o pariu', tem tanta gente. A. (fem.), M. (masc.), E. (fem.), desculpa, tá, filha? Um beijão pra você. Tem muito mais gente, mas a fita vai acabar. Mas fica essa mensagem pra aqueles que eu esqueci de dizer o nome aqui, mas eu estou muito emocionada pra lembrar todo mundo. Vocês me ajudaram muito, tá? Eu quero ser enterrada no Cemitério da Paz, no meio daquelas árvores lindas, maravilhosas. E se for possível que botem junto os ossos da minha avó I. e do meu pai N., junto comigo. Tenta desbotar aquela sepultura e botar os ossos do Sr. E., da Mamama, do papai, da minha avó, dos nossos corpos, tudo juntinho. Quem sabe, aquilo é de algum valor, né, ninguém sabe. Mas por via das dúvidas tente fazer isso por mim. Outros amigos, C. (fem.), D. (masc.) (?), M. (fem.), sempre T. (fem.), T. (masc.).

Oh, vocês, hein? Z. (masc.), obrigada. N. (fem.) de Sorocaba, hã, obrigada. Eu vou ficar falando nomes, até a fita acabar. É muita gente amiga, M. (fem.), hã, menina boa. Olha, no pedaço tem um homem chamado M., tem outro chamado L. ... , viu? Tem uma empregada da A., chamada S., tem R. (diminutivo) e o B., 'putz', como eu podia esquecer deles? Dr. J.O.M., N. (fem.), V. (fem.), tem a dona R., F. (fem.), irmã da V., dona U., tia R., 'putz', como tem gente! L. (masc.) (?).

Segunda fita/lado 1:

N. – "Gravando. Hoje é dia 2 de dezembro de 1986, uma terça-feira, são quinze horas e três minutos.

Meu nome é N., eu sou casada (?) A.O.B. (nome do marido). Desse casamento eu tive três filhos, o O., hoje com 17 anos, o M., que faria 15 no dia 11 agora, de dezembro; I. (fem.) com 12 anos. Eu (?) muitos filhos faz um ano e pouco, um ano e meio, que eu venho gravando fitas (?). Mas essa fita, eu tenho certeza, é a última que estou gravando, e ela se destina ao meu marido F., que está separado de mim, que deixou de me amar, foi morar com uma moça de nome H., tudo bem, dá pra entender, muito difícil de aceitar. Eu conheci o F., eu tinha 17 anos, eu estou com 42 anos, passei minha vida dedicada a ele. A ele, aos nossos três filhos, à mãe dele, ao pai dele, à avó dele, à sobrinha dele, e à família, né, pequeno demais. E de repente o F. (?) foi deixando de me amar, falou que ia embora, e junto de ir embora, que eu acho ... gente, a maior dor do mundo! Não existe dor maior, não existe certo? Ele passou a me maltratar. Como que o F. me maltratou! Pra ter-se ideia, nem telefone ele atende meu. Nem uma carta ele recebe minha, me devolve. Um telegrama, se eu mandar, ele usa da justiça. Ele me dava pensão de seis mil e poucos cruzados, certo, dois mil e não sei o que de (?), que termina agora, dia 30 de (?). Cinquenta por cento dos aluguéis, que ele me tapeou, ele recebe muito mais e disse que recebe três e novecentos. Mas o dinheiro, gente, é de menos, o dinheiro é uma coisa que a gente ganha, que a gente perde, a gente trabalha, a gente se vira. O que machuca mesmo é a falta de humanidade, a falta de caridade com que ele me trata, eu, mãe dos filhos dele, que passei a vida inteira dedicada a ele, com as minhas falhas, com as minhas exigências. Mas não eram exigências de joias, viagens para o exterior, eu nunca fui à Europa, não eram carros, exigências com ele, sabe, comprasse comida pra casa, pagasse escola, essas coisas bobas que ele não fazia e eu acabava fazendo. Mas além de ir embora, me espezinhar, abriu um processo litigioso contra mim. O que ele alega nesse processo, pra quem quiser ver, está na 1ª Vara da Família de Santo Amaro, que eu tentei matá-lo. Eu nunca fiz isso, nunca. Pensei mil vezes já, eu me matar, mas matá-lo, jamais. Como é que eu vou matar o homem que eu amo? Eu gosto muito dele. Me sinto humilhada, ele me reduziu a quê? Olha, mesmo aquele pai, minha mãe é casada em segundas núpcias, meu padrasto não gosta de mim, motivado, inclusive, por atitudes do F., que eu comprei a briga, né? Mas meu padrasto, olha, (?) eu te quero bem, viu Gordo? Você negou a existência pra mim todo esse tempo, mas eu vou partir Gordo, te entendendo, eu tenho orgulho, certo, de ser tua enteada. Você é um cara correto, um cara intransigente, mas você é intransigente também com a sua família, com seus irmãos, não só comigo. Então dá pra te entender e dá pra continuar te amando. Não tenha a menor culpa, tá? Bom, com relação à minha mãe, coitada, ela já ficou viúva, teve muitos problemas e ela abrir mão dessa segurança dela, mesmo que essa segurança signifique (?) de tratar, que é um primo meu de primeiro grau, foi criado comigo, o J., meu irmão, mas que está cheio de problemas, de coisas, mas é uma pessoa muito afetuosa, me trata muito bem. E daí vocês vão entender o meu testamento, onde ele sai o maior beneficiado de tudo.

Pra que eu vou deixar esse acúmulo todo, né (?) Eu estou dizendo a você que o problema não é dinheiro, o problema é a rejeição, é o mau-trato. F., você não tem o direito, o direito, a hombridade, de abandonar uma mulher que foi uma esposa pra você, com os defeitos de uma esposa. Mas eu estava casada há 20 anos e tinha desgaste de um casamento de 20 anos. Não tinha o direito, F., de mandar o oficial de Justiça contar os livros, os móveis dessa casa, alegando que eu vendia coisas. F., eu nunca vendi uma agulha pra botar comida dentro de casa, botar roupa, botar (?). Sabe, você não tinha o direito de não me atender no telefone, você não tem o direito de se referir a mim como falecida. Agora você vai se referir a mim como falecida, certo, sua finada esposa. Não aguento mais. O que restou pra mim?

Restou o teu abandono, que machuca, mas machuca até onde você não pode imaginar. F., você é o primeiro caso que eu conheço, de um casamento bom de 20 anos, e que briga com a mulher, briga, por que, eu não sei. Por que você se apaixonou por outra? Tudo bem, você se apaixonou F., havia consideração pela minha pessoa, consideração que eu digo é hombridade, é cumprimentar no dia das mães, é cumprimentar no dia do aniversário, sabe, é atender um telefonema, é saber se a pessoa está doente, se precisa de alguma coisa. Sabe, você gosta da H., você vai viver com a H., depois você vai chegar nos 20 anos de desgaste, como você chegou em mim. Muito bem, amanhã nós teremos uma audiência, eu sou uma mulher inteligente, você sabe disso. Nós teríamos uma audiência de separação judicial proposta por você, porque eu, desde que você saiu de casa, F., eu nunca movi uma palha contra você, nunca falei mal de você pra nossos filhos, eles nunca falaram mal de você pra mim, eu nunca te impedi de vê-los, eu nunca te impedi de nada, eu nunca te pedi nada, eu nunca te pedi um grão de arroz, porque a ação que eu movi contra você, F., foi uma ação de alimentos para os filhos. Eu hoje até me arrependo de ter movido, sabe, um troço besta, mas era muita paga pra mim. Pensa bem, F., eu nessa casa, 650 m^2 de área construída, que eu fiz tijolo por tijolo, ajudada por você, sem um muro, sem um guarda, sem proteção nenhuma, sem nenhum homem aqui dentro, cuidando da limpeza, da alimentação, do bem-estar, cuidando de três crianças, fazendo essas crianças estudarem, não conseguindo, pagando professores particulares, tentando trabalhar. Um parênteses, hoje, no dia 2 de dezembro, eu estou sem serviço, F. Pra dizer que eu não tenho serviço, eu estou reformando um apartamento da C. (fem.), eu tenho mais duas semanas de trabalho. Eu tenho alguma reserva de dinheiro, então, não é pra se apavorar, tudo, mas eu não tenho o que fazer. Eu estou na cama, F., desde domingo de noite, e eu decidi que hoje vai ser o dia, e eu não ia partir sem antes te deixar isso. Eu vou levar os nossos três filhos juntos. Por quê? Porque F., foi dado a você a obrigação de a cada quinze dias assumir essas crianças de sexta-feira à noite a domingo à noite. Você reduziu esse tempo do domingo a partir das 10, 11 da manhã, até o final da tarde. Você não liga pra eles, eles não têm quem crie, eles não têm quem os proteja, quem os oriente, quem os ame de verdade; essa única pessoa sou eu. Se eu vou-me embora, eles vão ficar sozinhos, então eu vou levá-los comigo, o responsável é você, então não me tache de louca não, F., eu sou bem inteligente, você sabe disso, sei a minha função que não é a sua, eu fiz muita coisa. Eu fui uma mulher sem sorte, afinal, eu não vou esperar mais, eu não vou passar o resto dos meus dias deitada numa cama, esperando as horas passarem, e daqui a pouco chega a hora da novela ... Embora eu seja uma mulher bonita, uma mulher atraente, tenho encontrado, inclusive, chance até de refazer a minha vida, você provavelmente (?) vai encontrar uma pessoa que vai sofrer muito com essa minha atitude, porque gosta muito de mim, não é isso F.?

Eu gosto é de família F., eu gosto é de pai, mãe, avó, filhos, sobrinhos (?). Então eu acho que você fez muito mal de ter (?). Eu passei muito tempo lhe avisando, que você estava apertando demais o parafuso, a família a gente não larga assim, sabe, não larga mesmo. Daqui um tempo você, sabe, vai estar enjoado da H., deve ser muito mau caráter ... Porque essa pessoa, por exemplo, que gosta muito de mim, vai ter uma situação de separação também. Eu sempre defendo a mulher dele, eu digo não, espera aí, quantos anos você foi casado com ela? Tem piedade, trata-a bem, atenda o telefone dela, console, não abandone, F., a gente faz isso, o animal não abandona sua família, põe (?) F., eu estou partindo, estou levando os nossos filhos, te dando a liberdade que você tanto almeja, e dizendo a você, você é a causa de tudo. Não me tache de louca, nem desequilibrada mental, porque eu não sou, certo? Eu sou simplesmente uma mulher abandonada, só e desesperada. É isso que eu sou. Não te desejo felicidades, porque você não merece, porque uma pessoa que leva quatro pessoas a tomar essa atitude, atitude que eu estou tomando com o apoio de nossos filhos, certo, uma pessoa muito (?). Então você é um homem mau e pra você, F., de onde eu estiver, de onde eu estiver, se houver outra vida, não se incomode que você vai pagar isso, você vai pagar isso muito caro, F. Essas duas trepadas que você deu, que você dá, não vão mais ser do que ... Tente se agarrar no espiritismo, tente fazer o que você quiser, mas infelizmente eu estou me vingando de você, me vingando e me aliviando, né? Mas como nessa altura é cada um pra si e Deus pra todos, eu sou pra mim, eu vou buscar a paz interna. Eu parto, as crianças vão junto, nós vamos descansar e você, seja o que Deus quiser, certo? Aproveita tudo, tudo, tudo, e lembre-se, F., um telefoneminha seu, uma atençãozinha sua, sabe, um ponto de cordialidade sua teria resolvido isso. H. (fem.), você não vai ser feliz, viu, nunca você há de ser feliz (?) tomou meu marido. Pela influência e pela atitude que você está tendo, viu? Vai chegar a sua vez H., ele é um bom caráter, um homem bom e um excelente ... era um excelente marido, um excelente filho, um excelente irmão. Ele trocou tudo isso por você, mas ele perdeu tudo agora por você. Então o preço vai ser pago, você vai pagar pelo que fez e fica a Deus a responsabilidade. Eu vou gravar agora do outro lado da fita, porque eu tenho mais coisas pra dizer para outras pessoas, não é só pra vocês. Então amanhã vocês estarão ... (fim)."

Segunda fita/lado 2:

N. — "Continuando a gravação do lado 2, da fita do dia 2 de dezembro de 1986. Dei uma pausa, né, agora são 19 horas e 20 minutos, (?) o máximo que eu pude a minha partilha. Eu acho que está tudo organizado, (?) vai entregar ao F. um envelope que contém o meu testamento, essa fita gravada, junto com o meu adeus. Parto triste, muito triste (?) crianças, mas existe na Bíblia alguma coisa que diz: 'descansa em paz'. Eu vou procurar esse descanso pra mim e para os meus filhos. Eu queria deixar gravado aqui uma mensagem pra V. (fem.), pra M. (fem.), minha comadre, que durante esse tempo todo perturbou muito a minha cabeça, porque os anos que eu a conheci foram anos, assim, meio tumultuados, né, mas no final eu comecei a descobrir que a V. tinha o coração (?) e foi a ela que eu me apelei. Apelei com uma fita gravada, que ela prontamente me atendeu, como era de se esperar o coração bom dela, depois, apelei com bilhetinhos, onde ela simplesmente ignorou, apelei com telefonemas, que ela se recusou a atender, e, ontem, no rol das testemunhas, eu descobri que ela era uma testemunha principal, ou seja, ela encabeçava a lista de testemunhas que iam depor contra mim. V. (fem.), comadre, amiga, concorrente, né, cunhada, tantas coisas, né, eu quero te dizer uma coisa, se você tivesse me dado, um dedinho de atenção, como F. poderia ter dado talvez o seu dedinho substituísse a migalha dele. Você, pelo contrário, você encabeçou campanhas contra mim, né, e me ignorou. De maneira que posso estar errada, V. (fem.), mas eu acho que você é co-responsável por esse desespero nosso. Não custava nada pra você, nada, nada, nada, aguentar minhas malcriações, dar a tua mão, um telefonema uma vez por semana, sabe? Se recusar a ser testemunha como o Z. (masc.) se recusou, ficar dançando na corda bamba, valeria a pena sim. Se você tivesse feito isso, V. (fem.), você estaria salvando quatro vidas. Eu sei que você não sabe, não acreditava que eu fosse capaz de fazer (?) talvez por isso que você não tinha (?) mas da próxima vez, V. (fem.), você acredite, viu? Não vou magoada com (?) vou sim, com o C. (masc.), principalmente. O C. (masc.) foi o cara mais duro de todos que eu já encontrei, (?) e vou assim, com uma ternura muito grande pela M. (fem.), que eu achava, assim, a mais petulante das tuas filhas, a menos sensível, a menos disposta, né, e no entanto ela foi muito afetuosa. Ela me deu um telefonema, que eu dormi gostoso depois do telefonema. Então, pra M. (fem.), a minha bênção de tia, a minha bênção do outro mundo, a minha proteção, meu muito obrigado. Se depender de mim lá em cima, lá debaixo, lá do meio, eu vou te proteger. Dão um beijo na D. (fem.), que eu sei que (?) mas no fundo deve me querer bem e no Q. (masc.), coitadinho, que que pode ser. Mas V. (fem.), da próxima vez que você se meter numa coisa dessa, seja mais humana, sabe, usa esse coração que você tem, bote pra fora custe o que custar, doa a quem doer. O que dói mais é essa responsabilidade, senti muito a tua falta, senti muito, muito, muito, principalmente porque você encabeçou contra mim em S. (nome de cidade). O pessoal ... afinal de contas são teus irmãos, né, mas pô, sabe V. (fem.), sou gente, também pertencia à família, certo, eu não sou do sangue de você, mas eu sou mãe do sangue de vocês, né. Quanto à mamãe fica a lição, a gente vive aprendendo, você... o F. deve ter influenciado muito, não sei se você sabe que a mulher do F., a H., está grávida, né, e ... você não deve saber. Você acobertou talvez o que o louco (?) vice-versa, mas não precisava me isolar do jeito que você me isolou, tá? V. (fem.), tchau, obrigada por todos os momentos de apoio que você me deu, foram poucos, mas foram, né, e se você puder, mande rezar umas missas por mim, está bom? Por mim, pelas crianças, não sei se isso serve, mas quem sabe, né, tá? V. (fem.), se você .. . vou fazer um pedido a você. Diga muito obrigado pra E. (fem.), pro (?), pro (?). Diga muito obrigado à (?), pro (?), R. (masc.), P. (masc.), diga muito obrigado à C. (fem.), V. (fem.) (?), diz muito obrigado ao meu irmão (?), diga muito obrigado à C. (fem.), ao D. (masc.), diga muito obrigado à C. (fem.) e ao M. (masc.). A C. (fem.) é (?) que você espantou, né? A C. (fem.) poupou muito o F., o M. (masc.) também. Tenta consolar a minha mãe, tenta ser amiga do (?), que vai perder uma grande amiga dele, certo? Cuida da minha sogra, diga pra ela que eu gostei muito dela, que eu cuidei dela todos esses anos com muito carinho e que esse ano eu não fui muito boa pra ela, foi porque eu também não estava boa, né? E a gente não pode dar aquilo que não tem, né? Dá um beijo gostoso na N. (fem.), que foi um espetáculo, sempre me cuidando, sempre me animando, tentando olhar pra cima, deixa pra lá ... Você vê, a N.(fem.) é louquinha como você diz, né? O E. (masc.), o Z. (masc.), o G. (masc.), a C. (fem.), o R. (masc.), a R. (fem.), que ficou no cantinho dela, junto com as limitações dela que não poderia fazer, viu? Eu não sei, eu tenho muito do passado a agradecer, a não ser a você V. (fem.). Eu gostaria que as minhas coisas pessoais fossem entregues ao T. (masc.), à M. (fem.) e que vocês rezassem por mim e não sei o que vou falar, eu vou partir... (FIM)."

OBS.: data da transcrição das fitas pelo perito — 21 de maio de 1987.